Handbuch | Medienpädagogik

in 5 Bänden herausgegeben von
Horst Dichanz, Bardo Herzig, Johannes Magenheim,
Dieter Spanhel und Gerhard Tulodziecki

Gerhard Tulodziecki
Bardo Herzig

Mediendidaktik

Band 2

Medien in Lehr- und Lernprozessen

unter Mitarbeit von
Silke Grafe und Maria Herrlich

Klett-Cotta

Klett-Cotta

Printed in Germany
Umschlag: Klett-Cotta Design
unter Verwendung eines Fotos von © Larry Williams/CORBIS
Gesetzt aus der Concorde von Kösel, Krugzell
Auf säure- und holzfreiem Werkdruckpapier gedruckt von Kösel, Krugzell
ISBN 3-608-94231-9

Bibliographische Information Der Deutschen Bibliothek
Die Deutsche Bibliothek verzeichnet diese Publikation in der
Deutschen Nationalbibliographie; detaillierte bibliographische
Daten sind im Internet über ›http://dnb.ddb.de‹ abrufbar.

Inhalt

Vorwort

Medien spielen in Schule und Gesellschaft, in Beruf und Freizeit, in Wissenschaft und Kultur, in Wirtschaft und Politik eine wichtige Rolle. Für Bildung und Erziehung wird angenommen, dass Medien anregende und unterstützende Funktionen übernehmen können. Gleichzeitig wird auf Gefahren hingewiesen, die mit einer unangemessenen Mediennutzung verbunden sein können. Gerade aktuelle Diskussionen um digitale Medien und die Entwicklungen im Bereich der Informations- und Kommunikationstechnologien machen es notwendig, einige grundsätzliche Fragen zu Medien in Lehr- und Lernprozessen zu reflektieren und auf dieser Basis zu fundierten Handlungsempfehlungen für das Lehren und Lernen mit Medien zu kommen. In diesem Rahmen legen wir in unserem Buch – angesichts der Bedeutung der Schule als gesellschaftlicher Bildungseinrichtung für alle Kinder und Jugendlichen – einen Schwerpunkt auf die Mediennutzung in *Unterricht und Schule*. Die Überlegungen sind jedoch auf das Lehren und Lernen mit Medien in anderen Bildungseinrichtungen oder in selbstorganisierten Lernkontexten übertragbar.

Insgesamt ist der Band der Mediendidaktik als einem Teilgebiet der Medienpädagogik gewidmet. Fragen der Medienerziehung werden am Ende des Bandes nur kurz behandelt. Die Medienerziehung ist Gegenstand eines eigenen Bandes dieser Reihe.

In den ersten drei Kapiteln des vorliegenden Buches werden wichtige Grundlagen für das Lehren und Lernen mit Medien thematisiert. Im einführenden Kapitel geht es um den Stellenwert medialer Erfahrungen im Zusammenhang verschiedener Erfahrungsformen sowie um lernrelevante Merkmale von Medien und um

Typisierungen zum Medienangebot. In diesem Kontext wird zugleich der Medienbegriff geklärt. Das zweite Kapitel ist Forschungsergebnissen zum Lernen und Lehren mit Medien gewidmet. Im dritten Kapitel werden mediendidaktische und lerntheoretische Grundlagen der Verwendung und Gestaltung von Medien behandelt.

Die dann folgenden Kapitel sind auf die Planung und Realisierung von Unterricht mit Medienverwendung im Rahmen der Schule gerichtet. Dazu werden im vierten Kapitel Ziele, Bedingungen und Merkmale von Lehr- und Lernprozessen in der Informations- und Wissensgesellschaft in den Mittelpunkt der Überlegungen gestellt. Im fünften Kapitel beschreiben wir, wie Medien in einem handlungs- und entwicklungsorientierten Unterricht verwendet werden können und welche Funktionen ihnen dabei zukommen. Fragen der Vorbereitung und Durchführung eines entsprechenden Unterrichts werden bedacht. Im sechsten Kapitel geht es zunächst um Bezüge zu generellen Erziehungs- und Bildungsaufgaben im Bereich von Medien und Informationstechnologien, ehe die Mediendidaktik in den Gesamtzusammenhang der Medienpädagogik eingeordnet wird.

Die sechs Kapitel sind jeweils in Abschnitte aufgeteilt. Jeder Abschnitt beginnt mit einer kurzen Einordnung des Themas sowie einer praxisbezogenen Aufgabenstellung mittlerer Komplexität. Im Zusammenhang mit der Aufgabenstellung werden jeweils wichtige Fragen formuliert, die im folgenden Text behandelt werden. Leserinnen bzw. Leser können nach dem Studium der Texte zur Aufgabenstellung zurückkehren und diese im Sinne einer Anwendung – der in den Texten dargestellten Inhalte – bearbeiten. Diese (didaktische) Struktur des Buches ermöglicht vielfältige Verwendungen – sowohl für ein dozentenangeleitetes Lernen als auch für ein selbstorganisiertes Einzel- oder Gruppenlernen.

Die Überlegungen in dem Buch haben wir mehrfach in Seminaren an der Universität und in Lehrerfortbildungsveranstaltungen vorgetragen und diskutiert. Vorfassungen der Texte wurden in solchen Seminaren und Veranstaltungen mehrere Male eingesetzt und erprobt. Für die Rückmeldungen und Anregungen, die wir dabei erfahren haben, sagen wir allen Teilnehmerinnen und Teilnehmern herzlichen Dank.

Besonderer Dank gebührt Ursula Preuß für das sorgfältige Schreiben der Texte. Zugleich danken wir Jutta Steinmetz, die an der Beschreibung der ausgewählten Medienangebote beteiligt war.

Wir hoffen, dass das Buch allen Leserinnen und Lesern Anregungen für ihr Studium oder für ihre Arbeit in der Schule, im Studienseminar, in der Hochschule oder in anderen Bildungseinrichtungen gibt. Über Rückmeldung freuen wir uns.

Paderborn, im Januar 2004

Gerhard Tulodziecki und
Bardo Herzig

1 Medien und Medienmerkmale

In der Diskussion um Multimedia und Internet wird unterstellt, dass sich Lehren und Lernformen unter dem Einfluss der Informations- und Kommunikationstechnologien bereits gewandelt haben und weiterhin wandeln werden. Selbstorganisation und Individualisierung des Lernens, E-Learning und virtuelle Lerngemeinschaften sind nur einzelne Schlagworte, die auf mögliche Wandlungen verweisen.

Um zu einer realistischen Einschätzung der Möglichkeiten von Medien für Lernen und Lehren zu kommen, ist es sinnvoll, zunächst einigen Fragen nachzugehen:

(1) Welcher Stellenwert kommt der Mediennutzung im Kontext verschiedener Formen der Erfahrung zu?
(2) Welche Merkmale von Medien sind für Lernen und Lehren relevant?
(3) Welche Gestaltungsmöglichkeiten sind mit den Medien verbunden?
(4) Wie lassen sich computerbasierte Medien, für die es eine zunehmende Angebotsvielfalt gibt, klassifizieren und einordnen?

Die Bearbeitung dieser Fragen schafft eine wichtige Basis für die Medienverwendung und Mediengestaltung. Dabei werden zugleich einige grundlegende Begriffe – u.a. der Medienbegriff selbst – geklärt.

1.1 Medien und Erfahrungsformen

In der Umgangssprache sowie in der pädagogischen Diskussion und Literatur taucht der Medienbegriff in verschiedenen Zusammenhängen auf. Da ist zum Beispiel die Rede davon, dass Medien das Lernen unterstützen sollen, dass die Medien zu heimlichen Erziehern geworden seien, dass das Medium »Werbung« dazu führe, dass sich bei Kindern und Jugendlichen eine Konsumorientierung ausbreite, dass es in spiritistischen Gruppen einem Menschen als Medium gelänge, einen Tisch ohne direkte Berührungen in Bewegung zu versetzen, dass das Fernsehen ein gesellschaftlich bedeutsames Medium sei, dass die Lehrperson das wichtigste Medium für die Kinder bleibe, dass die Sprache das grundlegendste Medium sei, dass es an geeigneten mediendidaktischen Kriterien für die Gestaltung und Verwendung von Medien fehle, dass Medienkunde als unterrichtliches Fach eingeführt werden sollte, dass Lehrpersonen eine medienerzieherische Ausbildung benötigten, dass »Multimedia« zu schulischen Innovationen beitragen könnten usw.

In solchen und ähnlichen Formulierungen wird zum Teil ein unklarer Medienbegriff verwendet. Dabei zugrunde liegende Begriffsauffassungen spiegeln sich auch in den Begriffserläuterungen im Deutschen Universalwörterbuch (DUDEN 1996) wider. Dort wird der Begriff Medium u. a. folgendermaßen beschrieben:

- vermittelndes Element, um Gedanken auszudrücken, z. B. die Sprache oder die Musik,
- Einrichtung bzw. organisatorischer und technischer Apparat für die Vermittlung von Meinungen, Informationen und Kulturgütern, z. B. Film, Funk, Fernsehen und Presse,
- Unterrichtshilfsmittel, das der Vermittlung von Information und Bildung dient, z. B. Buch und Tonband,
- Träger bestimmter physikalischer oder chemischer Vorgänge, z. B. die Luft als Medium der Ausbreitung von Schallwellen,

- jemand, der für die Verbindung zum übersinnlichen Bereich besonders befähigt erscheint,
- jemand, an dem sich aufgrund seiner seelischen oder körperlichen Beschaffenheit Experimente durchführen lassen, z. B. Hypnoseversuche oder Arzneimitteltests.

Wollte man für die Medienpädagogik alle diese Beschreibungen des Begriffs »Medium« zulassen, wären keine klaren Aussagen zur Bedeutung von Medien für das Lehren und Lernen sowie für Erziehung und Bildung möglich. Für die Medienpädagogik ist eine Präzisierung des Medienbegriffs notwendig. Erst dadurch wird die Möglichkeit geschaffen, die spezifischen Merkmale medialer Erfahrung von anderen Formen der Erfahrung zu unterscheiden.

Die damit verbundene Problemlage wird deutlich, wenn man für die folgenden Erfahrungsformen im Kontext von Lehren und Lernen die Frage stellt, bei welchen Erfahrungsformen es sich um eine mediale Form handelt oder nicht:

- Eine Biologielehrerin bringt ein Kaninchen mit in eine Klasse, um Gestaltmerkmale von Säugetieren zu demonstrieren.
- Schülerinnen und Schüler führen verschiedene Rollenspiele zu gewaltfreien Konfliktlösungen durch.
- Ein Geografielehrer verwendet einen Unterrichtsfilm, um einen Eindruck vom Leben in Brasilien zu vermitteln.
- Eine Politiklehrerin führt mit den Schülerinnen und Schülern ein Unterrichtsgespräch über den Ablauf einer Bundestagsdebatte.
- Ein Schüler fasst auf einer Folie für den Arbeitsprojektor wichtige Gesprächsergebnisse aus einer Gruppenarbeit stichwortartig zusammen und präsentiert sie in der Schulklasse.
- Ein Sportlehrer demonstriert durch eigenes Vormachen die Sprungtechnik beim Fosbury-Flop.
- Eine Schülerin erarbeitet sich mit einer Unterrichtssoftware, die Stehbilder, Grafiken, Videospots, auditive Teile und schriftliche Texte enthält, grundlegende Kenntnisse zum Leben im Mittelalter.

Bezogen auf diese Beispiele stellen sich drei Fragen:

- *Wie kann man die jeweilige Erfahrungsform kennzeichnen?*
- *In welchen Beispielen handelt es sich um eine mediale Erfahrungsform im Sinne der Medienpädagogik?*
- *Worin liegen Vorzüge und Grenzen der medialen Erfahrungsformen im Vergleich zu den nicht-medialen?*

Eine Beantwortung dieser Fragen setzt die Klärung folgender Punkte voraus:

1. Welche Erfahrungsformen lassen sich generell unterscheiden?
2. Welche Erfahrungsformen fallen unter den Medienbegriff der Medienpädagogik?
3. Worin liegen die Vorteile und Probleme einzelner Erfahrungsformen?

Überlegungen zu diesen Punkten werden helfen, wichtige Zusammenhänge von Erfahrung, Medien und Lernen zu durchschauen und einen wissenschaftlich tragbaren Medienbegriff zu entwickeln.

1.1.1 Formen der Erfahrung

Jeder Mensch kommt im Laufe seines Lebens mit einer Fülle von Sachverhalten bzw. Inhalten in unterschiedlicher Form in Berührung. Beispielsweise kann ein Kind den Sachverhalt »Schleuse« dadurch kennen lernen, dass es mit seinen Eltern oder mit der Schulklasse einen Ausflug zu einer Schleuse unternimmt und die Vorgänge, die für eine Schleuse von Bedeutung sind, in realer Form erlebt und beobachtet. Eine andere Möglichkeit besteht darin, dass ein Jugendlicher das Deutsche Museum in München besucht und sich dort mit dem dreidimensionalen Modell einer Schleuse vertraut macht. Eine dritte Form von Erfahrungen zum Sachverhalt »Schleuse« liegt vor, wenn eine Lehrperson im Unterricht Diapositive oder einen Dokumentarfilm mit Realaufnahmen und schematischen Darstellungen von verschiedenen Schleusen präsentiert. Schließlich ist es auch möglich, den Sachverhalt »Schleuse« aufgrund verbaler Darstellungen – ohne bildhafte Unterstützung –

kennen zu lernen. In Anlehnung an dieses Beispiel lassen sich folgende Formen der Erfahrung eines bestimmten Sachverhalts bzw. Inhalts unterscheiden:

- *reale Form,* diese ist z. B. beim Handeln oder bei Beobachtungen in der Wirklichkeit, bei der personalen Begegnung mit Menschen oder beim realen Umgang mit Sachen gegeben,
- *modellhafte Form,* diese liegt z. B. beim Umgang mit Modellen oder beim simulierten Handeln im Rollenspiel und entsprechenden Beobachtungen vor,
- *abbildhafte Form,* diese ergibt sich z. B. bei der Information mit Hilfe realgetreuer oder schematischer bzw. typisierender Darstellungen,
- *symbolische Form,* diese besteht z. B. in der Aufnahme von Informationen aus verbalen Darstellungen oder nicht-verbalen Zeichen.

Die Erfahrungsformen, in denen Kindern und Jugendlichen verschiedene Inhalte bekannt werden, sind mitentscheidend für die Vorstellungen, die sie von den jeweiligen Sachverhalten bzw. von der Wirklichkeit überhaupt entwickeln. So wird ein Kind, das bei einer Ausflugsfahrt mit seinen Eltern selbst durch eine Schleuse gefahren ist, mit dem Begriff eine andere Vorstellung verbinden als ein Kind, das den Begriff (nur) durch Erläuterungen einer Lehrperson kennen gelernt hat. Im Vergleich zur realen Form bedeutet bereits die modellhafte Form der Präsentation eines Inhalts eine Reduktion im Vergleich zur Wirklichkeit. Gleiches gilt für abbildhafte und erst recht für rein verbale bzw. symbolische Darstellungen.

Aus lerntheoretischer Sicht ist es in der Regel wünschenswert, dass Vorstellungen über die Wirklichkeit aus der Beobachtung oder aus dem konkreten Handeln in der Realität erwachsen. Bei nur modellhaften, abbildhaften oder symbolischen Erfahrungsformen besteht immer die Möglichkeit, dass sich unangemessene bzw. irreführende Vorstellungen über die Wirklichkeit ausbilden (vgl. BRUNER/OLSON 1975; TULODZIECKI 1983c). Beispielsweise können Kinder, die noch nie einen Elefanten in der Realität, sondern nur auf Bildern gesehen haben, kaum angemessene Vorstellungen über dessen Größe ausbilden.

Diese Überlegungen besagen allerdings nicht, dass Lernvorgänge, z. B. im Unterricht, immer mit Beobachtungen oder konkretem Handeln in der Realität beginnen müssten. Dort, wo aufgrund des bisherigen Lebens- und Bildungsweges bereits unmittelbare Erfahrungen zu einem Wirklichkeitsbereich vorliegen, kann selbstverständlich auf diese zurückgegriffen und mit modellhaften, abbildhaften oder symbolischen Darstellungen angemessen gelernt werden. Wenn eine Grundschullehrerin im Sachunterricht beispielsweise das Thema »Verhalten von Katzen« behandeln will, so kann sie davon ausgehen, dass alle Kinder bereits erste reale Erfahrungen mit Katzen haben. In diesem Falle genügt das Bild einer Katze, um entsprechende realitätsbezogene Vorstellungen zu aktivieren.

Unter Umständen bietet es sich auch an, einen Wirklichkeitsbereich bzw. einen Inhalt wegen der besseren Überschaubarkeit und der Möglichkeit der Typisierung bzw. des Sichtbarmachens von Strukturen (zunächst) über abbildhafte Darstellungen, z. B. in Form von schematischen Skizzen, zu erschließen. Beispielsweise kann es durchaus sinnvoll sein, Vorstellungen von einer Hochofenanlage in einem Stahlwerk zunächst dadurch zu vermitteln, dass der Vorgang der Roheisengewinnung schematisch dargestellt wird. In der Regel ist es allerdings anzustreben, dass mit anschließenden Erkundungen vor Ort ein Bezug zur Realität hergestellt wird.

Darüber hinaus ist zu bedenken, dass ein großer Teil unserer Vorstellungen ohnehin auf modellhaften, abbildhaften oder symbolischen Formen der Erfahrung beruht – sei es, weil unmittelbare Erfahrungen nicht möglich oder prinzipiell zwar möglich, aber aus verschiedenen Gründen nicht realisierbar sind, sei es, weil bestimmte Begriffe kein mit den Sinnen unmittelbar erfahrbares Korrelat haben.

Dennoch gewinnt der obige lerntheoretische Hinweis – angesichts des zunehmenden Anteils mittelbarer Erfahrungen – eine besondere Bedeutung. Inhaltliche Vorstellungen sollten – wenn dies realisierbar bzw. möglich ist – auf unmittelbare Erfahrungen bezogen werden.

Zu beachten ist weiterhin, dass verschiedene Erfahrungsformen kombiniert auftreten können. So stellt z.B. eine Lehrperson, die den Begriff der Schleuse mit Hilfe einer Bildreihe einführt und die Bildreihe dabei kommentiert, für die Schülerinnen und Schüler sowohl abbildhafte als auch verbale bzw. symbolische Erfahrungsmöglichkeiten bereit.

Welche Erfahrungsform vorliegt, bestimmt sich allerdings erst durch den inhaltlichen Gegenstand, auf den sich das Interesse richtet. Wird beispielsweise der Sachverhalt »Schleuse« von einer Lehrperson verbal beschrieben, so ergibt sich in Bezug auf diesen Gegenstand eine symbolische Form der Erfahrung für die Schülerinnen und Schüler. Würde die entsprechende Stunde jedoch von Studierenden besucht, die Beobachtungen zur Lehrersprache durchführen wollen, so würden die verbalen Äußerungen zu einer realen Darstellung im Hinblick auf den Inhalt »Lehrersprache«.

1.1.2 Der Medienbegriff in der Medienpädagogik

Die bisherigen Überlegungen sollten die Bedeutung der Erfahrungsformen für die Entwicklung von Vorstellungen zu den repräsentierten Inhaltsbereichen aufzeigen. Zugleich ist deutlich geworden, dass jede Interaktion des Menschen mit seiner Umwelt eine formbezogene Komponente hat. Insofern stellen die Erfahrungsformen ein konstitutives Element der Interaktion des Menschen mit seiner Umwelt dar. Da sie in gewisser Weise einen vermittelnden Charakter haben, werden sie manchmal schon selbst als Medien bezeichnet.

Aus pädagogischer Sicht ist es zunächst wichtig, bei der Betrachtung der Interaktion des Menschen mit seiner Umwelt alle Erfahrungsformen – von der realen bis zur symbolischen – im Blick zu behalten. Allerdings bedeutet dies keineswegs, dass der wissenschaftliche Medienbegriff alle Erfahrungsformen umfassen müsste. Für die Medienpädagogik ist es zweckmäßiger, den Medienbegriff auf technisch vermittelte Erfahrungsformen einzugrenzen. Dies eröffnet in besonderer Weise die Möglichkeit, Merkmale technisch vermittelter Erfahrungen und Inhalte zu untersuchen und wissenschaftliche Aussagen dazu zu formulieren. Gleichzeitig können und sollen dabei andere Formen der Erfahrung – in Abgrenzung und im Vergleich zu technisch vermittelten Erfahrungen – im Blick bleiben und in die Betrachtung einbezogen werden.

Eine Beschränkung des Medienbegriffs auf technisch vermittelte Erfahrungsformen bedeutet, dass nur Formen in Betracht kommen, in denen Menschen nicht mit einem Gegenstandsbereich selbst, sondern mit einem Repräsentanten dieses Gegenstandes bzw. Bereiches in Verbindung treten. Solche Repräsentanten stellen – allgemein – Zeichen dar, d.h. mediale Erfahrungsformen lassen sich auch als Zeichenprozesse charakterisieren, in denen eine Auseinandersetzung des Menschen mit seiner dinglichen und sozialen Umwelt stattfindet.

Eine Eingrenzung des Medienbegriffs bietet sich auch aus historischer Perspektive an. Der Begriff Medium sowie die Begriffe Medienpädagogik, Mediendidaktik und Medienerziehung sind im Kontext der sich ausbreitenden technischen Vermittlungsmöglichkeiten von Inhalten durch Film, Radio und Fernsehen entstanden und bezüglich ihrer Begriffsinhalte weiterentwickelt worden.

Vor dem Hintergrund dieser Überlegungen werden *Medien* in diesem Band *als Mittler verstanden, durch die in kommunikativen Zusammenhängen potenzielle Zeichen mit technischer Unterstützung übertragen, gespeichert, wiedergegeben, angeordnet oder verarbeitet und in abbildhafter und/oder symbolischer Form präsentiert werden.*

Bei dieser Begriffsbestimmung wird der Begriff »potenzielle Zeichen« verwendet, um deutlich zu machen, dass durch Medien nur materiale bzw. physikalische Bestandteile von Zeichen übertragen, gespeichert, wiedergegeben oder verarbeitet werden. Bedeutungen erhalten diese materialen bzw. physikalischen Bestandteile erst, wenn sie von den an der Kommunikation beteiligten Personen mit solchen belegt werden (vgl. HERZIG 2002, S. 105ff.). Dabei stützen wir uns auf den Zeichenbegriff von PEIRCE, der davon ausgeht, dass ein Zeichen für etwas steht, was es selbst nicht ist.

Formal beschreibt PEIRCE ein Zeichen als eine triadische Relation, derzufolge ein Zeichen aus einem Repräsentamen, einem Objekt und einem Interpretanten besteht. Das Repräsentamen stellt den Zeichenträger, das wahrnehmbare Mittel der Repräsentation des Objektes dar; das Objekt ist das, wofür das Zeichen steht; und der Interpretant bezeichnet das, was durch das Zeichen beim Interpreten, der das Zeichen als solches wahrnimmt, erzeugt wird (vgl. PEIRCE 1966, 2.228). Dies lässt sich an folgendem Beispiel verdeutlichen: Das geschriebene Wort »Bank« lässt sich als ein Zeichen charakterisieren, das für etwas steht, was es selbst nicht ist, denn die Buchstabenreihung ist keine Bank. Demnach stellt die Schwärzung auf dem Papier das Repräsentamen dar, der Interpretant ist eine Vorstellung von einer Bank, die beim Leser hervorgerufen wird, und das Objekt ist in diesem Fall – je nach Kontext – ein gegenständliches Objekt in Form eines Sitzmöbel oder eines Geldinstituts. Die Tatsache, dass die beim Interpreten (z. B. Leser) induzierten Vorstellungen wieder zeichenhaften Charakter tragen – z. B. in der Umschreibung, dass es sich bei der Bank um ein Möbel handelt, das zum Verweilen und Ausruhen dient, das besondere Eigenschaften wie Rückenlehne und breite Sitzfläche aufweist usw. –, macht auf den grundsätzlich infiniten Prozess der Interpretation eines Zeichens durch andere Zeichen aufmerksam. Wichtig ist im Sinne dieses Zeichenbegriffs, dass ein Zeichen erst dann zu einem solchen wird, wenn es einen Interpreten gibt, der das Zeichen als solches erkennt und ihm eine entsprechende Bedeutung zuweist (vgl. PEIRCE 1967, 223; 1982, 2.241).

Im mediendidaktischen Kontext werden zwei Differenzierungen von Zeichenarten relevant, die PEIRCE (neben weiteren Unterscheidungen) als ikonische und als symbolische Zeichen ausgewiesen hat – je nach Beziehung zwischen Repräsentamen und Objekt (vgl. Darstellung 1.1.1). Ein *ikonisches Zeichen* ist dadurch bestimmt, dass es mit dem Objekt, das es repräsentiert, eine Ähnlichkeit aufweist. Dies trifft z. B. für gemalte Bilder oder Fotografien zu. Ein *symbolisches Zeichen* wird dagegen allein durch Konvention zu seinem Objekt in Beziehung gesetzt, wie dies z. B. bei einem Verkehrsschild der Fall ist. Bei symbolischen Zeichen ist für den Interpreten die Kenntnis konventionalisierter Bedeutungen erforderlich. Dies gilt z. B. generell für den Bereich der Sprache.

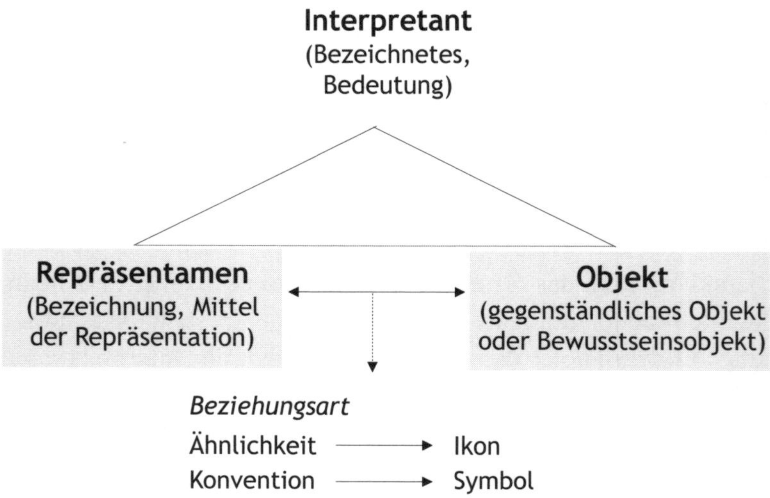

Darstellung 1.1.1: *Zeichen als triadische Relation*

Legt man den oben beschriebenen Medienbegriff zugrunde, so sind Buch, Zeitung und Illustrierte, Arbeits- und Diaprojektion, Film und Fernsehen, Radio und andere Tonmedien, Video und andere Bildmedien sowie Computer Beispiele für Medien. Ein solcher Medienbegriff umfasst sowohl die technischen Geräte bzw. Einrichtungen zur Übertragung, Speicherung, Wiedergabe oder Verarbeitung von potenziellen Zeichen als auch die dazugehörigen Materialien bzw. die Software sowie deren funktionales Zusammenwirken in kommunikativen Zusammenhängen (vgl. TULODZIECKI 1997).

Der Begriff »Medium« kann zunächst das jeweilige »Gesamtmedium« mit seinen technischen, inhaltlichen, organisatorischen und institutionellen Aspekten (z. B. Fernsehen oder Computer) meinen. Er kann aber auch auf bestimmte Medienarten gerichtet sein, z. B. Schriftmedien, Bildmedien, Tonmedien, Kino-, Fernseh-, Videofilm oder computerbasierte Medien. Des Weiteren kann sich der Medienbegriff auf einzelne »Medienformen«, etwa Fernsehmagazine, Lernsoftware, oder auf »Einzelmedien« wie eine bestimmte Fernsehsendung oder eine bestimmte Computersoftware beziehen. Wenn der Blick im Folgenden nicht nur auf das »Gesamtmedium« gelenkt werden soll, sondern vor allem auf »Medienarten« oder

»Medienformen«, so werden diese Begriffe verwendet; soll er vor allem auf »Einzelmedien« gerichtet sein, so wird von einem »Medienangebot« oder einem »Medienbeitrag« bzw. einem »medialen Produkt« gesprochen.

1.1.3 Möglichkeiten der Mediennutzung für Lehr- und Lernprozesse

Vor dem Hintergrund der obigen Überlegungen zu Erfahrungsformen lässt sich zunächst feststellen, dass bei der Medienverwendung die Grenzen zum Tragen kommen, die generell für abbildhafte und symbolische Formen der Erfahrung gelten (vgl. dazu Abschnitt 1.1.1).

Zugleich ergeben sich durch die Mediennutzung bestimmte Möglichkeiten und Vorzüge. Diese sollen im Folgenden kurz angesprochen werden (vgl. HAGEMANN/TULODZIECKI 1978):

(1) Medien können eingesetzt werden, um Prozesse und Sachverhalte aus dem Mikro- und Makrobereich zu *veranschaulichen*, u. U. erst *sichtbar zu machen,*

- unter Nutzung der Zeitlupentechnik, z. B. bei der Demonstration von Bewegungsabläufen im Sportunterricht,
- unter Nutzung der Zeitraffertechnik, z. B. bei der filmischen Darstellung des Wachstums einer Pflanze im Biologieunterricht,
- unter Nutzung der Großlupentechnik, z. B. bei der Übertragung mikroskopischer Bilder auf den Fernsehschirm mittels einer Videokamera,
- durch Trickfilm, z. B. bei der schematischen Darstellung der chemotechnischen Prozesse bei der Stahlerzeugung.

(2) Medien können eingesetzt werden, um *vermittelte bzw. indirekte Erfahrungen* auch da zu ermöglichen, wo direkte Erfahrungen

- nicht mehr möglich sind (etwa aus zeitlichen Gründen), z. B. bei der Verwendung eines Tondokuments von einer Goebbels-Rede,

- nur mit unverhältnismäßig großem Aufwand möglich wären, z. B. beim Einsatz einer Live-Sendung von einer Bundestagsdebatte (gleichzeitig zur Aktualisierung des Politikunterrichts) oder bei der Vorführung eines geografisch orientierten Films über China,
- bei den gegebenen räumlichen oder organisatorischen Voraussetzungen kaum oder nur in geringerem Umfang möglich wären, z. B. bei der Übertragung eines spanabhebenden Fertigungsverfahrens aus dem Werkunterricht unter Einsatz einer Kamera mit Großlupeneffekt,
- zur Gefährdung der Schüler führen würden, z. B. bei der Darstellung gefährlicher physikalischer und chemischer Experimente im Film.

(3) Medien können eingesetzt werden, um Formen des sozialen Austausches auch dort zu ermöglichen, wo unmittelbare persönliche Begegnungen

- aus organisatorischen Gründen zu aufwändig sind, z. B. bei Videokonferenzen oder in Newsgroups im Rahmen eines Fernstudiums,
- aus ökonomischen Gründen nicht angemessen oder vertretbar sind, z. B. bei der längerfristigen kollaborativen Bearbeitung von Aufgaben über eine webbasierte Arbeitsplattform mit Partnern aus unterschiedlichen Ländern,
- nicht unbedingt notwendig oder sinnvoll erscheinen, z. B. beim Austausch im Rahmen eines themenbezogenen offenen Forums im Internet.

(4) Medien können verwendet werden, um den handelnden Umgang mit unterschiedlichen Repräsentationsformen von Lernobjekten zu ermöglichen, z. B.

- das Arrangieren von schriftlichen Texten und Bildern mit Hilfe eines computerbasierten Präsentationsprogramms,
- das Verknüpfen von schriftlichem Text und Animationen über Hyperlinks in einem Editor,
- das Speichern und Archivieren, Löschen, Kopieren, Arran-

gieren und Präsentieren von Texten, Bildern, Tonaufzeichnungen, Videosequenzen usw. mit Hilfe eines Content-Management-Systems.

(5) Medien können Lehrfunktionen übernehmen, um Lehrpersonen in einzelnen *Phasen des Lehrprozesses zu entlasten*:

- in Phasen der Aufgabenstellung, z.B. wenn zu Anfang einer Unterrichtsstunde die Probleme eines Entwicklungslandes filmisch dargeboten werden und damit die Auseinandersetzung mit ökonomischen, geografischen und politischen Problemen der Entwicklungsländer angeregt wird,
- in Phasen der Erarbeitung von Informationen, z.B. wenn die Stilelemente romanischer Baukunst an einer Diapositivreihe über romanische Kirchen erarbeitet werden,
- in Phasen der Zusammenfassung des Gelernten, z.B. wenn nach der Erarbeitung und Information über Probleme und Verfahren der automatisierten Datenverarbeitung eine zusammenfassende Darstellung anhand eines Transparentsatzes (Foliensatzes) gegeben wird,
- in Phasen der Weiterführung, z.B. wenn nach der detaillierten und exemplarischen Besprechung einzelner Gemälde einer Stilrichtung eine Übersicht (als Orientierung) über die gesamte Epoche in einem Film gegeben wird.

(6) Medien können verwendet werden, um *flexiblere* und *wirkungsvollere Lehr- und Lernverfahren* zu ermöglichen:

- im Sinne der Individualisierung und der Differenzierung des Lernens und Lehrens sowie der Förderung einzelner Schüler, z.B., wenn eine Lernsoftware an Lernplätzen – etwa in einer Bibliothek oder Mediothek – ständig abrufbar ist, so dass die Lernenden zu einer ihnen gemäßen Zeit mit ihnen gemäßem Tempo und an sie besonders interessierenden Problemen arbeiten können,
- im Sinne der Auflösung von Klassenlernen unter Ermöglichung von Einzel- und Gruppenarbeit, z.B., wenn über Tonband oder Rundfunk dargebotene Inhalte zur politi-

schen Bildung den Gegenstand von Diskussionen in Kleingruppen bilden,
- im Sinne der Aktivierung der Schüler, z. B., wenn Kursteile mit Hilfe eines computerbasierten Lernprogramms vermittelt und mit Gruppendiskussion verknüpft werden,
- im Sinne der Entlastung der Schülerinnen und Schüler von Routinearbeiten, z. B. wenn ein Computerprogramm genutzt wird, um die Kalorienwerte verschiedener Frühstücksvarianten zu berechnen.

(7) Medien können unter Nutzung des Multiplikationseffektes dazu dienen, für große Schülerpopulationen ein *vergleichbares Lehrangebot* bereitzustellen:

- im Sinne des Ausgleiches von Ausstattungsdefiziten einzelner Schulen, z. B. durch Schulfernsehsendungen, die den gedanklichen Nachvollzug aufwendiger Experimente auch da gestatten, wo entsprechende Experimentiergeräte fehlen, oder durch computerbasierte Simulationen entsprechender Experimente,
- im Sinne eines (bedingten) Ausgleichs von Defiziten der Lehreraus- und Lehrerfortbildung, z. B. bei der Behandlung innovatorischer Unterrichtsinhalte mit Hilfe von CD-ROMs und entsprechenden Materialien im Internet – z. B. in einem Bildungsportal.

(8) Medien haben im Rahmen von Lehr- und Lernprozessen nicht nur vermittelnde, instrumentale Funktionen, sie können und sollen auch selbst zum *Gegenstand der Analyse und Beurteilung* werden:

- mit dem Ziel des Herausarbeitens von Gestaltungskriterien (Medien als »ästhetische Produkte«), z. B. bei der Diskussion von Stilrichtungen des Films im Rahmen des Kunstunterrichts,
- mit dem Ziel der Aufdeckung von Manipulationstechniken (Medien als Produkt mit »Kommunikationsabsichten und dahinterliegenden Interessen«), z. B. Analyse von Magazin-

sendungen, Dokumentarfilmen, Unterhaltungssendungen, Werbespots sowie von Online-Angeboten mit unterhaltendem, informierendem oder werbendem Charakter im Rahmen des Deutsch-, Kunst- und/oder Politikunterrichts.

(9) Medien können und sollen von Lehrpersonen und Lernenden auch für *eigene Produktionen* verwendet werden:

- zur Dokumentation wichtiger schulischer Ereignisse, z.B. Herstellen einer Fotodokumentation von einer Schulfeier oder vom Besuch bedeutender kommunaler Persönlichkeiten,
- als situationsbezogene Alternative oder Ergänzung zu Marktangeboten, z.B. Entwicklung eines eigenen Transparentsatzes oder situationsbezogene Aufbereitung eines Videobandes,
- als Ermöglichung von Rückkoppelungen bei der Ausbildung von Bewegungsabläufen, z.B. durch Videoaufzeichnungen von Sportübungen,
- als Ermöglichung von Rückkopplungen bei der Reflexion sozialen Verhaltens, z.B. durch Ton- oder Videoaufzeichnungen von Gruppendiskussionen,
- als Möglichkeit, Herstellungserfahrungen zu gewinnen und sie mit künstlerischen, dokumentarischen und/oder medienkritischen Absichten zu verbinden, z.B. Planung und Produktion eines Videofilms oder einer Website als ästhetisches Produkt und/oder zur Dokumentation eines Sachverhaltes und/oder zur Artikulation eigener Interessen.

Auf der Basis der obigen Überlegungen können Sie nun die eingangs aufgeführten Beispiele für unterschiedliche Erfahrungsformen hinsichtlich der drei gestellten Fragen einordnen und einschätzen.

1.2 Lernrelevante Merkmale von Medienangeboten

Im Rahmen der Unterrichtsvorbereitung stellt sich für Lehrerinnen und Lehrer u.a. die Frage, ob und gegebenenfalls welche Medienangebote im Unterricht zur Unterstützung von Lehr- und Lernprozessen verwendet werden sollen. Entscheidungen dazu hängen nicht zuletzt von der Einschätzung der Frage ab, ob bzw. welche Eigenschaften von Medienangeboten einen positiven Einfluss auf Lernprozesse haben. Ist es beispielsweise wichtig, ob Lernmaterialien außer schriftlichen Texten auch Bilder, Videosequenzen oder Hörszenen umfassen? Zur Beantwortung solcher und ähnlicher Fragen sind Kenntnisse zu lernrelevanten Merkmalen von Medienangeboten notwendig.

Beispielsweise kann man danach fragen, durch welche Merkmale verschiedene Medienangebote zu einem bestimmten Thema gekennzeichnet sind und verglichen werden können. So gibt es mehrere Wege, sich der bekannten Ballade »Erlkönig« von Johann Wolfgang GOETHE *zu nähern. Im Folgenden werden zwei mediale Versionen kurz vorgestellt:*

Buch-Version

Im ersten Band *Gedichte und Epen I* der 14-bändigen Hamburger Ausgabe von GOETHES Werken findet sich auf den Seiten 154 bis 155 die Ballade vom »Erlkönig« in folgender Form:

ERLKÖNIG

Wer reitet so spät durch Nacht und Wind?
Es ist der Vater mit seinem Kind;
Er hat den Knaben wohl in dem Arm,
Er fasst ihn sicher, er hält ihn warm. —

Mein Sohn, was birgst du so bang dein Gesicht? —
Siehst, Vater, du den Erlkönig nicht?
Den Erlenkönig mit Kron' und Schweif? —
Mein Sohn, es ist ein Nebelstreif. —

»Du liebes Kind, komm, geh mit mir!
Gar schöne Spiele spiel' ich mit dir;
Manch' bunte Blumen sind an dem Strand;
Meine Mutter hat manch' gülden Gewand.«

Mein Vater, mein Vater, und hörest du nicht,
Was Erlenkönig mir leise verspricht? —
Sei ruhig, bleibe ruhig, mein Kind!
In dürren Blättern säuselt der Wind. —

»Willst, feiner Knabe, du mit mir gehn?
Meine Töchter sollen dich warten schön;
Meine Töchter führen den nächtlichen Reihn,
Und wiegen und tanzen und singen dich ein.«

Mein Vater, mein Vater, und siehst du nicht dort
Erlkönigs Töchter am düstern Ort? —
Mein Sohn, mein Sohn, ich seh' es genau;
Es scheinen die alten Weiden so grau. —

»Ich liebe dich, mich reizt deine schöne Gestalt;
Und bist du nicht willig, so brauch' ich Gewalt.« —
Mein Vater, mein Vater, jetzt fasst er mich an!
Erlkönig hat mir ein Leids getan! —

Dem Vater grauset's, er reitet geschwind,
Er hält in den Armen das ächzende Kind,
Erreicht den Hof mit Mühe und Not;
In seinen Armen das Kind war tot.

Auf Seite 565 der Hamburger Ausgabe finden sich als *Anmerkungen zu S. 153–154* folgende Informationen:

S. 154. ERLKÖNIG. Entstanden 1782. In Goethes Singspiel *Die Fischerin* eingefügt und in diesem zum erstenmal gedruckt, Weimar 1782. Dann unverändert in den *Schriften 1789* und den weiteren Ausgaben. – Stoffliche Anregungen gab Herders Übersetzung einer dänischen Volksballade »Erlkönigs Tochter«. Aus dem dänischen »ellerkonge« = Elfenkönig war durch die Kombination mit dem Wort Eller = Erle fälschlich ein »Erlkönig« geworden, was aber Goethes Phantasie nun gerade anregte zur Gestaltung der an Bäume gebundenen Elementargeister. Auch in dem Elfenlied *Um Mitternacht* ... (S. 154) tanzen die Elfen *auf den Wiesen an den Erlen*. – In dem Druck von 1789 sind die direkten Reden des Vaters und des Sohnes – nach dem Gebrauch der Zeit – zwischen Gedankenstriche gesetzt. Die Reden des Erlkönigs sind durch Anführungsstriche abgehoben. Diese Interpunktion blieb bis zur *Ausg. L. Hd.* – Staiger Bd. I, 1952, S. 343–345. – Boyd I, S. 170–177.

Digitale Version

Auf der CD-ROM »Goethe in Weimar« (NEW WORLD VISION, 1995) findet der Betrachter auf der Eingangsseite unter anderem die Option *Goethes Schriften,* die durch ein aufgeschlagenes Buch dargestellt wird, dessen Seiten bei der Berührung mit dem Cursor von unsichtbarer Hand geräuschvoll umgeblättert werden. Hier werden Werkteile bzw. Bibliografien zur Auswahl angeboten, die sich hinter diversen Abbildungen verbergen. Im Hintergrund erklingen Werke Mozarts. Die Wahlmöglichkeit *Gedichte* wird durch ein halb aufgeschlagenes Buch angezeigt, das bei Cursor-Berührung ebenfalls mit einem geräuschvollen Blättern ganz aufgeschlagen wird. Per Doppelklick gelangt man zu einem aufgeschlagenen Buch, das auf der linken Seite unter der Überschrift *Gedichte* 13 Titel in Form eines Inhaltsverzeichnisses, allerdings ohne Seitenangaben, anzeigt; rechts blickt man auf eine künstlerisch gestaltete Collage. Beim Anklicken des »Erlkönigs« schlagen sich zwei Buchseiten auf. Auf der linken Seite ist die Ballade abgedruckt, während auf der rechten wiederum in einer Collage malerisch verarbeitete Motive aus dem »Erlkönig« dargestellt werden. Unterhalb der Collage finden sich die Symbole »Pfeil«, »Lautsprecher«, »Metronom«

und »Füllfederhalter« mit den im Folgenden beschriebenen Funktionen:

- »Pfeil«: Mit diesem kann man die virtuellen Buchseiten umblättern.
- »Lautsprecher«: Bei Betätigung wird der Text der Ballade von einer Sprecherin vorgetragen.
- »Metronom«: Auf der linken Buchseite wird der »Erlkönig« unter grafischen Hervorhebungen der betonten und unbetonten Silben präsentiert, während sich auf der rechten Seite folgender Informationstext findet:

  Versmaß
  Vierzeilige Strophen im Paarreim mit stets männlichem (einsilbigem) Versende. Die Zeilen sind vierhebig mit jambischen und anapästischen ›Versfüßen‹, die – dem volkshaften Ton und der dramatischen Situation entsprechend – unregelmäßig verteilt sind. Der erste Beruhigungsversuch des Vaters (»Mein Sohn, es ist ein Nebelstreif«) erfolgt rein jambisch, die Verlockung durch Erl-

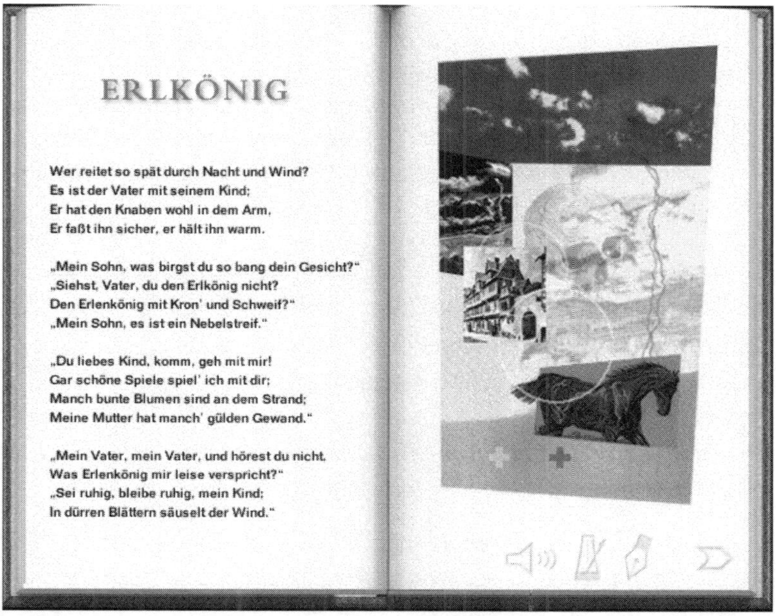

Darstellung 1.2.1: *Darstellung des Gedichts (Goethe in Weimar 1995)*

königs Töchter mündet im durchgehenden Anapäst (»Und wiegen und tanzen und singen dich ein«). Die entscheidende Strophe wird mit einer fünfhebigen Zeile (»Ich liebe dich, mich reizt deine schöne Gestalt«) eingeleitet.

Erläuterungen:
– = betonte Silbe (Hebung)
◡ = unbetonte Silbe (Senkung)
Jambus = Versfuß aus einer unbetonten und einer betonten Silbe
Anapäst = Versfuß aus 2 unbetonten und einer betonten Silbe.

- »Füllfederhalter«: Hier werden Informationen zur Entstehung der Ballade gegeben:

Erlkönig
Entstehungsgeschichte
Zuerst im Singspiel *Die Fischerin* 1782 erschienen. Herder hatte in seinen Volksliedern von 1778 eine aus dem Dänischen übersetzte Ballade vom Ritter Oluf veröffentlicht, der in der Nacht vor seiner Hochzeit mit der Tochter des Elfenkönigs tanzt und am Morgen tot aufgefunden wird.
Goethe, den dieser Text stark beeindruckte, übernahm den von Herder geprägten Titel und z.T. die Form, reduzierte allerdings den Stoff und gab ihm zugleich eine tiefenpsychologische Dimension, die bis heute die Faszination seiner Ballade ausmacht: die rational-männliche (Vater-)Welt erweist sich als machtlos gegenüber der bedrohlichen und erotisch-verlockenden Welt der Fieberphantasie.

Auch während sich der Nutzer mit dem Versmaß oder der Entstehungsgeschichte der Goethischen Ballade beschäftigt, kann die Option »Lautsprecher« angeklickt werden, so dass die Ballade dann beliebig häufig angehört werden kann.

Bezogen auf diese beiden medialen Versionen zur Ballade »Erlkönig« stellen sich z. B. folgende Fragen:

- *Durch welche Merkmale lassen sich die beiden Versionen charakterisieren?*
- *Wo liegen Gemeinsamkeiten und Unterschiede beider Versionen?*

- *Wie sind die Gemeinsamkeiten und Unterschiede zu bewerten?*

Zur Bearbeitung dieser Fragen ist eine Klärung folgender Gesichtspunkte hilfreich:

1. Welche Zugänge erlauben eine Unterscheidung von Medien nach lernrelevanten Merkmalen?
2. Welche lernrelevanten Merkmale lassen sich generell unterscheiden?
3. Welche Bedeutung kommt den verschiedenen Merkmalen zu?

Entsprechende Klärungen ermöglichen generell den Vergleich verschiedener Medien und können eine wichtige Hilfe für sinnvolle Medienentscheidungen sein.

1.2.1 Medientaxonomien als Ansatz zur Unterscheidung von Medien

Die Zunahme an medialen Angeboten für das Lernen führte schon in den fünfziger Jahren des 20. Jahrhunderts zu dem Versuch, Medien hinsichtlich ihrer Bedeutung für das Lernen zu klassifizieren und nach bestimmten Merkmalen zu ordnen. Die dabei entstehenden Übersichten nannte man Medientaxonomien.

Medientaxonomien stellen Ordnungsschemata dar, durch die Medien nach bestimmten Kriterien klassifiziert und in eine Reihung oder Rangordnung gebracht werden, um Medienentscheidungen für Lehr- und Lernprozesse zu erleichtern. Dabei kann man zwei Gruppen von Medientaxonomien unterscheiden. Bei der ersten Gruppe werden lernrelevante Medieneigenschaften als Ordnungskriterien eingeführt, z.B. Darstellungsformen oder angesprochene Sinne, bei der zweiten Gruppe gelten unterrichtliche Kategorien als Ordnungskriterien, z.B. unterrichtliche Funktionen oder Ziele.

Ein frühes Beispiel für die erste Gruppe ist der so genannte »Erfahrungskegel« von DALE (1954), wie er in Darstellung 1.2.2 abgebildet ist.

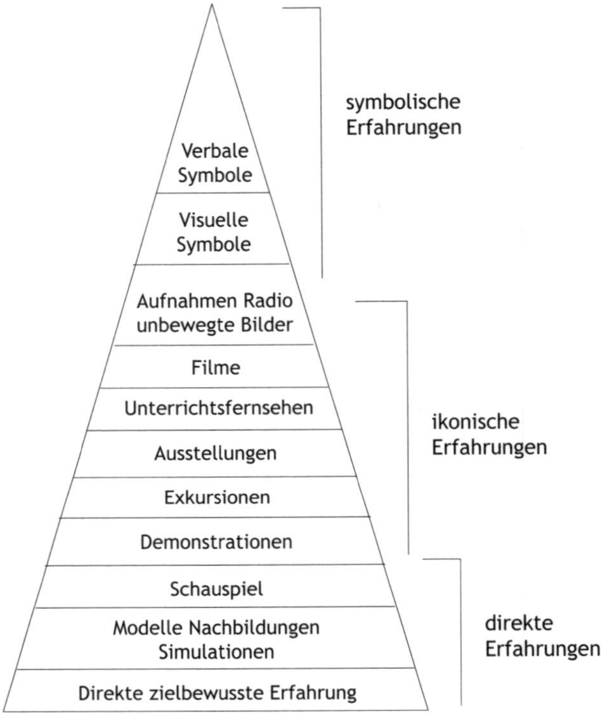

Darstellung 1.2.2: *»Erfahrungskegel« nach* DALE *(1954) (zitiert nach* SCHWITTMANN *1973, S. 57)*

Im »Erfahrungskegel« von DALE (1954) werden Medien nach der Art der Sinneserfahrung geordnet, und zwar nach direkten Erfahrungen, bildhaften bzw. ikonischen Erfahrungen und symbolischen Erfahrungen. Insgesamt und innerhalb dieser drei Gruppen werden die Erfahrungsmöglichkeiten bzw. Medien nach dem Grad der Sinnesbeteiligung klassifiziert. So ist beispielsweise – bezogen auf ikonische bzw. bildhafte Erfahrungen – das Unterrichtsfernsehen vor dem Radio eingeordnet. Diese Klassifikation wird mit verschiedenen Lernformen in Verbindung gebracht: die direkte Erfahrung mit Lernen durch eigenes Tun (learning by doing), die ikonische Erfahrung mit Lernen durch Beobachtung (Beobachtungslernen) und die symbolische Erfahrung mit Lernen durch gedankliche Prozesse (imaginatives Lernen).

Als ein Beispiel für die zweite Gruppe von Medientaxonomien kann der Ansatz von GAGNÉ (1969) gelten. GAGNÉ versucht die Eignung unterschiedlicher Darstellungsformen bzw. Medienarten auf verschiedene unterrichtliche Funktionen zu beziehen. Ausgehend von seinen – begrifflich allerdings unscharfen – Medienüberlegungen und seinem spezifischen lehr-lerntheoretischen Ansatz sowie den daraus erwachsenden unterrichtlichen Funktionen kommt er zu den in der Darstellung 1.2.3 aufgezeigten Einschätzungen.

Medientaxonomien haben im Hinblick auf den – mit ihnen verknüpften – Anspruch, Entscheidungen zur Mediengestaltung und Medienverwendung zu unterstützen, mehrere Schwächen. Sie ab-

Medien / Funktion	Objekte Demonstration	Mündliche Kommunikation	Gedruckte Medien	Ruhende Bilder	Bewegte Bilder	Tonfilm	Lehrmaschinen
Reiz-Darbietung	ja	begrenzt	begrenzt	ja	ja	ja	ja
Lenkung der Aufmerksamkeit und anderer Tätigkeiten	nein	ja	ja	nein	nein	ja	ja
Modell der erwarteten Leistung bereitstellen	begrenzt	ja	ja	begrenzt	begrenzt	ja	ja
Äußere Hilfen geben	begrenzt	ja	ja	nein	nein	ja	ja
Denken steuern	nein	ja	ja	nein	nein	ja	ja
Transfer veranlassen	begrenzt	ja	begrenzt	begrenzt	begrenzt	begrenzt	begrenzt
Ergebnisse überprüfen	nein	ja	ja	nein	nein	ja	ja
Rückmeldung vermitteln	begrenzt	ja	ja	nein	begrenzt	ja	ja

Darstellung 1.2.3: *Unterrichtliche Funktion verschiedener Medien (nach GAGNÉ 1969)*

strahieren von konkreten Lehrzielen und -inhalten, von den Lernvoraussetzungen, von der methodischen Einbettung sowie von der jeweils unterschiedlichen medialen Ausprägung eines konkreten Medienangebots. Zudem fehlt ihnen in der Regel eine weitergehende empirische Absicherung (vgl. zur Kritik u.a. HEIDT 1976, S. 35 ff.; HAGEMANN/TULODZIECKI 1978, S. 47 f.).

Trotz dieser Schwächen bleibt es ein Verdienst der medientaxonomischen Ansätze, dass sie auf unterschiedliche Medienmerkmale sowie auf die Notwendigkeit aufmerksam gemacht haben, Medienmerkmale auf lernbezogene bzw. unterrichtliche Überlegungen zu beziehen.

1.2.2 Medienmerkmale

In dem Ansatz von DALE wird der Zusammenhang von Medieneigenschaften und Lernen betont. Dabei geht es vor allem um den Zusammenhang von Erfahrungsform und Lernen. Dieser Zusammenhang ist auch im Abschnitt 1.1 dargestellt worden. Die Überlegungen verdeutlichen zugleich, dass die *Erfahrungsformen* ein wichtiges Merkmal von technischen Medien sind. Im Medienzusammenhang werden die – durch Medien möglichen – Erfahrungsformen auch *Codierungsarten* genannt, weil in Medien die gemeinten Inhalte nicht unmittelbar, sondern durch Zeichen bzw. Codes verschlüsselt dargestellt werden. Die Entschlüsselung nehmen die Mediennutzer vor, wenn sie die Zeichen als solche erkennen (z. B. einen in englischer Sprache verfassten schriftlichen Text) und ihnen Bedeutungen zuweisen (z. B. auf der Ebene einzelner Wörter, einzelner Sätze und des Gesamttextes). Neben den Erfahrungsformen bzw. Codierungsarten sind weitere Medienmerkmale für das Lernen relevant, und zwar die *Sinnesmodalitäten*, die *Darstellungsformen*, die *Gestaltungstechniken*, die *Ablaufstrukturen* und die *Gestaltungsformen*. Diese Medienmerkmale sollen im Folgenden erläutert werden.

Bei den *Codierungsarten* kann man zwischen einer abbildhaften und einer symbolischen Codierung differenzieren.

Die abbildhafte Codierung lässt sich noch einmal in realgetreue und schematische bzw. typisierende Darstellungen unterscheiden. Realgetreue Darstellungen sind dadurch gekennzeichnet, dass mindestens ein Aspekt der Realität abgebildet wird, z. B. das Erscheinungsbild einer Person bei der Fotografie oder Originalgeräusche aus einer Schreinerwerkstatt bei einem Tondokument. Schematische bzw. typisierende Darstellungen abstrahieren dagegen vom realen Gegenstand oder Vorgang durch akzentuierende Darstellungen. Dies kann in Form von grafischen Präsentationen geschehen, z. B. bei der Darstellung eines technischen Vorgangs im Zeichentrick, oder durch künstlich erzeugte Geräusche, z. B. bei der Simulation von Regengeprassel im Hörspiel.

Bei den symbolischen Codierungen lassen sich verbale von nicht-verbalen Symbolen unterscheiden. Beispielsweise ist das Wort »Stein« ein verbales Symbol für den gemeinten Gegenstand, während ein Dreieck, das in einer Wanderkarte für einen Aussichtspunkt steht, ein nicht-verbales Symbol darstellt.

Codierungsarten sind bei ihrer Realisierung immer mit bestimmten *Sinnesmodalitäten* verknüpft. Dabei können der Hörsinn oder der Sehsinn oder beide angesprochen werden. Medien, die nur den Hörsinn oder nur den Sehsinn ansprechen, bezeichnet man als auditive oder als visuelle Medien. Bei den visuellen Medien kann man noch die visuell-statischen von den visuell-dynamischen Medien unterscheiden. Werden sowohl der Hör- als auch der Sehsinn angesprochen, hat man es mit audiovisuellen Medien zu tun. Beispielsweise ist der Hörfunk ein auditives, die Fotografie ein visuell-statisches, der Stummfilm ein visuell-dynamisches und das Fernsehen ein audiovisuelles Medium. Manchmal wird der Begriff der audiovisuellen Medien auch als Oberbegriff für alle vier Medienarten verwendet. Ergänzend ist zu erwähnen, dass bei computerbasierten Medien, z. B. bei Computerspielen, unter Umständen noch der Tastsinn angesprochen wird.

Durch die Verbindung von Codierungsarten und Sinnesmodalitäten ergeben sich bestimmte *Darstellungsformen*. Darstellung 1.2.4 zeigt eine Übersicht über Darstellungsformen bei einer Verbindung von Codierungsart und auditiver sowie visueller Sinnesmodalität (vgl. auch BUCK 1993, S. 37 ff.; WEIDENMANN 2002, S. 45 f.).

Codierungsart \ Sinnesmodalität		auditiv	visuell	
			statisch	dynamisch
abbildhaft (ikonisch)	realgetreu	aufgezeichneter Originalton	realgetreue bildhafte Darstellung	realgetreuer Film
	schematisch bzw. typisierend	aufgezeichnete künstlich erzeugte akustische Nachbildung	grafische Darstellung	Zeichentrick, Animation
symbolisch	verbal	aufgezeichneter gesprochener verbaler Text	schriftlicher Text	Laufschrift
	nicht-verbal	aufgezeichnetes nicht-verbales akustisches Symbol	nicht-verbales optisches Symbol	bewegtes optisches Symbol

Darstellung 1.2.4: *Darstellungsformen bei Medienangeboten (nach TULODZIECKI, 1997, S. 39)*

Für die verschiedenen Darstellungsformen und ihre Kombination in den Medien gibt es unterschiedliche *Gestaltungstechniken*, beispielsweise kann man bei filmischen Darstellungen u.a. die Einstellungsgröße, die Einstellungsperspektive, die Kamerabewegung, die Montage und die Tongestaltung nennen, bei auditiven Darstellungen sind es u.a. die Regulierung der Lautstärke, Bass- und Höhenkontrolle, die Tonmischung, Multi-Play, Trickeffekte oder Blenden und Schnitt.

Des Weiteren lassen sich Medien, Medienarten und mediale Angebote durch die mit ihnen möglichen *Ablaufstrukturen* unterscheiden. Im einfachsten Falle wird ein Medienangebot punktuell präsentiert, z.B. ein Bild. Des Weiteren kann ein Medienangebot eine vorgegebene lineare Ablaufstruktur haben, z.B. ein Hörspiel oder ein Film. Dabei kann die lineare Ablaufstruktur ruhend, z.B. bei einem schriftlichen Text, oder flüchtig, z.B. beim Kinofilm, sein. Bei einer linear-ruhenden Ablaufstruktur kann der Nutzer den Ablauf der Rezeption selbst steuern, bei linear-flüchtiger Ablaufstruktur hat er – je nach technischen Bedingungen – die Möglichkeit der Steuerung durch Start, Stopp, Vor- und Rücklauf. Darüber hinaus lassen sich adaptive, transaktive, responsive und kommunikative Möglichkeiten unterscheiden, die z.B. mit bestimmten Anwendungen computerbasierter Medienangebote verbunden sind (vgl. BECK 1996, S. 25).

Adaptive Ablaufstrukturen sind dadurch gekennzeichnet, dass die Darbietung, z.B. bei einem computerpräsentierten Lernprogramm, aufgrund vorheriger Eingaben des Nutzers vom Medium gesteuert wird. Beispielsweise können bei einem entsprechenden Programm Anzahl und Art von Übungsaufgaben an den – mit einem Test ermittelten – Leistungsstand des Nutzers angepasst werden. Eine transaktive Ablaufstruktur liegt vor, wenn Nutzer mit Hilfe der Medien vorprogrammierte Aktionen in anderen Systemen auslösen können. Ein Beispiel hierfür ist das Teleshopping. Eine responsive Ablaufstruktur ist gegeben, wenn der Nutzer über geeignete Schnittstellen bzw. Steuerungsmöglichkeiten den Ablauf des medialen Angebots bzw. des Programms durch eigene Aktionen bestimmt. Dies ist in der Regel bei einer CD-ROM der Fall. Kommunikative Ablaufstrukturen bedeuten, dass ein Nutzer mit Hilfe eines Mediums mit einem oder mehreren weiteren Nutzern kommuniziert. Dies kann asynchron erfolgen, z.B. mit Hilfe von E-Mail, oder synchron, z.B. bei einer Videokonferenz oder beim Chat im Internet.

Ein weiteres Kriterium zur Unterscheidung von Medien, Medienarten und medialen Angeboten sind die *Gestaltungsformen*. Bei den Gestaltungsformen lassen sich informierende, kommentierende und bewertende, lehrorientierte, unterhaltende, werbende und werkzeugartige Angebote unterscheiden. Nachrichtensendungen und Dokumentarfilme sind Beispiele für informierende Angebote, Leitartikel und Magazine enthalten in der Regel kommentierende und bewertende Elemente, Schulfernsehsendungen und Unterrichtssoftware stellen lehrorientierte Angebote dar, Hörspiele und Spielfilme haben einen unterhaltenden Charakter, Anzeigen und Werbespots verfolgen Werbeabsichten, und Simulationsprogramme sind Beispiele für werkzeugartige Angebote. Weitere Beispiele für Gestaltungsformen sind: Bericht, Zeitlupenstudie, Zeitrafferstudie, Moderation, Reportage, Interview, Lehrtext, Aufgabenstellung, Spielszene und Videoclip, Menü für ein Computerprogramm.

Über die bisher genannten Gesichtspunkte hinaus können sich die verschiedenen Medien, Medienarten, Medienformen und Medienangebote durch ihre *Produktions- und Verbreitungsbedingungen* unterscheiden. So werden Medienangebote z.B. in verschiedenen Medieninstitutionen, etwa Verlagen und Rundfunkanstalten, unter jeweils spezifischen Bedingungen produziert. Auch die Verbreitungswege, z.B. Buchhandel, Elektrohandel oder Computernetze, sowie die Rezeptionsbedingungen, etwa Kinosaal, eigene Wohnung oder Schule, unterscheiden sich zum Teil erheblich.

Die obigen Merkmale erlauben es, Medien, Medienarten und Medienformen nach ihren Gestaltungsmöglichkeiten und vorhandene Medienangebote nach den jeweils gewählten Möglichkeiten zu charakterisieren.

Als Beispiel wird im Folgenden das Medienangebot »Erlebnis Erde. Erdgeschichte« kurz charakterisiert. Es handelt sich um eine CD-ROM, die vom Institut für Film und Bild in Wissenschaft und Unterricht (FWU, 2001) herausgegeben und als multimediale Lernumgebung gestaltet wurde. Thematisch geht es um die erdgeschichtliche Entwicklung der Gesteine und Bodenschätze, der Pflanzen- und Tierwelt in verschiedenen Regionen bzw. Landschaften. Hinsichtlich der oben eingeführten Medienmerkmale lässt sich die CD-ROM folgendermaßen charakterisieren:

- Codierungsarten: abbildhaft-realgetreu und abbildhaft-schematisch bzw. typisierend sowie symbolisch-verbal und symbolisch-nicht-verbal,

- Sinnesmodalitäten: visuell-statisch, visuell-dynamisch, audiovisuell,
- Darstellungsformen: realgetreue Bilder, filmische Darstellungen, Skizzen, Grafiken, Zeichentrick bzw. Animationen, schriftliche Texte, nicht-sprachliche optische Symbole, aufgezeichnete Originaltöne, künstlich erzeugte akustische Nachbildungen, gesprochene Texte,
- Gestaltungstechniken: vielfältige Gestaltungstechniken bei den jeweiligen Darstellungsformen, z. B. verschiedene Schriftgrößen bei schriftlichen Texten, farbige Hervorhebungen bei Grafiken, ruhige Schnittfolgen bei Filmeinspielungen,
- Ablaufstrukturen: punktuell, linear und responsiv,
- Gestaltungsformen: informierende, kommentierende, lehrorientierte, unterhaltungsorientierte und werkzeugartige Bestandteile in verschiedenen Formen, z. B. Fotos, filmische Dokumentationen, Musikeinspielungen, Karten, Diagramme, Berichte, Simulationen, Lehrtexte, Spiele, Aufgabenstellungen, Sammelkarten, Menüs, Hilfstexte, Glossar, Steuerleisten mit verschiedenen Schaltflächen (Buttons) sowie Fenster als Gestaltungsformen.

Hinsichtlich der Produktions- und Verbreitungsbedingungen ist zu ergänzen, dass die CD-ROM unter der Leitung des FWU entwickelt, von der MMcD GmbH-Multimedia Consulting produziert und vom FWU sowie vom Verlag Klett-Perthes in Einzel- und Netzwerklizenzen vertrieben wird. Sie kann mit Handbuch käuflich erworben oder in Bildstellen und Medienzentren ausgeliehen werden.

Eine solche Kennzeichnung vermittelt eine erste Übersicht über formale Merkmale von Medienangeboten. Sie kann – in Verbindung mit inhaltlichen Aspekten – als Hilfe für unterrichtliche Verwendungsentscheidungen dienen. Außerdem können die Medienmerkmale genutzt werden, um Gestaltungsanforderungen für auszuwählende Medienangebote oder selbst zu erstellende Medienbeiträge zu beschreiben (vgl. dazu Abschnitt 5.2).

Insgesamt verweisen die verschiedenen Merkmale auf die vielfältigen Möglichkeiten, mit denen Medien kommunikative Funktionen wahrnehmen können. Damit wird noch einmal deutlich, warum den Medien als technischen Mittlern bei kommunikativen Prozessen in der pädagogischen Diskussion eine wichtige Bedeutung zukommt. Einerseits verspricht man sich von ihnen besondere unterrichtliche Möglichkeiten, andererseits haben sie im außerschulischen Leben der Kinder und Jugendlichen und in unserer Gesellschaft eine immer größere Bedeutung erlangt.

Auf der Grundlage der obigen Überlegungen können Sie nun einen merkmalsbezogenen Vergleich der eingangs dargestellten beiden Versionen zu Goethes »Erlkönig« vornehmen, Gemeinsamkeiten und Unterschiede herausarbeiten und in ihrer Bedeutung einschätzen.

1.3 Gestaltungsmöglichkeiten bei Bildern und anderen Medienarten

Im vorhergehenden Abschnitt haben wir analytische Kriterien im Sinne von Medienmerkmalen zur differenzierten Beschreibung von Medien, Medienarten, Medienformen und einzelnen Medienangeboten eingeführt. Wir sind dabei von verschiedenen Erfahrungsformen ausgegangen, in denen sich Menschen mit einem Wirklichkeitsbereich auseinander setzen können. Die technisch vermittelten bzw. medialen Erfahrungsformen sind aus dieser Sicht – gegenüber der unmittelbaren Erfahrung – immer mit bestimmten Reduktionen verbunden. Daher lässt sich zunächst vermuten, dass die reale Erfahrungsform zur Erzeugung angemessener Vorstellungen über einen Wirklichkeitsbereich – und damit zum Lernen – geeigneter ist als z.B. eine bloß abbildhafte oder symbolische Erfahrung. Wenn Kinder beispielsweise etwas über Giraffen lernen sollen, ist es wünschenswert, den Lernprozess nicht auf eine Auseinandersetzung mit abbildhaft codierten Darstellungen (z.B. Fotos) zu reduzieren, sondern die Tiere auch in einem Zoo zu besuchen und zu beobachten. Eine Fotografie weist Reduktionsgrade auf, die eine Vorstellungsbildung erschweren,

z. B. in Bezug auf Größenverhältnisse, Räumlichkeit (zweidimensional), Materialbeschaffenheit oder Geruchseindrücke. In vielen Fällen ist allerdings eine unmittelbare Auseinandersetzung mit einem Gegenstandsbereich nicht ohne weiteres möglich, z. B. wenn Kinder oder Jugendliche Vorstellungen über das Leben der in der Arktis lebenden Inuit erwerben sollen, oder nicht sinnvoll, z. B. wenn die Funktionsweise eines Transistors zu erarbeiten ist, weil sich diese nicht aus der unmittelbaren Beobachtung des Gegenstandes erschließen lässt. In diesen Fällen sind mediale Vermittlungsformen hilfreich und notwendig. Es entsteht die Frage, welche Gestaltungsmöglichkeiten die angestrebten Lehr- und Lernprozesse – möglichst optimal – unterstützen können.

Für die Bearbeitung dieser Fragestellung erinnern wir zunächst daran, dass der Einfluss von Medien auf die Vorstellungsbildung letztlich nur als Wechselwirkung zwischen Lernvoraussetzungen und der Mediengestaltung zu verstehen ist (vgl. Abschnitt 1.1). Wenn beispielsweise auf einer Fotografie eine Giraffe und ein Tierpfleger zu sehen sind, kann die Vorstellungsbildung im Hinblick auf die Größe einer Giraffe erleichtert werden, weil die durchschnittliche Größe eines Menschen dem Rezipienten bekannt ist. In diesem Beispiel wird sowohl die Bedeutung der Bildgestaltung (Abbildung der Giraffe mit einem Tierpfleger) als auch die Bedeutung der Lernvoraussetzung (Kenntnis der realen Größe eines Menschen) für die Bildung einer angemessenen Vorstellung für die Größe einer Giraffe offensichtlich.

Im Folgenden fragen wir – in weiterer Ausdifferenzierung der Überlegungen im vorhergehenden Abschnitt – im Detail nach einzelnen Gestaltungsmöglichkeiten von Medien, welche eine angemessene Vorstellungsbildung oder Lernwirkung unterstützen. Dies geschieht im Bewusstsein von Wechselwirkungen mit Lernvoraussetzungen, wenn der Fokus auch schwerpunktmäßig auf die *Mediengestaltung* gerichtet ist.

Streng genommen müsste eine solche Diskussion für alle Medienarten erfolgen. Dies würde jedoch den Rahmen dieses Bandes sprengen. Wir konzentrieren uns auf die Gestaltung von Bildern. Diese haben einen zentralen Stellenwert sowohl in Printmedien als auch in Kino, Video oder Fernsehen (als »bewegte« Bilder) und in computerbasierten Medien.

Zur Auseinandersetzung mit den besonderen Gestaltungsmöglichkeiten von Bildern finden Sie im Folgenden zunächst zwei verschiedene Darstellungen:

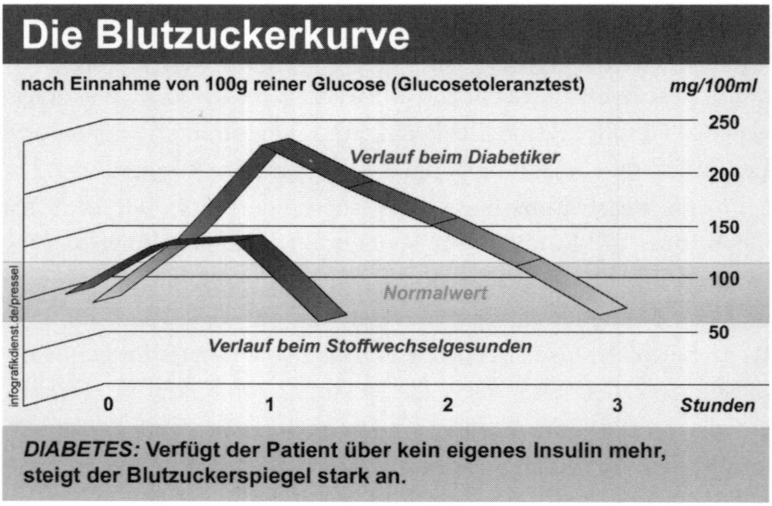

Darstellung 1.3.1: *Blutzuckerkurve*

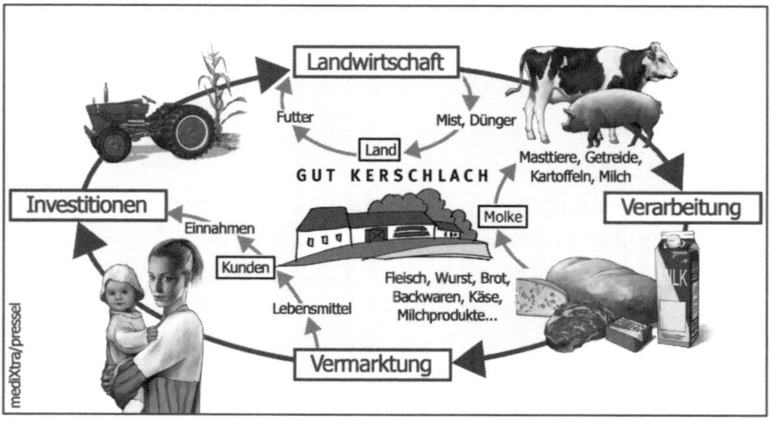

Darstellung 1.3.2: *Öko-Landbau auf Gut Kerschlach*

Beide Beispiele sind der visuell-statischen Sinnesmodalität und einer ruhenden Ablaufstruktur zuzuordnen. Auch bei den verwendeten Codierungsarten gibt es Gemeinsamkeiten. Dennoch weisen die Bilder – außer inhaltlichen – auch verschiedene formale Gestaltungsunterschiede auf.

Es stellen sich vor allem drei Fragen:

- *Worin liegen Unterschiede hinsichtlich der Gestaltungsform der beiden Bilder?*
- *Welche Unterschiede lassen sich hinsichtlich der Gestaltungstechniken erkennen?*
- *Wodurch sind die Unterschiede jeweils begründet?*

Um diese Fragen beantworten zu können, sind folgende Klärungen sinnvoll:

1. Welche Gesichtspunkte sind hinsichtlich der Gestaltungsform von Bildern wichtig?
2. Welche Gestaltungstechniken kommen in Bildern zur Geltung?
3. Welche Funktionen kommen Bildern zu?

Die Bearbeitung dieser Fragen ermöglicht sowohl eine differenzierte Analyse von Bildern in Lernzusammenhängen als auch eine angemessene Gestaltung eigener Bilder. Zur Abrundung und Weiterführung dieser Überlegungen werden wir am Ende des Abschnitts eine Zusammenstellung von Gestaltungsmöglichkeiten für Bilder und für weitere Medienarten vornehmen.

1.3.1 Gesichtspunkte zur Gestaltungsform von Bildern

Medien erlauben es, Lehr- und Lernprozesse dort zu unterstützen, wo eine unmittelbare Auseinandersetzung mit einem Gegenstand oder Wirklichkeitsbereich nicht möglich oder nicht sinnvoll ist. Ein Beispiel solcher Medien stellen Bilder dar, über deren Funktion in Lernprozessen WEIDENMANN schreibt: »Erfolgreicher Wissenserwerb mit Bildern ist ein kommunikativer Prozess mit aufeinander angewiesenen, komplementären Intentionen der Beteiligten: Bildautoren konzipieren einen Gegenstandsbereich als Argument und suchen dafür ein adäquates visuelles Format; Bildrezipienten versuchen, dieses Argument über erkennende und interpretierende Prozesse zu rekonstruieren.« (1994a, S. 51)

In der Literatur gibt es verschiedene Ansätze, um unterschiedliche Typen von Bildern zu klassifizieren. Auf einer generellen Ebene lassen sich zunächst *künstlerische, unterhaltende* und *informierende* Bilder unterscheiden (vgl. WEIDENMANN 1994, S. 9). Bei künstlerischen Bildern kommt der ästhetischen Dimension sowie der Offenheit des Interpretationsprozesses eine zentrale Rolle zu. Mit unterhaltenden Bildern – z. B. in Massenmedien – wird vor allem angestrebt, Aufmerksamkeit zu erregen und Emotionen auszulösen. Für informierende Bilder sind demgegenüber vor allem Klarheit und Informativität bedeutsam (vgl. ebd.). Zwischen den verschiedenen Typen sind selbstverständlich auch Überschneidungen möglich.

Wir werden uns im Rahmen dieses Bandes auf informierende Bilder konzentrieren, weil sie für Lernprozesse von besonderer Bedeutung sind. Informierende Bilder werden erstellt, um Aussagen zu bestimmten Inhalten zu machen. Diese Bilder kommen vor allem in »instruktionalen Situationen zum Einsatz, die arrangiert werden, um Wissen und Können zu erwerben« (1994a, S. 9).

Bei den informierenden Bildern lassen sich *Abbilder* von *logischen Bildern* unterscheiden (vgl. WEIDENMANN 1994, S. 12f., SCHNOTZ 2002, S. 65):

- *Abbilder* sind dadurch gekennzeichnet, dass sie Darstellungen eines realen Sachverhaltes sind und Ähnlichkeit mit dem jeweiligen Gegenstand oder Sachverhalt aufweisen. Beispiele sind Fotos oder grafische Darstellungen eines Gegenstandes. Im Sinne der von uns unterschiedenen Codierungsarten handelt es sich um abbildhaft-realgetreue und abbildhaft-schematische Codierungen.
- *Logische Bilder* »dienen der Darstellung von Zusammenhängen zwischen qualitativen und quantitativen Merkmalen eines Sachverhalts« (SCHNOTZ 1993, S. 97). Beispiele sind Struktur-

diagramme und Tabellen. Nach unserer Unterscheidung der Codierungsarten handelt es sich um symbolische Darstellungen.

Im Zusammenhang mit verschiedenen Bildtypen erfahren so genannte Analogiebilder besondere Aufmerksamkeit. Ein Beispiel dafür ist die analoge Darstellung von Wasser- und Stromkreislauf. Als eine charakteristische Eigenschaft von *Analogiebildern* bezeichnet ISSING (1994), dass sie »mittels metaphorischer... Darstellung von direkt beobachtbaren und dem Betrachter im Allgemeinen aus der Wirklichkeitserfahrung sehr gut vertrauten Sachverhalten... auf nicht direkt dargestellte... Strukturen, Relationen, Funktionen oder Prozesse« verweisen (S. 153). Letztlich geht es darum, Eigenschaften einer Basis-Domäne auf eine Ziel-Domäne zu übertragen (vgl. dazu die Theorie des structure mapping von GENTNER 1983). Der Grad der Ähnlichkeit zwischen diesen beiden Domänen beeinflusst zum einen den Schwierigkeitsgrad einer Analogie, zum anderen auch ihre metaphorische Originalität. Wir ordnen die Analogiebilder in Übereinstimmung mit WEIDENMANN den Abbildern zu, weil hinsichtlich der Codierungsarten im Wesentlichen abbildhaft-schematische Darstellungen Verwendung finden (vgl. 1994, S. 22).

Eine Mischform zwischen Abbildern und logischen Bildern stellen die so genannten *Infografiken* dar. Sie enthalten sowohl symbolisch als auch abbildhaft codierte Inhalte. WEIDENMANN/PAECHTER/HARTMANNSGRUBER bezeichnen sie als »erklärende Visualisierungen« (1998, S. 113), die in sich abgeschlossene Einheiten bilden, »deren Text- und Bildelemente inhaltlich und im Layout stärker miteinander verschränkt sind als beispielsweise in Illustrationen, bei denen die Legende vom Bild abgesetzt ist, oder Texte mit Illustrationen im Fließtext« (ebd., S. 113f.). LIEBIG ordnet die Infografik unter Pressegrafiken und unterscheidet sie in funktionaler Hinsicht von Kommentargrafiken, Unterhaltungsgrafiken und Zuordnungsgrafiken (vgl. 1999, S. 24). Demnach sind Infografiken »Pressegrafiken, die einen relevanten natürlichen oder gesellschaftlichen Sachverhalt aufbereiten ... mit originär journalistischem Zweck« (S. 25). Dabei gilt als journalistisch, was im klassisch redaktionellen Teil von Zeitungen oder Zeitschriften veröffentlicht wird. Wir werden die Infografik im Folgenden nicht an eine bestimmte Medienart binden, sondern z. B. auch Infografiken in wissenschaftlichen Publikationen, Lehrbüchern o. ä. einschließen.

Vor dem Hintergrund der obigen Überlegungen und Kategorisierungen gehen wir im folgenden Abschnitt von den in der Darstellung 1.3.3 genannten Bildtypen aus.

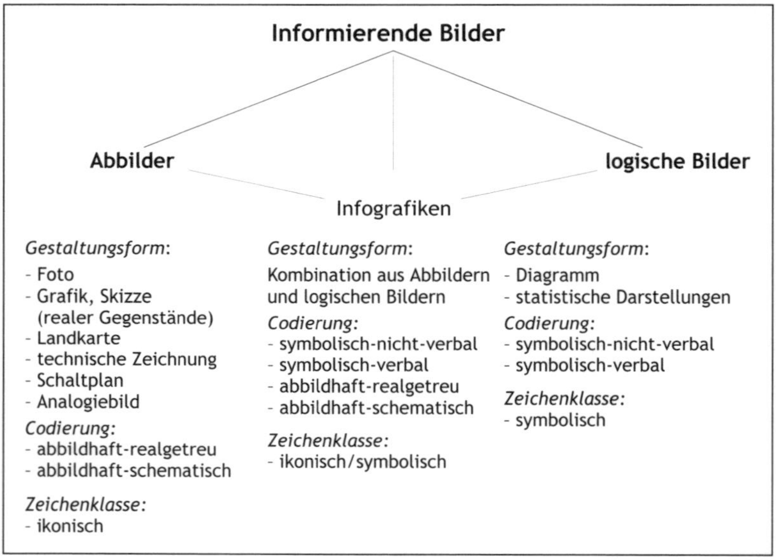

Darstellung 1.3.3: *Lernrelevante Typen von Bildern*

1.3.2 Gestaltungstechniken von Bildern

Um ein Bild für Lehr- und Lernzwecke als »visuelles Argument« (WEIDENMANN 1994, S. 12) angemessen zu gestalten, ist es erforderlich, zum einen alle relevanten Aspekte des dargestellten Wirklichkeitsbereiches oder der Zusammenhänge zwischen Objekten eines solchen Bereiches zu erfassen (so genannte Argument-Angemessenheit), zum anderen die Codierung optimal auf die Rezipienten abzustimmen (Rezeptions-Angemessenheit). WEIDENMANN unterscheidet entsprechend zur Gestaltung der informierenden Bilder Darstellungs- und Steuerungscodes, die sich auf die Argument-Angemessenheit bzw. auf die Rezeptions-Angemessenheit beziehen (vgl. ebd., S. 12ff.).

Darstellungs- und Steuerungscodes können als besondere Gestaltungstechniken charakterisiert werden, die einer möglichst klaren und eindeutigen Visualisierung des Objektes oder Gegenstandsbereiches dienen und sich je nach Bildmedium unterscheiden.

Gestaltungstechniken bei realgetreuen und schematisch-typisierenden Abbildern:

Bei *Abbildern* kommt es darauf an, dem Rezipienten die Informationen zu liefern, die er benötigt, um anhand der Visualisierung eine realitätsangemessene Vorstellung entwickeln zu können. Bei realgetreuen Abbildern, z.B. bei Fotos, können zunächst verschiedene Kameratechniken zur Verwendung kommen (vgl. TULODZIECKI 1997, S. 159ff.):

- Einstellungsgröße: Weit, Total, Halbtotal, Halbnah, Amerikanisch, Nah, Groß, Detail,
- Einstellungsperspektive: Untersicht (bis zur Froschperspektive), Normalsicht (Augenhöhe), Aufsicht (bis zur Vogelperspektive),
- Blickwinkel: Aufnahme des Objekts von vorn oder von hinten, schräg oder quer

Weitere Techniken für realgetreue und schematische Abbilder sind (vgl. WEIDENMANN 1994, S. 13ff.):

- konturierende Linien zur Bildung einer Figur-Grund-Unterscheidung,
- Schattierungen zur Darstellung von Vertiefungen und Wölbungen,
- geschlossene und unterbrochene Konturen zur Darstellung von Platzierungen von Objekten im Vorder- oder Hintergrund,
- Perspektivlinien zur Darstellung von Zentralperspektiven (und der Staffelung von Objekten im imaginativen Bildraum),
- natürliche Farbgebung,

- Situierung in vertraute Kontexte oder
- typische Bewegungen (bei animierten Abbildern).

Wahrnehmungspsychologisch gesehen, genügen bei bekannten Objekten und vertrauten Codierungsarten häufig schon einige wenige grafische Zeichen, um eine angemessene mentale Repräsentation des Objektes beim Rezipienten zu ermöglichen. Darstellung 1.3.4 zeigt den Einsatz von Gestaltungstechniken bei einer Abbildung des Innenohrs.

Die gewählte Gestaltungstechnik hat hier gegenüber einer Fotografie den Vorteil, dass einzelne Aspekte durch »übertriebene« Kontraste, Begrenzungen und Umrisse besonders hervorgehoben werden können, dem Autor unwichtige Aspekte können entsprechend weniger auffällig dargestellt werden. So wird in Darstellung 1.3.4 die Aufmerksamkeit auf die relevanten Bestandteile des Mittel- und Innenohrs gelenkt. Die abbildhaft-realgetreue Darstellung eines Teils des Außenohrs (Ohrmuschel und Gehörgang) erlaubt darüber hinaus, die Lage der dargestellten Elemente im Mittel- und Innenohr einzuschätzen. Durch entsprechende Schattierungen wird zudem die Rekonstruktion eines plastischen Gebildes in der Vorstellungsbildung erleichtert, deutliche Figur-Grund-Unterscheidungen (z.B. bei der Schnecke oder den Bogengängen sowie der

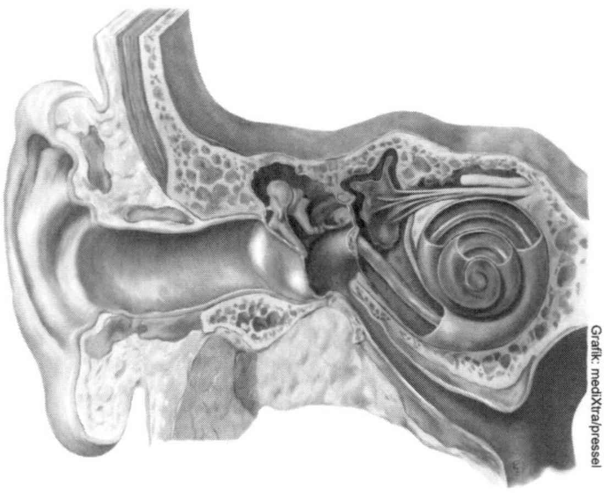

Darstellung 1.3.4: *Abbildung des Innenohrs*

Ohrmuschel) werden durch konturierende Linien und durch Farbgebungen (heller Vordergrund, dunkler Hintergrund) ermöglicht.

Bei *Analogbildern* als Sonderform von Abbildern lassen sich zunächst strukturelle und funktionale Analogien unterscheiden (vgl. ISSING 1994, S. 149).

Bei *strukturellen Analogien* wird die Struktur eines Wirklichkeitsbereiches auf einen anderen übertragen, z. B. bei der Übertragung von Eigenschaften des Planetensystems auf Atommodelle. Die Basis- und die Zieldomäne können in diesem Fall durch folgende Strukturähnlichkeiten beschrieben werden (vgl. ANDERSON 2001, S. 241):

Basisdomäne: Sonnensystem	Zieldomäne: Atom
Die Sonne zieht die Planeten an.	Der Atomkern zieht die Elektronen an.
Die Sonne ist größer als die Planeten.	Der Atomkern ist größer als die Elektronen.
Die Planeten umkreisen die Sonne.	Die Elektronen umkreisen den Atomkern.
Die Planeten umkreisen die Sonne wegen der Anziehungskraft und der Massendifferenz.	Die Elektronen umkreisen den Atomkern wegen der Anziehungskraft und der Massendifferenz.
Es gibt Leben auf dem Planeten Erde.	Kein Transfer.

Darstellung 1.3.5: *Basis- und Zieldomäne bildlicher Analogien*

Funktionale Analogien liegen vor, wenn die Funktionsweise von Objekten eines Wirklichkeitsbereiches bzw. Prozessabläufe auf einen anderen Wirklichkeitsbereich übertragen werden. Dies gilt z. B. für einen Wasserkreislauf und einen elektrischen Stromkreis.

Strukturelle und funktionale Analogien sind in ihrer Relevanz für Lehr- und Lernprozesse bedeutsam, weil sie von bekannten Eigenschaften einer Domäne ausgehen und mit Hilfe dieser bekannten Eigenschaften dem Lernenden die Erschließung eines neuen Wissensbereiches erleichtern können.

Für »gute« *Analogien* nennt GENTNER (1983, vgl. ISSING 1994) folgende Eigenschaften:

- Basis-Spezifität: Dieses Kriterium beschreibt den Grad der Vertrautheit mit der Ausgangsdomäne. Je besser diese bekannt ist, umso höher ist die Wahrscheinlichkeit, Beziehungen, Strukturen und Relationen aus dieser Domäne in die Zieldomäne transferieren zu können.
- Klarheit/Transparenz: Die Klarheit bzw. Transparenz einer Analogie richtet sich danach, wie weit die dargestellten Objekte der Ausgangsdomäne denen der Zieldomäne entsprechen, d.h. unter anderem auch, wie viele der jeweiligen Prädikate bzw. Eigenschaften der einzelnen Objekte übertragen werden können. Die Transparenz kann auch als »Oberflächenähnlichkeit« interpretiert werden (vgl. ISSING 1994, S. 162).
- Reichhaltigkeit: Dieses Kriterium gibt an, wie viele Prädikate pro Objekt aus der Ausgangsdomäne auf die Zieldomäne übertragen werden können.
- Systematik/Vernetztheit: Die Prädikate eines Objektes bzw. eines konzeptuellen Systems können in mehr oder weniger eindeutiger Weise aufeinander bezogen sein. Dies wird durch die Vernetzung bzw. Systematik erfasst, die auch als »Struktur-Ähnlichkeit« bezeichnet wird (vgl. ebd.).
- Abstraktheit: Die Abstraktheit einer Analogie gibt an, auf welchem strukturellen Niveau die Ausgangs- und die Zieldomäne miteinander vergleichen werden. Sie ist umso höher, je größer der Anteil von Beziehungen höherer Ordnung, d.h. von kausalen, mathematischen oder funktionalen Relationen, ist. So bewirkt beispielsweise das Hinzufügen eines Widerstands in einem Stromkreis (kausale Relation höherer Ordnung) ein Absinken des Stromflusses, genauso wie das Hinzufügen eines

Sperrgitters in einem U-Bahn-Tunnel die Rate der passierenden Menschen senken würde (vgl. GENTNER/HOLYOAK 1997, S. 33).

- Validität: Sind die in beiden Domänen vorkommenden Prädikate richtig, ist die Analogie valide.
- Anwendbarkeit: Das Kriterium der Anwendbarkeit gibt an, auf wie viele Fälle die Analogie valide angewendet werden kann.

Die Bedeutsamkeit dieser Kriterien wird auch deutlich, wenn man berücksichtigt, dass »das Verstehen von Analogien das Erkennen der Struktur-Ähnlichkeit bedeutet, die als Abstrahierung eines Schemas interpretiert werden kann« (ISSING 1994, S. 163). Als Beispiel einer bildlichen Analogie ist in Darstellung 1.3.6 die Analogie zwischen einer Doppelwassersäule und einem elektrischen Stromkreis zu sehen.

Die Analogie baut darauf auf, die Kenntnisse aus einem Wasserkreislauf, der durch eine Doppelwassersäule gespeist wird, auf den elektrischen Stromkreis zu übertragen. Die Zuordnung der einzel-

Wasserkreis mit DWS/Analogie zum Stromkreis

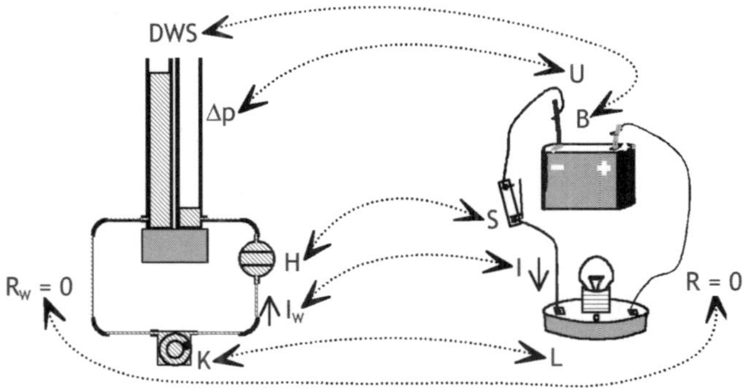

DWS = Doppelwassersäule
R_W = Wasserwiderstand
K = Wasserkreisel
I_W = Wasserstromstärke
H = Ventil
Δp = Druckdifferenz

U = Spannung
B = Batterie
S = Schalter
I = Strom
L = Glühlampe

Darstellung 1.3.6: *Analogie zwischen Wassermodell und Stromkreislauf (SCHWEDES 1996, S. 5)*

nen Prädikate wird in der Darstellung noch zusätzlich durch entsprechende optische Symbole (Pfeile) erleichtert. Die Spannung bzw. Potenzialdifferenz in der Batterie entspricht der konstanten Druckdifferenz, die durch die Doppelwassersäule erzeugt wird und den Wasserkreisel antreibt. Die Widerstände der Leitungen werden (idealisierend) als null angenommen, der Kreisel – entsprechend der Glühbirne im Stromkreis – stellt eine Engstelle und damit einen Widerstand dar. Wasserwiderstände – respektive elektrische Widerstände – unterscheiden sich dadurch, dass unterschiedlich starke Druckdifferenzen (Spannungen) benötigt werden, um eine bestimmte Stromstärke zu erzeugen. Mit anderen Worten: Der Wasserwiderstand (elektrische Widerstand) ergibt sich aus dem Quotienten von Druckdifferenz (Spannung) und erzeugter Wasserstromstärke (elektrischer Stromstärke).

Gestaltungstechniken bei logischen Bildern:

Bei *logischen Bildern* kommt es weniger darauf an, eine – der Wirklichkeit angemessene – Vorstellungsbildung zu unterstützen, sondern darauf, abstrakte Zusammenhänge, Strukturen und Relationen zu visualisieren. Entsprechend sind die Gestaltungstechniken stark konventionalisiert. Als lernrelevante Eigenschaften von logischen Bildern lassen sich festhalten (vgl. SCHNOTZ 1994, S. 111ff.):

- Die kompakte, sparsame Repräsentation in einer zweidimensionalen Struktur bietet die Möglichkeit, thematisch zusammengehörige Informationen räumlich enger zu gruppieren als bei sequenziellen Texten.
- Eine Verarbeitungsreihenfolge ist bei logischen Bildern nicht vorgegeben. Die »erzwungene Sequenzialität« (vgl. BRENNECKE/KEIL-SLAWIK/ROTH 1999), wie sie bei linearen Texten vorhanden ist, wird aufgehoben und ermöglicht einen relativ schnellen Informationszugriff.
- Logische Bilder ermöglichen die Entnahme von Informationen, die vorher nicht explizit eingegeben wurden, d.h. sie erlauben

ein so genanntes synthetisches Ablesen gegenüber dem analytischen Ablesen, z. B. in Tabellen (s. u.).

- Logische Bilder sind zwar potenziell informationsäquivalent zu Tabellen, in der Nutzung und dem Erschließen relevanter Informationen aber deutlich flexibler (vgl. SCHNOTZ 1994, S. 119).
- Aufgrund der spezifischen Funktionseigenschaften des menschlichen Wahrnehmungsapparats können anhand logischer Bilder vor allem qualitative und ordinale Relationen relativ leicht abgelesen werden, d. h. sie eignen sich insbesondere zur Unterstützung von qualitativen Denkprozessen, wo es nicht um exakte Differenzen oder Quotienten geht.

SCHNOTZ betont, dass die hohe Nutzungseffizienz logischer Bilder nicht eine natürliche Eigenschaft der Bilder ist, sondern in Zusammenhang der Interaktion mit dem kognitiven System entsteht.

Darstellung 1.3.7 zeigt das Beispiel einer Gehaltsentwicklung von Mitarbeiter und Chef über einen Zeitraum von 10 Jahren (vgl. KRÄMER 2001, S. 56 f.). Die in der Tabelle enthaltenen Informationen sind äquivalent denen in der grafischen Darstellung, die Erschließung der Information dürfte durch das logische Bild aber wesentlich erleichtert sein.

Die Interpretation des logischen Bildes gelingt jedoch nur, wenn die konventionalisierten Zeichen bekannt sind, d. h. in diesem Falle die Kenntnis eines kartesischen Koordinatensystems mit der Konvention, dass auf der Abszisse die unabhängige und auf der Ordinate die abhängige Variable abgetragen wird. Streng genommen müsste in der Darstellung allerdings ein Punktdiagramm verwendet werden, wenn man unterstellt, dass die Gehälter jeweils für ein Jahr konstant sind und dann sprunghaft, nicht kontinuierlich steigen. Das logische Bild bietet zudem die Information, dass das Gehalt des Chefs relativ gesehen im Verlauf der 10 Jahre stärker steigt als das des Mitarbeiters, obwohl diese Information nicht explizit codiert worden ist, sondern erschlossen werden muss. Dies ist zwar prinzipiell auch mit Hilfe der Tabelle möglich, allerdings wesentlich aufwändiger.

Gestaltungstechniken logischer Bilder können auch dazu führen

a) Tabelle

Gehaltsentwicklung (in Euro)

Jahr	0	1	2	3	4	5	6	7	8	9	10
Mitar-beiter	2000	2100	2216	2326	2590	2732	2896	3070	3269	3498	3778
Chef	10000	10500	11025	11521	12040	12521	13022	13543	14017	14437	14726

b) Logisches Bild

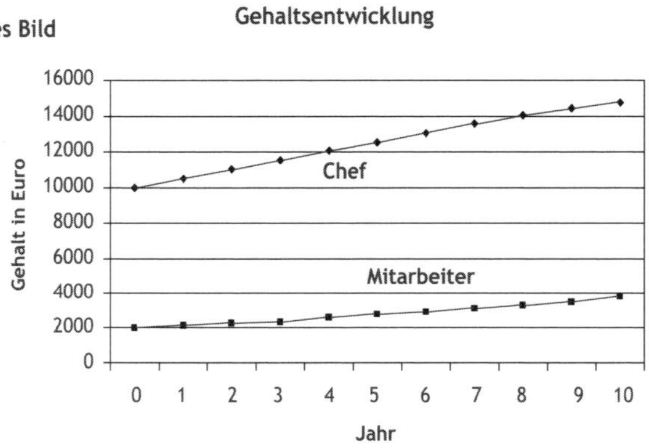

Darstellung 1.3.7: *Verlauf von Gehaltsentwicklungen in tabellarischer Form und als logisches Bild*

(oder bewusst so verwendet werden), dass nicht realitätsangemessene Vorstellungen beim Rezipienten erzeugt werden. So kann beispielsweise durch die Veränderung der Skalierung oder die Stauchung bzw. Streckung von Achsen ein Eindruck erzeugt werden, der die zugrunde liegenden Zusammenhänge nicht korrekt bzw. verzerrt wiedergibt (vgl. dazu z. B. KRÄMER 1994).

Gestaltungstechniken bei Infografiken:

Infografiken sind durch die Verwendung verschiedener Darstellungsformen und Gestaltungstechniken gekennzeichnet (vgl. Darstellung 1.3.8). Schriftlicher Text und Bild sind stark miteinander verschränkt, zum Teil wird schriftlicher Text in die grafischen Teile eingebettet und umgekehrt (vgl. WEIDENMANN/PAECHTER/HARTMANNSGRUBER 1998, S. 112). Die Infografik wird damit zu einem komplexen Bildmedium, dessen Rezeption und Interpretation die Strukturierung und Sequenzierung einzelner Elemente der Grafik erfordert. Als besondere Eigenschaften der Infografik nennt LIEBIG (1999) die potenziell sehr gezielte

- Information,
- Organisation (eines Blattes),
- Illustration,
- Erzeugung von Aufmerksamkeit,
- Motivation,
- Dekoration,
- Ästhetisierung und
- Repräsentation von Identität (vgl. S. 51).

Verschiedene dieser Funktionen sind in Darstellung 1.3.8 realisiert. Zunächst wird der Rezipient durch die Überschrift darüber in Kenntnis gesetzt, dass es sich um Informationen zur Häufigkeit und zum Preis von Eingriffen im Bereich der Schönheits-Chirurgie han-

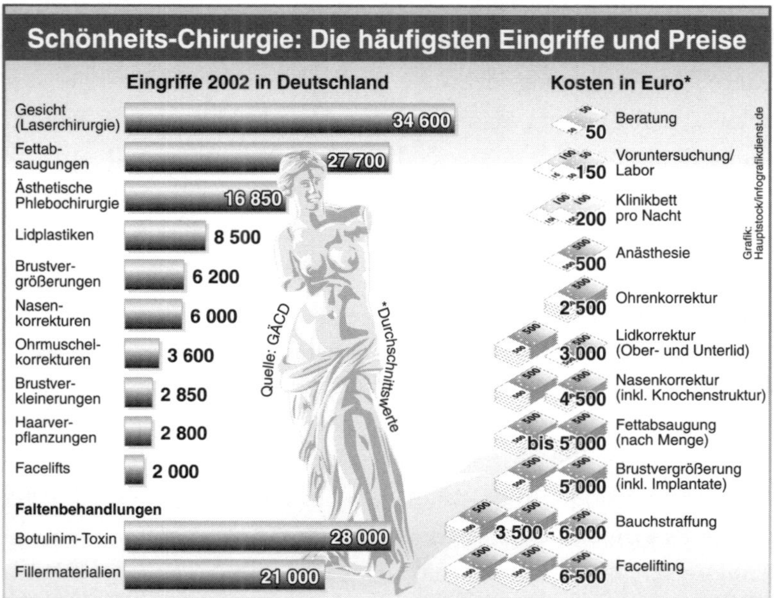

Darstellung 1.3.8: *Infografik »Schönheits-Chirurgie«*

delt. Die Strukturierung der Grafik gelingt vergleichsweise einfach in zwei gegenüberliegenden Blöcken als Makroelemente: zum einen die Arten und die jeweilige Anzahl der Eingriffe und Behandlungen, zum anderen Behandlungskosten für verschiedene Eingriffe. Die Anzahl der Eingriffe wird sowohl durch Zahlen als auch durch die Länge entsprechender horizontaler Balkendiagramme repräsentiert bzw. symbolisiert. Dabei wird die Reihenfolge von den häufigsten zu den seltensten Behandlungen (separat für Faltenbehandlungen) gewählt. Diese Reihenfolge ist im rechten Block umgekehrt, dort werden die geringsten Behandlungskosten zuerst, die höchsten zuletzt aufgeführt. Die Kosten werden ebenfalls in ihrer Höhe durch ein weiteres Element repräsentiert, allerdings nicht ein symbolisches (Balken), sondern durch ein schematisiertes abbildhaftes Element in Form von unterschiedlichen Geldscheinen bzw. Geldbündeln. Eine naheliegende Interpretation der Infografik wäre die Verbindung einer Behandlungsmethode auf der linken Seite mit den entsprechend zugeordneten Kosten auf der rechten Seite. Diese Zuordnung ist im vorliegenden Fall nicht möglich, nur zu einzelnen Eingriffen finden sich auch – allerdings nicht auf gleicher Höhe – Angaben zu den Kosten. Sie wird auch zusätzlich durch die in der Bildmitte platzierte Abbildung der griechischen Schönheitsgöttin Aphrodite »erschwert«. Ihr kommt außerdem eine motivierende und ästhetisierende Funktion zu, weil sie als Symbol für Schönheit und Ästhetik auf den inhaltlichen Rahmen der kosmetischen Chirurgie verweist. Das kompositorische Gleichgewicht wird durch die unterschiedliche Reihenfolge der Anzahlen von Eingriffen bzw. der Kosten für Behandlungen gehalten.

In Darstellung 1.3.9 wird noch einmal deutlich, dass die Infografik in ihrer Multifunktionalität und der Verwendung mehrerer Darstellungsformen eine Informationsdichte ermöglicht, die durch eine einzelne Darstellungsform, z. B. als schriftlich-linearer Text (symbolisch-verbale Codierung), kaum zu realisieren ist. Die Grafik zeigt für den Berliner Raum, dass es eine große Anzahl von offenen Funknetzen gibt, in die man sich über ein Laptop oder einen Handcomputer einloggen kann. Die Netze werden mit dem Auto oder zu Fuß aufgespürt (Wardriving, Warwalking) und z. B. durch Kreide-

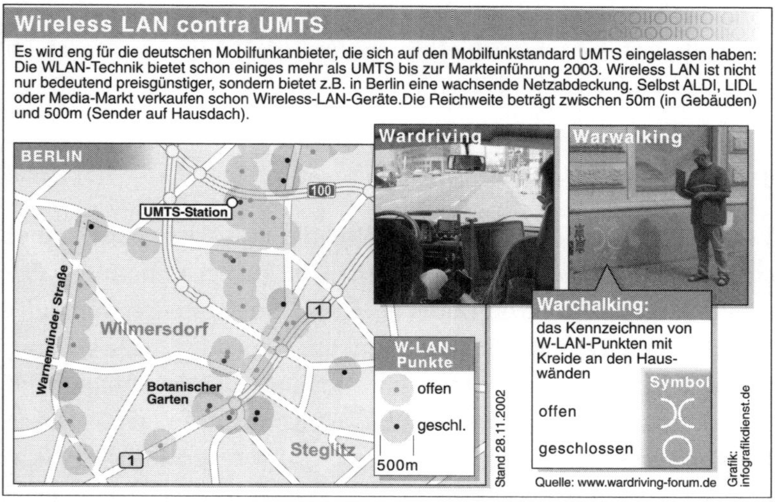

Darstellung 1.3.9: *Infografik »Wireless LAN«*

zeichen an Hauswänden gekennzeichnet (Warchalking). Dazu werden verbal-symbolische Codierungen (Text), nicht-verbal symbolische Codierungen (optische Symbole, z.B. im Kartenausschnitt) und abbildhaft-realgetreue Codierungen (Fotos) miteinander kombiniert. Durch spezielle Zoom-Techniken können einzelne Elemente besonders hervorgehoben werden, etwa die Kreidezeichen an der Wand. Allerdings macht dieses Beispiel einer Infografik auch deutlich, dass der Grad der Selbsterklärung unterschiedlich ist. Während in Darstellung 1.3.8 ein Verständnis ohne besondere Zusatzinformationen möglich ist, setzt die Interpretation der Grafik in Darstellung 1.3.9 bestimmte fachspezifische Kenntnisse voraus, etwa zum Wardriving oder zu Netztechnologien.

Ein typisches Merkmal von Infografiken ist die »Info-Portionierung« (LIEBIG 1999, S. 59), d.h. die Aufteilung der Information in einzelne Grafik- und Textblöcke (vgl. die Beispiele). Dies geschieht, um eine gezielte und schnelle Informationsaufnahme zu unterstützen und die Komplexität von Grafiken in einem Maß zu halten, das eine angemessene Rezeption ermöglicht, aber dennoch auf komplexe Zusammenhänge nicht verzichten muss. Die Darstellung funktionaler Zusammenhänge kann insbesondere durch nicht-sprachliche optische Symbole (Pfeile) unterstützt werden, wie es in Darstellung 1.3.2 am Beispiel von Makro- und Mikrokreisläufen im Öko-Landbau geschieht.

1.3.3 Funktionen von Bildern

Wir haben Bildmedien in diesem Abschnitt unter dem Aspekt ihrer spezifischen Gestaltungsmöglichkeiten diskutiert und sind dabei davon ausgegangen, dass Bilder geeignet sind, Wissenserwerb oder die Entwicklung mentaler Modelle zu unterstützen. Ob die genannten potenziell lernförderlichen Eigenschaften der genannten Bildmedien auch lernwirksam werden, hängt nicht zuletzt von den Lernvoraussetzungen des Rezipienten ab. WEIDENMANN (1994b) unterscheidet im Hinblick auf diese Voraussetzungen verschiedene Funktionen, die Bilder im Lernprozess wahrnehmen können (vgl. S. 31 ff.). Ist der dargestellte Wirklichkeitsbereich oder Gegenstand dem Lernenden bereits bekannt, wird das entsprechende Schema oder mentale Modell durch das Bild aktiviert und aufgerufen. In diesem Fall reicht häufig eine stark vereinfachte, typisierende oder schematische Darstellung. Diese *Aktivierungsfunktion* ist beispielsweise bei Piktogrammen relevant oder bei Abbildern, wenn durch Kontexte eine Einordnung der relevanten Bildausschnitte ermöglicht werden soll (vgl. z. B. das Außenohr in Darstellung 1.3.4).

Soll mit Hilfe der Bilder eine Wissensstruktur erst aufgebaut werden, spricht WEIDENMANN von einer *Konstruktionsfunktion* des Bildes. Dabei kann durchaus auf bereits bekannte Gegenstandsbereiche zurückgegriffen werden (d. h. einzelne Bildelemente haben aktivierende Funktionen), die dargestellten Zusammenhänge oder Prozessabläufe sollen als Wissensstruktur oder mentales Modell beim Lernenden aber erst erzeugt werden. Solche Bilder finden sich vor allem in Gebrauchsanweisungen, Bedienungsanleitungen oder naturwissenschaftlichen Lerntexten. Auch Infografiken haben die Funktion, komplexe Sachverhalte in funktionaler oder struktureller Hinsicht darzustellen und damit entsprechende Konstruktionen zu unterstützen.

Ebenfalls auf der Grundlage bereits bekannter Gegenstandsbereiche können Bilder im Sinne einer *Fokusfunktion* die Ausdifferenzierung oder partielle Korrektur von mentalen Modellen oder Schemata anregen und unterstützen. So kann es beispielsweise sein, dass ein Lernender bereits eine Vorstellung von einem Ottomotor und dessen Funktionsweise hat, durch ein entsprechendes Bild aber diese Vorstellung ausdifferenzieren kann, indem z. B. der Zündmechanismus detailliert durch Text und Grafik erläutert wird.

Besteht zu einem Gegenstandsbereich noch überhaupt kein Vorwissen, so können Bilder eine *Ersatzfunktion* für ein mentales Modell einnehmen. Dies trifft u. a. für solche Bereiche zu, die der unmittelbaren Wahrnehmung und Alltagserfahrung verschlossen bleiben, wie es beispielsweise im medizinischen Bereich häufig der Fall ist.

Zusammenfassend gibt Darstellung 1.3.10 den tendenziellen Zusammenhang zwischen der Funktion eines Bildes, den Lernvoraussetzungen des Rezipienten und dem Detailreichtum des Bildes wieder. Dieser Zusammenhang gilt in erster Linie für Abbilder und Infografiken. Logische Bilder können allerdings ebenfalls diese Funktionen erfüllen, je nach dem, welche Voraussetzungen beim Lernenden vorhanden sind. So kann ein Liniendiagramm, das den

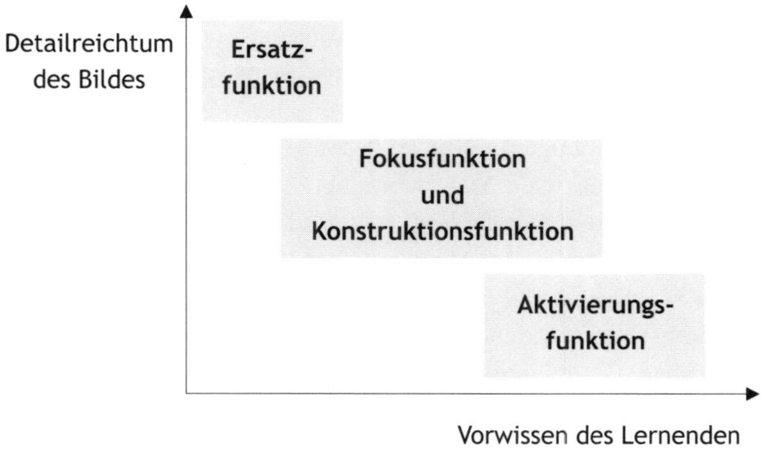

Darstellung 1.3.10: *Bildfunktionen im Lernprozess (vgl. WEIDENMANN 1994b, S. 36)*

Verlauf eines Aktienindex visualisiert, sowohl eine Ersatzfunktion haben (z. B. für einen »Börsenneuling«), als auch eine Fokusfunktion, wenn es z. B. darum geht, einen aktuellen Kursstand abzulesen (z. B. für einen Analysten).

Die Lernwirksamkeit eines Bildes hängt zum einen davon ab, inwieweit lernrelevante Potenziale des Bildes bei der Gestaltung angemessen genutzt werden, zum anderen von den angenommenen oder erwarteten Voraussetzungen des Lernenden. Aus Darstellung 1.3.10 ergibt sich, dass die Anforderungen an ein Bild mit sinkendem Vorwissen des Lernenden steigen (z. B. bei der Ersatzfunktion).

1.3.4 Gestaltungsmöglichkeiten bei unterschiedlichen Medienarten

Ähnlich wie bei den statischen Bildern können auch für andere Medienarten spezifische Merkmale bestimmt werden, die mit bestimmten Gestaltungsmöglichkeiten verbunden sind und Einfluss auf Lehr- und Lernprozesse nehmen können.

So ist beispielsweise das charakteristische Merkmal des *Films*, dass abbildhaft-realgetreue (oder bei Trickfilmen auch abbildhaft-schematische und symbolisch-nicht-verbale) Codierungen eines Gegenstandsbereiches in flüchtiger Weise präsentiert werden, d. h. die Ablaufstruktur ist vom Rezipienten nicht beeinflussbar (außer gegebenenfalls durch Starten, Stoppen oder Wiederholen, z. B. bei Videoaufzeichnungen). Durch besondere Gestaltungstechniken kann dabei die reale Wahrnehmung eines Gegenstandsbereichs nachgestellt werden, allerdings ist der »Freiheitsgrad bei der Auswertung der filmischen Abbilder« (BALLSTAEDT 1997, S. 255) geringer als beim Abbild im Printmedium, da der Rezipient in seiner Aufmerksamkeit durch filmische Gestaltungstechniken (Einstellungslänge, Einstellungsgröße, Einstellungswechsel usw.) gesteuert wird. Veränderte Anforderungen an den Rezipienten bestehen auch schon aufgrund der Nutzung bzw. Ansprache verschiedener Sinnesmodalitäten. Hier kommt es darauf an, z. B. in einem Film die sprachlich und die ikonisch codierten Informationen so aufeinander abzustimmen, dass die entsprechenden Verstehensprozesse beim Rezipienten bestmöglich unterstützt werden. Eine mögliche Problemlage liegt im Auseinanderklaffen der beiden Informationen. In diesem Falle spricht man auch von einer Text-Bild-Schere (vgl. WEMBER 1976).

Bei *multimedialen* Anwendungen können Informationen in verschiedenen Codierungsarten und Darstellungsformen auf einer technischen Plattform dargestellt werden. Zudem sind die Ablaufstrukturen interaktiv, d.h. der Rezipient hat die Möglichkeit, im Rahmen der softwaretechnisch prädeterminierten Handlungsräume den Ablauf des Angebotes selbst zu bestimmen bzw. das Medienangebot selbst zu verändern. Gerade bei multimedialen Angeboten kommt hinzu, dass die verwendeten Darstellungscodes zum Teil auf symbolischen Zeichen beruhen, die beim Rezipienten auf umfangreiche Kenntnisse von entsprechenden Konventionen rekurrieren (vgl. HERZIG 2001a). Insgesamt können computerbasierte Medien in verschiedenen Typen vorliegen. Darauf gehen wir im nächsten Abschnitt näher ein.

In der Darstellung 1.3.11 haben wir zusammenfassend auf der Basis unserer Überlegungen zu Medienmerkmalen noch einmal für verschiedene Medienarten spezifische Ausprägungen der Medienmerkmale zusammengestellt. Die genannten Ausprägungen in den Rubriken »Gestaltungstechniken« und »Gestaltungsformen« sind dabei nur als Beispiele zu verstehen, die um weitere ergänzt werden könnten.

Vor dem Hintergrund der Überlegungen in diesem Abschnitt können Sie nun die eingangs dargestellten Bilder hinsichtlich ihrer Unterschiede analysieren und mögliche Begründungen für die Unterschiede nennen.

Medienart	Schriftmedien	Bildmedien	Tonmedien	Kino-, Video-, Fernsehfilm	computerbasierte Medien
Codierungsart	symbolisch-verbal	abbildhaft-realgetreu; abbildhaft-schematisch	abbildhaft-realgetreu; abbildhaft-typisierend; symbolisch-verbal; symbolisch-nicht-verbal	abbildhaft-realgetreu; abbildhaft-schematisch; symbolisch-verbal; symbolisch-nicht-verbal	abbildhaft-realgetreu; abbildhaft-typisierend; symbolisch-verbal; symbolisch-nicht-verbal
Sinnes-modalität	visuell-statisch	visuell-statisch	auditiv	audiovisuell (visuell-dynamisch)	audiovisuell (visuell-statisch; visuell-dynamisch)
Darstellungs-formen	schriftlicher Text	realgetreue Darstellung, grafische Darstellung, verbale und nicht-verbale Symbole	aufgezeichnete Originaltöne, akustische Nachbildungen, gesprochene Texte, nicht-verbale Symbole	realgetreuer Film, Zeichentrick, Animation, verbale und nicht-verbale optische Symbole, auditive Komponenten wie unter Tonmedien	alle Darstellungsformen wie unter Schrift-, Bild- und Tonmedien sowie Film einzeln oder kombiniert
Ablaufstruktur	linear-ruhend	punktuell-ruhend	linear-flüchtig	linear-flüchtig	einzelne Komponenten punktuell oder linear; responsiv; adaptiv; transaktiv; kommunikativ

Gestaltungs-techniken	...rkieren, Unterstreichen, Marginalien, Typographie (Schriftart, Schriftgrad, Schriftstärke, Schriftlage, Versalien), Farbe, Anordnung (Zeilenabstände, Zeilenlänge, Zeilenausrichtung, Einrückungen), Kontrast, ...	*Abbilder*: Einstellungsgröße, Perspektive, Blende, Beleuchtung, Schattierung, Farbe, Kontrast *Logische Bilder*: Skalierung, Farbe, Perspektive (z.B. bei Diagrammen), Linien- und Punktstärke *Infografiken*: (wie bei Abbildern und log. Bildern) Text-/Bild-Kombinationen, Pfeil, Trennlinie, Texturen, ...	Aufnahme von gesprochenem Text, Musik und Geräuschen, Lautstärke, Schnitt, Einblendung, Multi-Play, Trickeffekte, Bass- und Höhenkontrolle, Tonmischung, ...	Einstellungslänge, Einstellungsgröße, Tiefenschärfe, Kamerawinkel, Perspektive, Zoom, Schwenk, Fahrt, subjektive Kamera, Zeitlupe, Zeitraffer, Einblendung, Insert, Schnitt, Blende, Montage, Beleuchtung, Kamerabewegung, Tongestaltung, ...	wie bei Text, Bild, Tondokument und Film; zusätzlich: Verlinkung, Programmierung von Abläufen und direkter Manipulation (Navigation), ...
Gestaltungs-formen	Bericht, Kommentar, Interview, Dokumentation, Glosse, Satire, Abhandlung, ...	Dokumentaraufnahme, schematisches Bild, Chart, Landkarte, Schaltplan, Strichzeichnung, Analogiebild, ...	Bericht, Kommentar, Dokumentaraufzeichnung, Interview, Reportage, Diskussion, Hörszene, Hörspiel, Musikuntermalung, Aufgaben/Fragen, ...	Dokumentaraufnahmen, Spielszenen, Trickszenen, Schrifteinblendung, Interview, Moderation, Demonstration, Musikuntermalung, ...	Werkzeug, Datenbestand, Kommunikations-/Kooperationsumgebung, Experimentier-/Simulationsumgebung, Lernspiel, offenes Lehrsystem, Übungsprogramm, Lehrprogramm, grafischer Browser, Menü, Animation, Hypertext, ...

Darstellung 1.3.11: *Ausprägung der Medienmerkmale bei verschiedenen Medienarten*

1.4 Typen computerbasierter Medien für den Bereich des Lehrens und Lernens

In den 80er Jahren des vergangenen Jahrhunderts begann – auf der Basis der Mikroelektronik als Schlüsseltechnologie – die Verbreitung des Personalcomputer (PC). Heute ist er aus den Betrieben im produzierenden Gewerbe und im Dienstleistungssektor sowie aus öffentlichen Verwaltungen und Ausbildungseinrichtungen nicht mehr wegzudenken. Auch die privaten Haushalte, allen voran diejenigen, in denen Kinder heranwachsen, sind auf Grund der günstigen Preisentwicklung – bei ständig erhöhter Leistungsfähigkeit – inzwischen zu einem großen Teil mit einem PC ausgestattet.

Durch die Vielfalt seiner Einsatzmöglichkeiten war der PC von Anfang an auch für den Lehr- und Lernbereich interessant. Bis heute ist für den Bildungsbereich eine große Zahl von Softwareprodukten mit unterschiedlicher Thematik, Funktionalität, Komplexität und didaktischer Qualität entwickelt worden. Hinzu kommen Online-Angebote, die mittlerweile auf Grund des raschen Voranschreitens der Netztechnik prinzipiell jedermann zugänglich sind. Zur Orientierung der Nutzer typisieren und bewerten pädagogische Institutionen, Verbraucherschutzorganisationen, spezielle Ratgeber und Hersteller die auf dem Markt angebotenen Produkte. Den Systematiken der Typisierung von Offline-Software und Online-Angeboten sowie den Kriterienkatalogen zur Bewertung einzelner Produkte können unterschiedliche Gesichtspunkte zugrunde liegen, z. B. rein technisch-formale, marketing-orientierte oder pädagogisch-didaktische Aspekte.

Im Hinblick auf die Praxis des Lehrens und Lernens im Allgemeinen und die Frage der Mediengestaltung und Medienverwendung im Besonderen erscheint es nützlich, pädagogisch-didaktisch begründete Typisierungen von Angeboten auf dem stark expandierenden Sektor der neuen Medien zu kennen und anwenden zu können.

So kann man sich beispielsweise vorstellen, dass eine Lehrperson, die mit der Beschaffung und Verwaltung von Software be-

traut ist, zur besseren Orientierung der Kolleginnen und Kollegen ein Ordnungssystem entwickeln möchte, das die bereits angeschaffte Software nach verschiedenen pädagogisch-didaktischen Kriterien typisiert.

U. a. geht es um »Galaxie Deutsch 5. Klasse« aus dem CORNELSEN-VERLAG (1999) und um »Die Stadt im Mittelalter. Alltagsleben hinter Turm und Mauern« vom FREIEN HISTORIKERBÜRO (1995). Für die Lehrperson stellt sich die Frage nach einer möglichen Typisierung und Einordnung der beiden Programme. Im Folgenden werden die beiden Softwareangebote zunächst kurz dargestellt:

Erstes Beispiel: Galaxie Deutsch

Darstellung 1.4.1: *Galaxie - Eingang des Programms*

Der Nutzer befindet sich in einem Raumschiff, das sich auf zwei Sternennebel zubewegt. Einer von ihnen formt ein G wie Grammatik, der andere ein R wie Rechtschreibung. Der Pilot des Raumschiffes kann nun entscheiden, welchen der beiden Lernbereiche er ansteuern will. Am rechten unteren Bildrand hält sich »Alfred«, ein

»galaktischer Lernbegleiter« (Begleitheft S. 5) bereit, um Hilfestellungen bei der Navigation durch das Programm zu geben (?), die Lösung von Aufgaben zu kommentieren (!) oder an Regeln zur Grammatik bzw. zur Orthographie zu erinnern (§). Darüber hinaus verwahrt er ein Wörterbuch, das von den Nutzern des Programms erweitert werden kann (A–Z).

Wenn man einen Lernbereich, z. B. G (für »Grammatik«), ausgewählt hat, erscheinen verschiedene Planeten, hinter denen sich zunächst wichtige Teilgebiete des Bereiches verbergen. Klickt man nun einen der Planeten an, werden z. B. Inhalte zum Thema »Verb« aufgerufen. Dabei kann man zwischen »Aufgabe des Verbs«, »Konjugation des Verbs« oder »Kurztest Verb« auswählen. Wenn man sich für »Konjugation des Verbs« entscheidet, bietet sich dem Nutzer ein Bild gemäß Darstellung 1.4.2.

Es gilt nun eine Reihe von Aufgabengruppen zu bewältigen. Diese Gruppen unterscheiden sich in erster Linie methodisch voneinander. Die Lösungen der Einzelaufgaben werden von »Alfred«

Darstellung 1.4.2: *Galaxie - Einzelaufgaben*

auf unterschiedliche Weise kommentiert. Für selbst gefundene richtige Antworten gibt es jeweils einen Punkt. Wie viele Einzelaufgaben tatsächlich gelöst wurden, zeigt ein »Punktestab« oberhalb des Anweisungsmonitors.

Zweites Beispiel: Die Stadt im Mittelalter

Darstellung 1.4.3: *Mittelalter - Eingang des Programms*

Am Anfang des Programms muss eine Entscheidung darüber getroffen werden, welcher der vorgegebenen mittelalterlichen Lebensbereiche (»Stadt«, »Markt« und »Haus«) bearbeitet werden soll. Wählt man »Zum Markt«, erscheint die Bildschirmabbildung, wie sie oben zu sehen ist. Die Marktszene wiederum ist in mehrere Sequenzen aufgeteilt, die per Mausklick als Detailvergrößerungen erscheinen. Klickt man beispielsweise das gerahmte Detail in Darstellung 1.4.3 an, gelangt man zu einer Detaildarstellung des Stadttores. Hinter dem Stadttor verbirgt sich ein so genannter sensitiver Bereich. Klickt man ihn an, öffnet sich eine Informationseinheit zu den Ursachen mittelalterlicher Stadtgründungen. Hier erhält man einen

Abriss zu gravierenden gesellschaftlichen, ökonomischen und kulturhistorischen Ereignissen seit dem Niedergang des Weströmischen Reiches. Am Ende dieser Einheit werden die verschiedenen Anlässe zur Stadtgründung in Mitteleuropa in jeweils einem Bild dargestellt (vgl. Darstellung 1.4.4).

Darstellung 1.4.4: *Mittelalter - Ursachen für die Gründung von Städten*

Per Mausklick auf die einzelnen Bilder kann eine Landkarte geöffnet werden, die zeigt, welche bedeutenden deutschen Städte sich aufgrund eines Bischofssitzes, eines vorhandenen Fernhandelsweges oder Hafens etc. entwickelten und wie diese Städte geografisch einzuordnen sind.

Neben dem thematischen Teil enthält das Programm eine »Bibliothek«. Hier gibt es neben einem Rätselspiel, das sich auf die Inhalte des thematischen Teils bezieht, ein Literaturverzeichnis, ein Bildquellenverzeichnis, eine Themenübersicht und einen Index.

Darstellung 1.4.5: *Mittelalter - Themenübersicht*

In der Themenübersicht wie auch im Index wird durch Anklicken einer Eintragung der gezielte Zugriff auf Inhalte des Programms ermöglicht. Wählt man etwa das Thema »Die Entwicklung der Städte im Mittelalter«, öffnet sich dieselbe Informationseinheit, die man durch Mausklick auf das Stadttor aufrufen kann.

Es stellt sich die Frage, wie die beiden Softwareangebote typisiert bzw. eingeordnet werden könnten. Dabei können drei Teilfragen hilfreich sein:

- *Welche Lern- oder Arbeitsmöglichkeiten werden jeweils eröffnet?*
- *Sind die Lernwege festgelegt oder freigestellt?*
- *Wird das Thema in einer geschlossenen oder in einer offenen Form präsentiert?*

Für eine Einordnung bietet es sich an, zwei allgemeine Fragen zu bearbeiten:

1. Welche Typen von Software lassen sich für Lehren und Lernen generell unterscheiden?
2. Wodurch sind die einzelnen Typen gekennzeichnet?

Eine Bearbeitung dieser Fragen erlaubt neben der Möglichkeit der Einordnung eine Übersicht über das Angebot im Bereich digitaler Medien.

1.4.1 Ansätze zur Typisierung von computerbasierten Medien

Bei Software, die für das Lernen und Lehren interessant ist, wird zum Teil zwischen Bildungssoftware, Lernsoftware und Unterrichtssoftware unterschieden (vgl. z.B. BAUMGARTNER/PAYR 1999). Allerdings ist eine solche Unterscheidung kaum trennscharf und wenig aussagekräftig für den Nutzer. Deshalb sprechen wir im Folgenden generell von Lernsoftware und verstehen darunter all diejenigen Angebote, die genutzt werden können, um Lernprozesse in arrangierten oder informellen Kontexten anzuregen und zu unterstützen. Dabei stellt Unterricht einen arrangierten Kontext dar, während es sich bei der Nutzung eines Lernspiels in der Freizeit um einen offenen Kontext handelt.

Lernsoftware lässt sich nach verschiedenen Kriterien bzw. Merkmalen in unterschiedliche Angebotsformen unterscheiden. Da es sich um Lernsoftware handelt, erscheint eine Bezugnahme der Kriterien auf Lernarten oder Arbeitsformen, die sich in der Auseinandersetzung mit der jeweiligen Software realisieren lassen, sinnvoll. So unterscheidet GORNY (1998) Lernsoftware beispielsweise nach dem Grad der Selbstständigkeit des Lernenden bzw. nach der mit dem Einsatz der Software verbundenen Lehrmethode (vgl. Darstellung 1.4.6). Einer solchen Differenzierung liegt die Annahme zugrunde, dass einzelne Softwareprodukte bestimmte Formen des Lernens in stärkerem oder geringerem Maße unterstützen. Oder anders ausgedrückt: In den einzelnen Softwareprodukten spiegelt

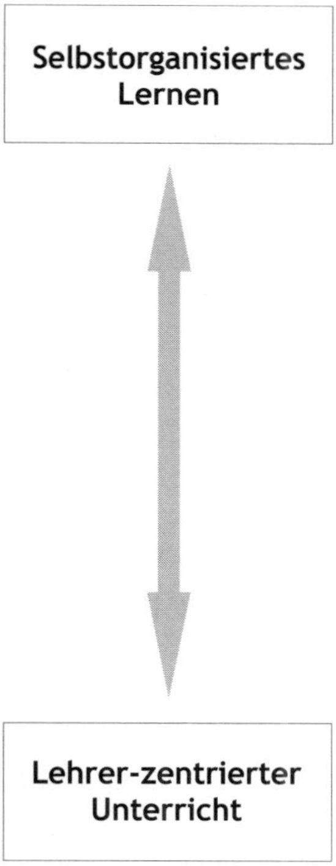

- Problemlöse-Werkzeuge, z. B. Modellierungssysteme (für Mikrowelten), spezialisierte Programmierumgebungen
- Intelligente Tutor-Systeme für Problemlösungsmethoden
- Wissenserwerb durch Organisieren und Präsentieren von Daten (numerisch, textuell, grafisch, bildlich, akustisch), z. B. Systeme zur Text- und Schreibstrukturierung, zur Zeichnungsstrukturierung, CAD
- Kommunikationswerkzeuge und-medien (auch für kooperatives Lernen - Groupware)
- Information-Server (für Information Retrieval)
- Simulationssysteme zum explorativen Erkunden von Modellen (Mikrowelten)
- Rollenspiele (mit dem Computer als Buchhalter und/oder Partner)
- Tutorielle Programme (mit/ohne Lernerfolgsüberprüfung)
- Übungsprogramme (»Drill & Practice«)

Darstellung 1.4.6: *Klassifikation von Software nach GORNY (1998)*

sich mindestens implizit eine Auffassung vom Lernen wider, die von den Autorinnen und Autoren entweder bewusst oder unbewusst implementiert wurde.

BAUMGARTNER/PAYR (1999) unterscheiden Softwaretypen nach den Ausprägungen von Interaktivität und differenzieren in Präsentations- und Visualisierungssoftware, in Drill- und Testsoftware, in Tutorensysteme, in Simulationen und in Mikrowelten und Modellbildungen (vgl. S. 137 ff.). Diese Softwaretypen decken sich zum Teil mit den bereits bei GORNY genannten Unterscheidungen und werden bei BAUMGARTNER/PAYR in einem »heuristischen Lern(software)modell« verortet, das die Dimensionen Lehr-/Handlungsziele, Lerninhalte und Lehrstrategien umfasst. Auch hier besteht die Grundannahme, dass sich in einzelnen Softwareprodukten ein theoretisches Lernmodell niederschlägt.

Eine analytische Differenzierung von Softwaretypen soll allerdings nicht darüber hinwegtäuschen, dass die praktisch vorfindbaren Produkte im konkreten Einzelfall aufgrund ihrer Komplexität nicht immer einem Typus eindeutig zuzuordnen sind. Eine Systematik existierender Softwarearten muss daher in erster Linie den Blick für die Grundkonzeption eines jeweiligen Angebotes schärfen. Wir orientieren uns im Sinne einer solchen Grundtypisierung im Folgenden an einer Unterscheidung nach dem Grad der Steuerung von Lernschritten oder – umgekehrt – nach dem Grad der Offenheit des Zugriffs auf Lerninhalte. Unter diesen Gesichtspunkten ist die folgende Aufgliederung möglich (vgl. LSW 1999).

Lehrprogramme Sie sind ausdrücklich für das Selbststudium konzipiert und behandeln in der Regel einen stark eingegrenzten Themenbereich oder verfolgen ein eng umrissenes Ziel. Lehrprogramme sollen Inhalte, die für den Nutzer neu sind, mit Hilfe einer strikten Programmführung vermitteln. Beispiele sind etwa Programme zur Vermittlung der Prozentrechnung, der neuen deutschen Rechtschreibung oder der Funktionsweise eines Computers oder zur Einführung in die Buchführung oder in die Linguistik.

Übungsprogramme Auch Übungsprogramme beziehen sich zumeist auf einen deutlich begrenzten Themenbereich und zeichnen sich ebenfalls durch eine strikte Programmführung aus. Im Unterschied zu den Lehrprogrammen sollen mit ihnen jedoch keine neuen Inhalte vermittelt werden, vielmehr soll eine Anknüpfung an bereits Bekanntes erfolgen. Sie dienen demnach in erster Linie der Festigung bzw. Automatisierung von Lerninhalten, die im Unterricht bereits gelernt bzw. gelehrt wurden. Beispiele sind Grammatik- oder Rechtschreibtrainer und Programme zum Automatisieren bestimmter Rechenprozesse.

Offene Lehrsysteme Bei Lehr- und Übungsprogrammen steht der zu erlernende »Stoff«, bei offenen Lehrsystemen dagegen die Information im Vordergrund. In offenen Lehrsystemen werden Informationen, die sich in der Regel nicht auf ein isoliertes Fachgebiet, sondern auf thematische Zusammenhänge beziehen, didaktisch und hypermedial – d. h. multimedial und als vernetzte Inhaltsstruktur – aufbereitet. Dabei entstehen eher lockere Arrangements von Informationseinheiten, die vom Nutzer frei ausgewählt werden können. Es erfolgt also keine strikte Steuerung durch das Programm, sondern es besteht die Möglichkeit, unterschiedliche Lernwege zu gehen, was den verschiedenen Vorkenntnissen und Lernstrategien der Nutzer zugute kommen kann. Die größere Bandbreite möglicher Zugriffe erhöht darüber hinaus die Aussicht, offene Lehrsysteme als Medien in wechselnden Unterrichtssituationen einsetzen zu können. Beispiele sind Programme zum Thema Alpen, zum Expressionismus, zur heimischen Fauna und Flora etc.

Lernspiele Lernspiele zielen nicht in erster Linie auf den Erwerb von Wissen oder die Aneignung von Lösungsstrategien, sondern auf deren Anwendung im Rahmen pädagogisch sinnvoller Aufgaben. Entsprechend steht im Vordergrund solcher Programme meist eine problemorientierte Situation, die mit Hilfe des Vorwissens und der Geschicklichkeit des Spielers bzw. der Spielergruppe verändert und zu einem Ergebnis geführt werden kann. Die in der Konzeption der Spiele vorgedachten Handlungsräume können beim Nutzer vielfältige Fähigkeiten und Fertigkeiten aktivieren, z. B. planvolles Handeln, logisches Denken, Raumvorstellung, Reaktionsvermögen, Merkfähigkeit und Ausdauer. Lernspiele können den Lernprozess unterstützen, weil sie in der Regel einen hohen Motivationsgrad besitzen. Beispiele sind Programme, die den Nutzer vor die Aufgabe stellen, ein Gebiet zu besiedeln, einen Kriminalfall zu lösen oder einer Spielfigur aus einem Missgeschick herauszuhelfen.

Experimentier- und Simulationsumgebungen Grundlage solcher Programme ist die Darstellung realer oder fiktiver Zustände im Rahmen eines Modells mit vorgegebenen bzw. modifizierbaren Parametern. Durch Abwandlung der Parameter bzw. der Parameterwerte verändern sich die Zustände. Auf diese Weise können entweder Hypothesen geprüft oder ein Veränderungsprozess beobachtet werden. Experimentier- und Simulationsumgebungen ermöglichen den fiktiven Umgang mit real vorhandenen, aber nicht verfügbaren

Gegenständen, Materialien und Situationen und schulen das Denken in Zusammenhängen. Beispiele sind Fahr- und Flugsimulatoren, naturwissenschaftliche Experimente sowie Experimente für den gesellschafts- und sozialpolitischen Bereich.

Kommunikations- und Kooperationsumgebungen Sie bieten eine Infrastruktur für den Austausch von Informationen, Erfahrungen und Meinungen sowie für die gemeinsame Bearbeitung von Produkten auch über größere räumliche Distanzen hinweg. Kommunikations- und Kooperationsumgebungen sind deshalb in aller Regel netzbasiert und stellen neben Funktionen zur Kommunikation auch Funktionen für die Verwaltung von Objekten (Dateien) zur Verfügung. Beispiele sind die verschiedenen Arbeitsbereiche der Bildungsserver, die Foren in den Internetpräsentationen von Unternehmen oder webbasierte Plattformen im Bereich des E-Learning.

Datenbestände Online (z. B. im world wide web) und offline (z. B. auf CD-ROM) stehen themenbezogene Datenbestände zur Verfügung, die aus Bildern, schriftlichen Texten und Tondokumenten bestehen können. Diese Datensammlungen sind in der Regel nicht didaktisch aufbereitet. Der Nutzer kann per Suchwerkzeug auf die Inhalte zugreifen und sich per Verweisstruktur (Links) innerhalb der Datensammlung oder auch darüber hinaus bewegen. Datenbestände können das problemorientierte, selbstständige Lernen und Arbeiten unterstützen. Beispiele sind Enzyklopädien, Werkausgaben und themenbezogene Websites.

Werkzeuge Als Werkzeuge bezeichnet man solche Programme, die von vornherein themenneutral bzw. nicht an die inhaltliche Seite eines Themas gebunden sind, sondern dazu dienen, Texte, Bilder, Tonfolgen, Filme oder Simulationen zu gestalten, zu bearbeiten und weiterzugeben. Entsprechend stehen Werkzeuge zur Erledigung isolierter Einzelaufgaben zur Verfügung; sie können aber auch als Programmfunktion in andere Programme (z. B. offene Lehrsysteme, Lernspiele, Experimentier- und Simulationsumgebungen oder Kommunikations- und Kooperationsumgebungen) integriert werden. Werkzeuge eignen sich für Lehr-Lern-Prozesse, in denen das Recherchieren, das Systematisieren, das Bilden von Modellen und das Präsentieren sowie der Austausch von Informationen gefordert sind. Beispiele sind Textverarbeitungs- und Bildbearbeitungsprogramme, Programme für die Entwicklung von Simulationen, Tabellenkalkulations- und Datenbankprogramme, Programme für die Zwischenablage von Daten, Suchmaschinen und E-Mail-Programme.

Auf der Grundlage der obigen Typisierung von Software können Sie nun die eingangs eingeführten Softwarebeispiele jeweils schwerpunktmäßig einem Typ zuordnen und Ihre Zuordnung begründen.

2 Forschungsergebnisse zum Lernen und Lehren mit Medien

Die bisherigen Überlegungen zu Medien fanden auf einer klassifizierenden Ebene statt. Solche Überlegungen sind bedeutsam sowohl für Theoriebildungen zu Fragen des Lehrens und Lernens mit Medien als auch für empirische Untersuchungen. Beispielsweise können die Überlegungen zu Medienmerkmalen sowohl für die Theoriebildung, etwa zum Zusammenhang von Medienmerkmalen und Lernerfolg, als auch für empirische Untersuchungen genutzt werden, um solche Zusammenhänge zu prüfen.

In diesem Kapitel sollen empirische Untersuchungen und Ergebnisse dargestellt werden, die etwas über die Zusammenhänge von Medienverwendung, Lehren und Lernen aussagen. Damit entsteht einerseits die Möglichkeit, die mit der Medienverwendung im pädagogischen Raum zum Teil verknüpften hohen Erwartungen, z. B. auf eine deutliche Verbesserung von Lernergebnissen, zu überprüfen. Andererseits kann auf der Basis empirischer Forschungsergebnisse diskutiert werden, ob bestimmte Befürchtungen, z. B. dass Lehrerinnen und Lehrer überflüssig werden könnten, berechtigt oder nicht berechtigt sind.

Bei den Forschungsansätzen selbst kann man unterschiedliche Fragestellungen und Vorgehensweisen feststellen. Für die Darstellung sind verschiedene Klassifizierungen möglich, z. B. nach inhaltlichen Akzentsetzungen oder Untersuchungsverfahren. Wir wählen im Folgenden eine Verbindung beider Aspekte und gliedern zunächst nach

- Untersuchungen zu allgemeinen Medieneffekten, die häufig als experimentelle oder quasi-experimentelle Vergleichsstudien zwi-

schen mediengestütztem und herkömmlichem Unterricht durchgeführt werden,
- Evaluationsstudien, bei denen nach dem Erfolg von medienbezogenen Maßnahmen gefragt wird, z. B. Einführung des Schulfernsehens oder von Computern in den schulischen Alltag,
- Untersuchungen zu den Effekten spezieller Medienmerkmale, z. B. Codierungsarten und Sinnesmodalitäten, für das Lernen, die in der Regel als experimentelle oder quasi-experimentelle Studien realisiert werden.

Vor dem Hintergrund einer solchen Unterteilung gehen wir in den folgenden Abschnitten zwei Fragen nach:

(1) Was lässt sich bei einer Verwendung von Medien für Lehr- und Lernprozesse im Hinblick auf allgemeine Medieneffekte und Erfahrungen im schulischen Alltag feststellen?
(2) Welche Aussagen können hinsichtlich der Wirkung verschiedener Medienmerkmale – auch in Wechselwirkungen mit Lernvoraussetzungen – als empirisch bewährt gelten?

Die Überlegungen sollen insgesamt zu einer realistischen Einschätzung der Bedeutung von Medien für Lehr- und Lernprozesse beitragen.

2.1 Forschungsergebnisse zu allgemeinen Medienwirkungen und zu medienbezogenen Maßnahmen im Schulalltag

In der Literatur und der Diskussion um Medien und Unterricht werden unterschiedliche Annahmen zum Stellenwert von Medien vertreten. Dies geschieht häufig ohne Bezug auf empirische Ergebnisse. Für eine sinnvolle Verwendung von Medien ist es jedoch wichtig, einschätzen zu können, ob entsprechende Annahmen aus empirischer Sicht als bewährt gelten können oder als nicht bewährt angesehen werden müssen.

Annahmen in Literatur und Diskussion zu den Medien sind z. B.:

- Lernen mit Medien ist auf jeden Fall wirkungsvoller als Lernen ohne Medien.
- Medien haben nur eine Transportfunktion für Inhalte. Für den Lernerfolg sind sie genauso unwichtig, wie ein Transportmittel von Lebensmitteln für deren Nährwert.
- Medien, an deren Entwicklung unterschiedliche Fachleute beteiligt waren, bieten – unabhängig von der Lehrperson – ein qualitativ hochwertiges Lehrangebot für alle Lernenden. Dies führt dazu, dass schwächere und stärkere Lernende die gleichen Lernchancen haben und sich die Unterschiede verringern.
- Durch Medien haben Schülerinnen und Schüler, die aufgrund von Fachlehrer-Mangel von Nicht-Fach-Lehrern unterrichtet werden, die gleichen Lernerfolgschancen wie Schülerinnen und Schüler in Klassen, die von Fachlehrern unterrichtet werden.
- Durch Medien können lehrerzentrierte Unterrichtsmuster zugunsten aktivierender und motivierender Arbeitsformen aufgebrochen werden.
- Die Einführung von Laptops in Schulklassen führt zwar zu einer Individualisierung des Lernens, Kooperationen werden jedoch eher behindert als gefördert.

Bezogen auf solche Annahmen stellt sich die Frage, welche der Annahmen auf der Basis empirischer Untersuchungen als bewährt oder als widerlegt gelten können. Vereinfacht ausgedrückt:

- *Welche der Annahmen sind eher richtig?*
- *Welche der Annahmen sind eher falsch?*

Für eine solche Bewertung ist die Klärung folgender Fragen hilfreich:

1. Was sagen empirische Ergebnisse über allgemeine Medieneffekte aus?

2. Welche Ergebnisse liegen aus Evaluationen zu medienbezogenen Maßnahmen im schulischen Alltag vor?

Die Bearbeitung der beiden Fragen ermöglicht empirisch begründete Annahmen zu Lernwirkungen bei der Medienverwendung.

2.1.1 Untersuchungen zu allgemeinen Medieneffekten

Die frühe mediendidaktische Forschung ist durch den Versuch gekennzeichnet, Medienunterricht mit konventionellem Lehrerunterricht zu vergleichen. So sind z. B. seit dem Aufkommen des Schulfernsehens zahlreiche Vergleichsuntersuchungen durchgeführt worden. Diese gestalten sich in der Regel nach folgendem Muster: In zwei parallelen Lerngruppen wird zunächst ein Vortest zu dem zu vermittelnden Inhalt durchgeführt. Danach bekommt eine Lerngruppe den Lerninhalt über das Fernsehen dargeboten, die andere wird auf herkömmliche Art von einer Lehrperson unterrichtet. Am Ende wird ein Nachtest durchgeführt, sodass der Lehreffekt als Verbesserung der Lernergebnisse vom Vortest zum Nachtest ermittelt werden kann. Ein statistischer Vergleich der Lehreffekte ermöglicht eine Einschätzung, ob zwischen der Fernsehgruppe und der herkömmlich unterrichteten Gruppe signifikante Unterschiede im Lernergebnis bestehen oder nicht. Beispielsweise zeigt eine frühe zusammenfassende Auswertung von 421 Vergleichsuntersuchungen dieser Art durch CHU/SCHRAMM (1968), dass in 15 % der Fälle signifikante Unterschiede zugunsten der Fernsehgruppe, in 12 % der Fälle signifikante Unterschiede zugunsten der herkömmlich unterrichteten Gruppe und in 73 % der Fälle keine signifikanten Unterschiede auftraten.

Bei einer weiteren zusammenfassenden Studie zum Vergleich von herkömmlichem und fernsehgestütztem Unterricht von COHEN/EBELING/KULIK (1981) konnte ebenfalls bei 48 von 65 Untersuchungen kein signifikanter Unterschied festgestellt werden. 13 Studien ergaben einen Vorteil des fernsehgestützten, 4 Studien einen Vorteil des herkömmlichen Unterrichts. Die Effektstärke in der Metaanalyse betrug 0.15, sodass zusammenfassend nur von einem sehr geringen Effekt zugunsten des fernsehgestützten Unterrichts gesprochen werden kann. (Die durchschnittliche Effektstärke wurde dabei berechnet als Differenz der Mittelwerte von Versuchs- und Kontrollgruppe geteilt durch die Standardabweichung der Kontrollgruppe.[1])

Auch andere zusammenfassende Studien zu Medienvergleichsuntersuchungen kommen zu dem Schluss, dass man keinen generellen Vorteil von Medienunterricht gegenüber dem Lehrerunterricht annehmen kann (vgl. z. B. JAMISON/SUPPES/WELLS 1974; zur Übersicht vgl. auch DÖRR 1997, S. 27 ff.).

Allerdings zeigen neuere Metaanalysen zu Vergleichsuntersuchungen zwischen computerbasiertem Lernen und herkömmlichem Unterricht einen höheren Anteil an Studien, in denen Vorteile für das computerbasierte Lernen nachgewiesen wurden. So werteten KULIK/KULIK (1991) insgesamt 248 Vergleichsstudien zwischen verschiedenen Formen computergestützten Lernens und konventionellem Unterricht aus. Von diesen zeigten 94 (= 38%) einen statistisch signifikant höheren Lernerfolg für das computergestützte Lernen und 6 (= 2%) ein signifikant höheres Lernergebnis für den konventionellen Unterricht. In 60% der Fälle gab es keine statistisch signifikanten Unterschiede. Allerdings ergab sich bei insgesamt 202 der Studien (= 81%) eine positive Differenz der Lernergebnisse zugunsten des computergestützten Lernens (einschließlich der 94 Studien mit signifikanten Unterschieden). Die durchschnittliche Effektstärke betrug 0.30 bei einer Spannbreite von –1.20 bis 2. 17. Bezüglich solcher Vergleichsuntersuchungen muss allerdings erwähnt werden, dass darin nur die Versuchspersonen erfasst sind, die z. B. die CBT (Computer-Based-Training)-Kurse auch zu Ende geführt haben. Wenig motivierte Lernende oder solche mit nur geringen Fähigkeiten zur Selbststeuerung von Lernprozessen, die während der Versuchsdurchführung einen Kurs

---

[1] Als Orientierungshilfe schlägt COHEN (1977) vor, die Effektstärken in drei Klassen zu unterscheiden: schwache Effekte (0.10), mittlere Effekte (0.30) und starke Effekte (0.50). Diese Werte stellen letztlich willkürliche Setzungen – wenn auch auf der Basis von Erfahrungen – dar.

abgebrochen haben, gingen nicht in die Ergebnisse ein (dropout). So zeigte sich in einer Vergleichsuntersuchung von WALLACE/MUTOONI (1997), dass die Studierenden, die in einer webbasierten Lernumgebung arbeiteten, häufiger früher aus dem Kurs ausschieden, als dies für die Gruppe von Studierenden zutraf, die an einer herkömmlichen Vorlesung (zum gleichen Themengebiet) teilnahmen. Insofern ist zunächst zu unterstellen, dass die Ergebnisse nur für bestimmte Lernvoraussetzungen gelten.

In 22 der von KULIK/KULIK (1991) untersuchten Vergleichsstudien wurde außerdem die Einschätzung der Lernenden zur Qualität des Lernens erfasst. In 16 Studien wurde das computergestützte Lernen und in 4 Studien das konventionelle Lernen positiver beurteilt, während in 2 Studien keine Unterschiede gegeben waren. Die Effektstärke betrug 0.28. In 32 Vergleichsstudien, die allerdings alle in Colleges oder in der Weiterbildung durchgeführt wurden, lag der Quotient aus der aufgewendeten Zeit für das computergestützte Lernen und der Zeit für das konventionelle Lernen im Durchschnitt bei 0.70 mit Schwankungen zwischen 0.16 bis 1.15.

Uneinheitliche Ergebnisse zeigt auch eine Metaanalyse zur Wirksamkeit von computerunterstütztem interaktivem Video von MCNEIL/NELSON (1991) auf der Basis von 63 Untersuchungen aus den Jahren 1978 bis 1988. Eine Übersicht über Studien zum webbasierten Lernen hat ASTLEITNER (2001) zusammengestellt, in der ebenfalls mehrheitlich nicht-signifikante Ergebnisse berichtet werden.

Insgesamt zeigen die vielen Studien zu generellen Medieneffekten (als Vergleich zwischen medienunterstützten und herkömmlichen – personal vermittelten – Lehr- und Lernprozessen), dass nicht von einer grundsätzlichen Überlegenheit des Lernens mit Medien gesprochen werden kann – allerdings auch nicht von einer grundsätzlichen Unterlegenheit medienunterstützten Lehrens und Lernens. Mit Blick auf die Uneinheitlichkeit der Ergebnisse spricht SCHULMEISTER (2002) vom »Land der Nullhypothesen« (S. 387). Die Studien zu generellen Medieneffekten machen deutlich, dass die Forschungsfrage nach einem globalen Vergleich zwischen einzelnen Medienarten und dem personal geführten Unterricht letztlich nicht sinnvoll ist, weil eine Vielzahl von Variablen die Effizienz von Lernprozessen mit Medien beeinflussen. Im Hinblick auf die »Entweder/oder«-Mentalität der Medienvergleichsuntersuchungen konstatiert NEGROPONTE (1995): »The ›either/or‹ mentality was driven by the false belief that there was a universal ›best‹ solution for any given situation; it is false because people are different, situations change and the circumstances of a particular interaction may be driven by the channel you have available« (S. 97). In ähnlicher Weise hat CLARK (1994) darauf verwiesen, dass bereits Ende der siebziger Jahre erkannt wurde, dass »learning is influenced more by the content and instructional strategy in a medium than by the type of medium« (S. 21).

Die insgesamt eher geringe Aussagekraft von Medienvergleichsstudien ist nicht zuletzt auch auf eine Reihe von forschungsmethodischen Problemen zurückzuführen (vgl. auch CLARK 1994; PHIPPS/MERISOTIS 1999; STRITTMATTER/NIEGEMANN 2000, S. 150f.; SCHULMEISTER 2002, S. 409ff.):

- In der Regel sind die durchgeführten Treatments nur unzureichend beschrieben, sodass ex post nicht mehr nachvollziehbar ist, welche einzelnen Instruktionen oder Interaktionen stattfanden. Die fehlende Kontrolle entsprechender Variablen erschwert die Interpretation der Ergebnisse in Bezug auf eine Differenzierung von Ursache und Wirkung.
- Eine grundsätzliche Kritik verbindet sich mit der experimentellen Situation, in der zum Teil künstliche Umgebungen geschaffen wurden, die eine Übertragung der Ergebnisse auf »reale« Lernsituationen in der Regel nicht zulassen (dies gilt allerdings nicht nur für Medienvergleichsuntersuchungen, sondern auch für andere Bereiche der Lehr-Lernforschung).
- Komparative Studien abstrahieren insbesondere von Interaktionsbedingungen während des Treatments. Unterstellt man, dass interaktionelle Kontexte aber für die experimentelle Situation grundsätzlich bedeutsam sind, dann »sind die Versuchsbedingungen eben nicht vergleichbar, obwohl sie gerade verglichen werden sollen« (SCHULMEISTER 2002, S. 409).

- Viele Untersuchungen sind nicht theoriegeleitet angelegt. Damit leisten sie zum einen nur begrenzt Beiträge zur Theoriebildung zum Lernen mit Medien, zum anderen gehen sie häufig von theoretisch nicht begründeten Hypothesen aus.
- Studien zu generellen Medieneffekten zielen in der Regel auf Effizienzaspekte des Lernens im Hinblick auf Wissenserwerb, Behaltensleistung oder Lernzeit ab. Eine differenzierte Sicht auf Lernwege und andere Prozessvariablen unterbleibt häufig.

Aufgrund der dargestellten Kritik sind Medienvergleichsuntersuchungen in jüngerer Zeit nur noch sehr selten zu finden. Für die weitere Forschung brachten sie vor allem den Impuls, eine Differenzierung herkömmlicher Aussagen zum Lehren und Lernen mit Medien zu versuchen. Eine Untersuchung aus der jüngeren Vergangenheit von MEHLENBACHER et al. (2000) kann als Beispiel einer Studie gesehen werden, in der zum einen noch einmal deutlich wird, mit welchen Schwierigkeiten die Untersuchung genereller Medieneffekte verbunden ist, die zum anderen aber bereits in Richtung einer differenzierteren Sichtweise deutet.

In dieser Untersuchung geht es um den Vergleich eines Schreibkurses in herkömmlichem Klassenunterricht mit einem Online-Kurs.

Die Ergebnisse dieser Studie liefern zunächst einmal das häufig zu findende Ergebnis, dass Vergleichsuntersuchungen keine generelle Aussage im Hinblick auf Lernerfolg in Abhängigkeit von Lehrer- bzw. Medienunterricht zulassen. Zugleich wird deutlich, dass selbst im Falle eines signifikanten Unterschieds zwischen beiden Gruppen im Lernerfolg keine Aussage über eine Ursache möglich wäre. Die Anzahl der unkontrollierten und sich wechselseitig beeinflussenden (unabhängigen) Variablen ist so groß, dass eine eindeutige Zurechnung von Lernerfolg auf eine bestimmte Variable nicht möglich ist. Darüber hinaus sind in der Studie eine Reihe von Ergebnissen dokumentiert, die eher den Charakter von Nebenwirkungen oder »überraschenden« Ergebnissen haben, weil sie nicht als forschungsleitende Hypothesen formuliert wurden, so z. B. Befunde über geschlechtsspezifische Unterschiede in den Online-

Gruppen. Diese Unterschiede können aus den Untersuchungsergebnissen heraus nicht unmittelbar erklärt werden, die qualitativen Daten erlauben aber erste Hypothesenbildungen, die sich durch entsprechende theoretische Annahmen so »aufbereiten« lassen, dass sie den Ausgangspunkt für weitere Studien bilden und dann zuverlässigere Aussagen liefern können.

Diese Überlegungen verweisen auf die Notwendigkeit weiterer Arten von Untersuchungen. Zum einen geht es darum, Aussagen zu bestimmten Wechselwirkungen zwischen Lernvoraussetzungen und Medienmerkmalen zu erhalten. So wäre es denkbar, den Einfluss kognitiver Strategien auf die Durchführung bestimmter Lernaktivitäten in Lernumgebungen und in traditionellen Settings zu untersuchen. Zum andern geht es um Untersuchungen, die Aussagen darüber treffen, inwieweit bestimmte Medienmerkmale – z. B. Codierungsarten oder Sinnesmodalitäten – Lernprozesse beeinflussen. Und nicht zuletzt verweisen die Ergebnisse darauf, dass die Fragestellung, ob mit Methode A besser gelernt wird als mit Methode B, weniger sinnvoll ist als Fragestellungen, die sich darauf beziehen, inwieweit bestimmte Zielvorstellungen mit einem bestimmten medienunterstützten didaktischen Konzept erreicht werden und welche Nebenwirkungen unter Umständen auftreten. Diese Arten von Untersuchungen und einige ihrer zentralen Ergebnisse werden im Abschnitt 2.2 beschrieben. Zunächst sollen wichtige Ergebnisse aus Evaluationsstudien aufgezeigt werden.

2.1.2 Evaluationen zur Medienverwendung

Parallel zu den experimentell oder quasi-experimentell angelegten Untersuchungen hat es in der Medienforschung immer auch Evaluationsstudien gegeben. Während man das Experiment als eher erkenntnisorientiertes Verfahren zur Präzisierung oder Überprüfung von (allgemeinen) Hypothesen kennzeichnen kann, lässt sich die Evaluation als eher entscheidungsorientiertes Verfahren zur Verbesserung und Überprüfung der Wirksamkeit von Maßnahmen charakterisieren (vgl. TULODZIECKI 1982a).

Für die Medienforschung bieten Evaluationen die Chance, sowohl einzelne Kurse mit Medienverwendung, z. B. einen Sprachlernkurs mit Tonkassetten und Programmbüchern, als auch umfassende Bildungsmaßnahmen, z. B. die Einführung computergestützter Lehrformen, hinsichtlich ihrer Zielerreichung und Nebenwirkungen nach verschiedenen Kriterien zu bewerten. Beispielsweise gab es bei der Einführung des Schulfernsehens in der Bundesrepublik Deutschland ca. 50 Evaluationsstudien, die einen Einblick in Vorzüge und Probleme der Schulfernsehverwendung erlaubten und zu einer Verbesserung der Programmangebote und der schulischen Bedingungen ihrer Nutzung führten (vgl. TULODZIECKI 1977). Wenn der Gegenstand solcher Evaluationen auch der einzelne Kurs oder die einzelne Bildungsmaßnahme ist, so lassen die Ergebnisse in der Regel jedoch auch allgemeinere Aussagen zur Mediengestaltung oder Medienverwendung zu.

Beispielsweise hat SALZIGER (1977) vorhandene Evaluationen zur Schulfernsehverwendung im Hinblick auf die Einschätzung verschiedener Gestaltungsformen durch Lehrpersonen und Lernende zusammengefasst. Dabei zeigte sich, dass Trickfilme, Filmberichte, Filmreportagen und Stehbilder relativ günstig beurteilt wurden. Dem folgten mit nur leicht positiver Einschätzung Gespräche, Diskussionen und Interviews, während Moderatorbeiträge sehr häufig Gegenstand der Kritik waren. Sehr unterschiedlich – von Sendereihe zu Sendereihe und zwischen Lehrpersonen und Lernenden – wurden Spielszenen und Spielhandlungen eingeschätzt (vgl. S. 91 ff.).

Andere Evaluationsstudien wurden unter der Frage ausgewertet, welche Gestaltungstechniken von Fernsehsendungen geeignet sind, die Aufmerksamkeit zu erhalten, und welche dazu führen, dass die Aufmerksamkeit vermindert oder beendet wird. Aufmerksamkeitserregend sind danach Kinder- und Frauenstimmen, Gelächter, ungewöhnliche Geräusche, Toneffekte, akustische Wechsel und filmische Bewegungen; aufmerksamkeitserhaltend sind spezielle filmische Effekte, Schwenks und starke körperliche Bewegungen; aufmerksamkeitsvermindernd wirken männliche Stimmen, lange Zooms und Inaktivität auf dem Bildschirm (vgl. KOZMA 1991, S. 189).

Ein weiteres Beispiel zur Ermittlung allgemeiner Aussagen zum Schulfernsehen auf der Basis verschiedener Evaluationen ist der Versuch, Lehrervariablen zu bestimmen, die mit positiven Einschätzungen des Lernerfolgs durch die Lehrperson verbunden sind. So kann man auf der Basis einer Analyse verschiedener Evaluationen hypothetisch die folgenden Bedingungen als förderlich bezeichnen: solide Vorkenntnisse sowie eigene Vermittlungserfahrungen mit dem Inhalt, vorheriges Anschauen der Fernsehsendungen, geringe Belastungseinschätzung beim Unterricht mit Fernsehen, Nutzung des Schulfernsehens aufgrund eigener Initiative, positive Einschätzung der ausgewählten Sendung sowie der Möglichkeiten des Schulfernsehens generell (vgl. TULODZIECKI 1977, S. 165).

Die Bedeutung dieser Lehrervariablen für die Einschätzung des Lernerfolgs verweist bereits darauf, dass sich bestimmte Hoffnungen, die mit der Produktion umfangreicher Medienverbundkurse – z.B. zum Sprachenlernen und zur Einführung der Mengenlehre – verbunden waren, nicht erfüllt haben. Medienverbundkurse – häufig mit dem Schulfernsehen als Leitmedium – konnten im schulischen Alltag weder die Lehrperson ersetzen noch führten sie dazu, dass alle Schülerinnen und Schüler – unabhängig von ihren Lernvoraussetzungen und der Unterstützung durch eine Lehrperson – aufgrund des gleichen Medienangebots gleiche Chancen auf einen guten Lernerfolg gehabt hätten. Bessere Lernergebnisse – mit dem gleichen Medienverbundkurs – zeigten sich bei Schülerinnen und Schülern, die bessere Lernvoraussetzungen mitbrachten und deren Lehrerinnen und Lehrer im Fach bzw. Thema ausgebildet waren. So konnten z.B. bei der Nutzung des gleichen Medienverbundkurses in verschiedenen Schulformen Schulformunterschiede nicht ausgeglichen werden (vgl. TULODZIECKI 1977, S. 52 ff.; S. 163 ff.).

Auch im Bereich des computergestützten Lernens gibt es Ansätze, aus Evaluationen allgemeine Einsichten zu gewinnen. Bezogen auf die Gestaltung von Software stellt beispielsweise WEIDENMANN (1993) aufgrund mehrerer Studien folgende Design-Prinzipien für die Software-Entwicklung als wichtig heraus: Transparenz der Software im Sinne von Einfachheit und Verständlichkeit, Konsistenz als gleichbleibendes Aussehen und gleichbleibende räumliche Anordnung wiederkehrender Elemente, direkte Manipulationsmöglichkeiten auf dem Bildschirm, Fehlerfreundlichkeit durch einfache Fehlermeldungen und Hilfen, Reversibilität als Möglichkeit, einzelne Schritte rückgängig zu machen, sowie Orientierungshilfen (vgl. S. 28).

Hinsichtlich des schulischen Einsatzes von Laptops haben ISSING/SCHAUMBURG (2002) Veränderungen, die eine Einführung mobiler Computer in den Schulalltag mit sich bringt, in einer vergleichenden Evaluationsstudie untersucht. Zentrale Fragestellungen der Begleitforschung an einem Gymnasium waren unterrichtspraktische Veränderungen, Beeinflussungen des Lernens innerhalb und außerhalb der Schule, Beiträge zum Erwerb von Schlüsselkompetenzen sowie das Erreichen curricularer Lernziele. In verschiedenen Teilstudien wurden quantitative und qualitative Schüler- und Lehrerbefragungen, videographierte Unterrichtsbeobachtungen und verschiedene Leistungs- und Schlüsselqualifikationstests über einen Zeitraum von vier Jahren durchgeführt. Die Ergebnisse zeigen beispielsweise, dass

- der Laptop vor allem zur Textverarbeitung, zur Recherche und zur kooperativen Nutzung eingesetzt wurde,
- im Unterricht schülerzentrierte Phasen und eigenverantwortliches Bearbeiten komplexer Aufgabenstellungen zunahmen,
- Laptops zu einer stärkeren Individualisierung und Differenzierung des Unterrichts sowie zur Aktivierung der Schülerinnen und Schüler beitrugen,
- schulisches Lernen mit Laptops als interessanter, anschaulicher und motivierender wahrgenommen wurde,
- die Einführung von Laptops zu stärkerer Präferenz kooperativen Arbeitens führte,
- die computerbezogenen Kenntnisse und Fähigkeiten deutlich anstiegen und geschlechtsspezifische Unterschiede egalisiert werden konnten,
- die Fachleistungen insgesamt – im Vergleich zu Nicht-Laptop-Klassen – weitgehend konstant blieben,

- der Laptop-Einsatz in einzelnen spezifischen Bereichen, z. B. bei der Aufsatzformulierung im Fach Deutsch, zu signifikanten Leistungsverbesserungen führte.

Die Vielzahl der Einzelergebnisse und die im Detail nicht immer ersichtlichen didaktischen Maßnahmen erschweren allerdings die Einschätzung, inwieweit bestimmte Maßnahmen zu den entsprechenden Effekten geführt haben. Dies gilt auch für eine Evaluationsstudie von GLOWALLA/GLOWALLA/KOHNERT (2002) zum Studierverhalten in Online-Angeboten. Dort zeigte sich beispielsweise, dass die Aktivitäten der Studierenden sich vorrangig auf die Bearbeitung von Lerneinheiten und Übungsaufgaben beziehen. Bei der Bearbeitung der Lerneinheiten fertigten die Studierenden Notizen an – allerdings nur selten in elektronischer Form, sondern meist handschriftlich. Im Vergleich zwischen Online-Angebot und Präsenzveranstaltung zeigte sich, dass die Recherchetätigkeit (nach Informationen zu studienrelevanten Themen) beim Online-Studium insgesamt höher ist. Bezogen auf die Kommunikation mit Lehrenden und Kommilitonen ergab die Studie, dass im Online-Studium keineswegs weniger kommuniziert wird – im Gegenteil: Im Online-Studium tauschten sich mehr Studierende mit ihren Kommilitonen und Lehrenden über Lehrinhalte aus als dies in den Präsenzveranstaltungen der Fall war.

Wenn Auswertungen der obigen Art auch wichtig für die Mediengestaltung und Medienverwendung sind, haben die bisherigen Evaluationsstudien doch häufig die Schwäche, dass sie sich auf mediale Angebote beziehen, die ohne explizite theoretische Grundlagen entwickelt wurden. Die Bedeutung von Evaluationsstudien könnte in Zukunft dadurch gesteigert werden, dass schon bei der Entwicklung von medialen Angeboten lerntheoretische bzw. didaktische Ansätze zugrunde gelegt und damit bessere Bedingungen für die Qualitätsverbesserung und Übertragung hergestellt würden.

Dabei bleibt jedoch zu beachten, dass Evaluationsstudien in der Regel nicht repräsentative Einzelfallstudien sind, in denen eine bestimmte Maßnahme unter bestimmten Randbedingungen begleitet wird. Eine Übertragung von Ergebnissen solcher Studien kann daher nicht auf der Basis der Repräsentativität erfolgen, sondern »nur« auf einer Einschätzung der Vergleichbarkeit der in der Studie beschriebenen und der in der Übertragungssituation vorfindbaren Bedingungen. Daher ist es für Evaluationsstudien besonders wichtig, diese Randbedingungen und die durchgeführten Maßnahmen möglichst genau zu beschreiben, um Dritten eine angemessene Entscheidungshilfe zu bieten. So ließe sich die theoriegeleitete Entwicklung und Evaluation von Unterrichtskonzepten mit Medienverwendung zu einem bedeutsamen Verfahren der Medienforschung entwickeln (vgl. TULODZIECKI 1983b; KUMMER 1991).

Auf der Grundlage dieser Überlegungen und vorliegender Forschungsergebnisse aus Untersuchungen zu allgemeinen Medieneffekten und Evaluationsstudien können Sie nun die oben – unter 2.1 – aufgeführten Annahmen in differenzierter Weise einschätzen bzw. diskutieren.

2.2 Forschungsergebnisse zu den Effekten spezieller Merkmale

Vergleichsuntersuchungen zu allgemeinen Medieneffekten sowie Evaluationen gestatten – wenn überhaupt – nur in sehr begrenzter Weise Aussagen über Effekte einzelner Medienmerkmale. Deshalb wird in verschiedenen experimentellen oder quasi-experimentellen Studien eine Differenzierung von Aussagen zum Lehren und Lernen mit Medien dadurch angestrebt, dass einzelne Medienmerkmale genauer untersucht werden. In diesen Untersuchungen wird danach gefragt, wie sich bestimmte Medieneigenschaften auf den Lernerfolg – z.B. den Wissenserwerb – auswirken. Die – als unabhängige Variablen – untersuchten Medienmerkmale umfassen dabei Darstellungsformen mit einer Akzentuierung bei Codierungsarten oder Sinnesmodalitäten sowie Ablaufstrukturen, Gestaltungstechniken und Gestaltungsformen. Häufig beziehen sich (alltagstheoretische) Annahmen zur Bedeutung von Medien auf einzelne dieser Medienmerkmale.

Solche Annahmen sind z. B.:

- Beim Zuhören behält man 20%, beim Sehen 30%, beim Sehen und Hören 50% der aufgenommenen Informationen.
- Medien eignen sich nur zur Motivation und Information, für die Förderung von Transferleistungen sind sie nicht geeignet.
- Es ist günstiger für das Lernen, ein Bild und einen schriftlichen Text zu präsentieren als ein Bild und einen gesprochenen Text.
- Die angesprochene Sinnesmodalität ist für das Lernen bedeutsamer als die Codierungsart.
- Es gibt bestimmte Lerntypen. Die einen lernen grundsätzlich besser durch Sehen, die anderen lernen grundsätzlich besser durch Hören.
- Die Bereitstellung von medialen Lernhilfen, bei denen gedankliche Prozesse, die zur Lösung einer Aufgabe notwendig sind, dargestellt werden, sind für die Lernenden in jedem Falle lernförderlich.
- Die Lehrstrategie, mit der Inhalte vermittelt werden, ist wichtiger als die Medienart, mit der dies geschieht.

Auch bei diesen Annahmen stellen sich wieder die Fragen:

- *Welche der Annahmen sind eher richtig?*
- *Welche der Annahmen sind eher falsch?*

Für eine entsprechende Bewertung ist die Bearbeitung folgender Fragen hilfreich:

1. Was sagen empirische Ergebnisse über die Bedeutung bestimmter Codierungen bzw. Darstellungen für das Lernen aus?
2. Was lässt sich zur Bedeutung verschiedener Sinnesmodalitäten für das Lernen feststellen?
3. Welchen Einfluss haben weitere Medienmerkmale auf das Lernen?

Eine Bearbeitung dieser Fragen ermöglicht u. a. eine differenzierte Einschätzung der obigen (alltagstheoretischen) Annahmen.

2.2.1 Untersuchungen mit besonderem Bezug zu den Codierungsarten

Studien zum Einfluss der Codierungsart auf den Lernerfolg wurden schon relativ früh realisiert. Beispielsweise führten OVERING/TRAVERS (1973) eine experimentelle Studie zum Einfluss von Codierungsarten bzw. Erfahrungsformen auf die Befähigung von Lernenden zum Transfer des Gelernten durch. Für eine transferwirksame Vermittlung des physikalischen Prinzips der Brechung von Lichtstrahlen im Wasser wurden folgende vier Formen miteinander verglichen: bloß auditiv-verbale Darstellung des Prinzips, schematisch-abbildhafte Darstellung mit verbaler Information, realistische Demonstration mit verbaler Information, schematische Darstellung mit verbaler Information und vorhergehender praktischer Problemstellung. In der Untersuchung zeigte sich, dass die realistische Demonstration mit verbaler Information sowie die schematische Darstellung mit verbaler Information und vorhergehender Problemstellung den anderen beiden Darstellungen überlegen waren.

Besonders viele der Untersuchungen zu den Codierungsarten bezogen sich auf die Frage, ob eine Kombination aus verbalem Text und Bild zu besseren Lernerfolgen führt als die bloße Präsentation von verbalen Texten. Dazu haben LEVIN/ANGLIN/CARNEY (1987) 155 Untersuchungen ausgewertet. Sie wählten allerdings nur Studien mit Text-Bild-Kombinationen aus, bei denen die Bilder vorher als potenziell lernfördernd eingeschätzt wurden, wobei die Bilder der Illustration, der Organisation, der Interpretation oder der Transformation von Textaussagen dienten. Ausgeschlossen waren Studien mit textirrelevanten Bildern. Für die Verwendung von illustrierenden, organisierenden, interpretierenden und transformierenden Illustrationen ergab sich eine durchschnittliche Effektstärke von 0.75.

In einer Zusammenstellung von verschiedenen Studien zu Text-Bild-Kombinationen hat MAYER (1997) die Lernwirksamkeit gegenüber einer monocodalen Präsentation (d.h. nur als schriftlicher Text) im Hinblick auf die Fähigkeit zur Problemlösung (Transferaufgaben) ausgewiesen. Dabei ergaben sich folgende Effekte (vgl. S. 8):

Experiment	Inhaltsbereich	Lerngewinn*
Mayer (1989, Experiment 1)	Funktionsweise von Bremssystemen	+ 65%
Mayer (1989, Experiment 2)	Funktionsweise von Bremssystemen	+ 64%
Mayer/Gallini (1990, Experiment 1)	Funktionsweise von Bremssystemen	+ 87%
Mayer/Gallini (1990, Experiment 2)	Funktionsweise von Pumpen	+ 69%
Mayer/Gallini (1990, Experiment 3)	Funktionsweise von elektrischen Generatoren	+ 52%

* Der Lerngewinn gibt an, um wie viel Prozent höher der Anteil an richtigen Problemlösungen gegenüber der Gruppe lag, die nur mit schriftlichem Text arbeitete.

Darstellung 2.2.1: *Übersicht über Transfereffekte beim Lernen mit Text-Bild-Kombinationen (vgl. MAYER 1997, S. 8)*

Auf der Basis der grundsätzlichen Befunde, dass die Präsentation von textbasierten und bildlichen Informationen lernwirksamer ist als die nur textliche Darbietung, hat ebenfalls MAYER (1997) in verschiedenen Studien untersucht, welchen Einfluss die räumliche und zeitliche Anordnung von Text und Bild auf den Lernerfolg hat (vgl. S. 13 ff.):

- Studierenden wurden Informationen zur Wirkungsweise hydraulischer Bremsen in folgenden Formen präsentiert: als Text mit davon getrennten Illustrationen, die noch einmal mit erläuternden Begriffen aus dem Text versehen waren, und als Text mit – ebenfalls separaten – Illustrationen, die keine zusätzlichen Textelemente enthielten (d.h. die erläuternden Kommentare zur Funktionsweise der Bremsanlage befanden sich nur im Text). In einem Transfertest konnten die Studierenden, die mit kommentierten Illustrationen arbeiteten, deutlich bessere Ergebnisse erzielen.

- Zum Thema »Blitz« erhielt eine Lerngruppe einen Text mit integrierten Illustrationen, die die wichtigsten Schritte bei der Entstehung von Blitzen zeigten und kurze Erklärungen und zentrale Begriffe aus dem Text enthielten (vgl. Darstellung 2.2.2). Die Illustrationen befanden sich jeweils in der Nähe der relevanten Textpassagen. Eine zweite Lerngruppe erhielt zunächst nur den Text und anschließend – nach Abgabe des Textes – die Illustrationen. Der anschließende Transfertest führte zu dem Ergebnis: »In each case, students who received words and illustrations in coordinated fashion generated substantially more creative problem solutions than did students who received the same words and illustrations in separated fashion« (S. 14). Diese Ergebnisse weisen noch einmal auf die lernförderliche Wirkung von in räumlicher Nähe dargestellten Illustrationen und schriftlichen Erläuterungen hin.

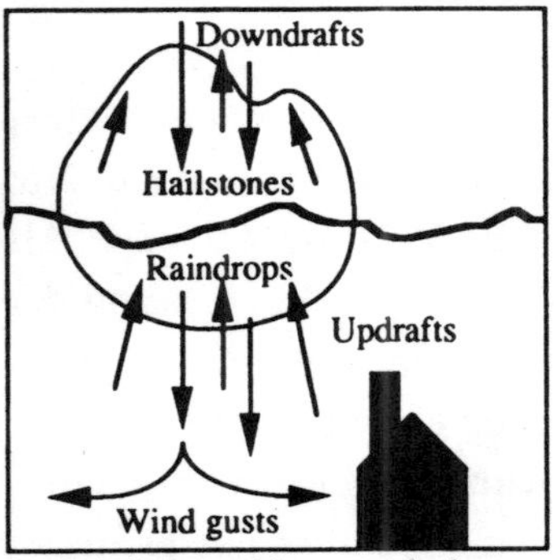

2. Raindrops and ice crystals drag air downward.

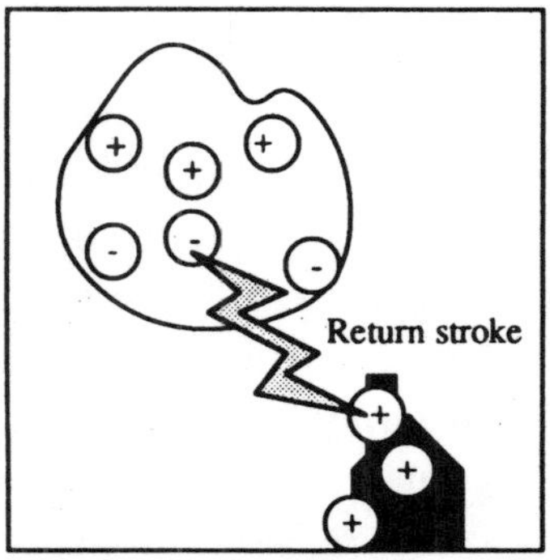

5. Positively charged particles from the ground rush upward along the same path.

Darstellung 2.2.2: *Beispiele kommentierter Illustrationen aus der Studie von* MAYER *(1997, S. 15)*

Fasst man die bisher dargestellten Ergebnisse zusammen, so kann man festhalten, dass ein höherer Lernerfolg – in Bezug auf Wissenserwerb, Transferfähigkeit bzw. Problemlösefähigkeiten – dann zu erwarten ist, wenn

- Informationen als Text und Bild präsentiert werden, als wenn sie nur als Text dargeboten werden,
- Illustrationen zu einem Text als kommentierte Illustrationen dargeboten werden, als wenn die Illustrationen unkommentiert sind,
- Informationen in Text und Bild integriert (in räumlicher Nähe zueinander) präsentiert werden, als wenn zunächst der Text und anschließend die Illustrationen dargeboten werden.

Dabei ist grundsätzlich unterstellt, dass es sich um potenziell lernfördernde Bilder bzw. Illustrationen handelt.

Allerdings ist zu beachten, dass sich der Lernerfolg letztlich immer nur als Wechselwirkung zwischen den im Medienangebot gewählten Codierungsarten und den Voraussetzungen der jeweiligen Lernenden verstehen lässt. So haben z.B. BRÜNKEN/STEINBACHER/LEUTNER (2000) den Einfluss des räumlichen Vorstellungsvermögens auf das Lernen mit Texten und Bildern untersucht. Schülerinnen und Schüler der gymnasialen Oberstufe arbeiteten mit zwei Varianten des multimedialen Lehrprogramms »Kunsthistorischer Stadtführer Florenz«, die sich in der Codierungsart der topographischen Informationen (schematische Stadtplanausschnitte, d.h. abbildhaft-schematisch codiert, versus schriftliche Texte, d.h. symbolisch-verbal codiert – vgl. Abschnitt 1.2.2) unterschieden. Als abhängige Variable wurde im Anschluss an die Bearbeitung der Aufbau eines mentalen Modells der Innenstadt von Florenz – operationalisiert als Aufgaben zur räumlichen Orientierung – getestet. Das räumliche Vorstellungsvermögen wurde in einem Vortest erhoben. Das Experiment ergab, dass sich die Schüler mit geringem räumlichen Vorstellungsvermögen nicht wesentlich im Lernerfolg – in Abhängigkeit von der Codierungsart – unterscheiden, wohl aber diejenigen, die über ein hohes räumliches Vorstellungsvermögen verfügen. Hier konnten diejenigen, die mit der abbildhaft-schematisch codierten Variante arbeiteten, signifikant bessere Ergebnisse erzielen. Diese Befunde deuten darauf hin, dass das räumliche Vorstellungsvermögen eher bei der Anwendung mentaler Modelle hilfreich ist als beim Aufbau solcher Modelle.

2.2.2 Untersuchungen mit besonderem Bezug zu Sinnesmodalitäten

In einer Studie mit Schülerinnen und Schülern der gymnasialen Oberstufe haben BRÜNKEN/LEUTNER (2001) den Einfluss der Präsentationsmodalität auf den Wissenserwerb untersucht. Wir skizzieren die Studie im Folgenden kurz, um auch den methodischen Unterschied zu den im Abschnitt 2.1.1 dargestellten Medienvergleichsuntersuchungen deutlich werden zu lassen. Das Untersuchungsdesign sah zwei Gruppen mit unterschiedlichem Präsentationsmodus als unabhängiger Variable vor (vgl. Darstellung 2.2.3).

Um den Einfluss des Vorwissens kontrollieren zu können, wurde bereichsspezifisches Vorwissen mit Hilfe eines Tests erhoben. Anschließend bearbeiteten die Gruppen ein computerbasiertes Lehrsystem zum Herz-Kreislauf-System, wobei die erste Gruppe visuelle Informationen in Form von Text-Bild-Kombinationen erhielt, die zweite Gruppe nur die Bildinformationen und parallel dazu den gesprochenen Text. Die Präsentationsdauer einer Bildschirmseite war für beide Gruppen gleich. Der Wissenserwerb wurde mit zwei lehrzielorientierten Tests gemessen, von denen sich der eine auf die gelesenen/gehörten Texte, der andere auf die präsentierten Bilder bezog. Die Auswertung der Studie ergab, dass in Bezug auf den Wissenszuwachs beim Textverständnis die Gruppe »audiovisuell« signifikant bessere Ergebnisse erzielte als die Gruppe »nur visuell«. Beim Bildverständnis ergaben sich hingegen keine signifikanten Differenzen. Mit anderen Worten: Der Wissenserwerb erwies sich dann als höher, wenn Informationen nicht in Text- und Bildform visuell präsentiert werden, sondern wenn die Textinformation in auditiver Form dargeboten wird und nur die Bildinformation visuell. Wir werden dieses Ergebnis in Abschnitt 3.2 noch differenzierter betrachten und nach möglichen theoretischen Begründungen fragen.

Gruppe	Vortest	Treatment	Wissenstest
Gruppe 1 (nur visuell)	domänen-spezifisches Vorwissen	Bearbeitung eines computerbasierten Lehrsystems mit simultan visuell präsentierten Informationen (Text/Bild)	lehrziel-orientierter Test zum Text-verständnis und zum Bild-verständnis
Gruppe 2 (audiovisuell)	domänen-spezifisches Vorwissen	Bearbeitung eines computerbasierten Lehrsystems mit visuell präsentierten Bildern und parallel gelesenen Audiofiles	lehrziel-orientierter Test zum Text-verständnis und zum Bildver-ständnis

Darstellung 2.2.3: *Untersuchungsdesign der Studie von BRÜNKEN/LEUTNER (2001)*

Ähnliche Ergebnisse fanden auch MOUSAVI/LOW/SWELLER (1995). Im Kontext geometrischer Beweisführung wurden Schülern zunächst einige Informationen, z. B. zu den grundlegenden Prinzipien und Eigenschaften kongruenter Dreiecke, vermittelt. Anschließend wurden zwei Beispielaufgaben zur Beweisführung mit dem Lösungsweg präsentiert, zwei weitere Aufgaben mussten von den Lernenden selbst gelöst werden (Wiederholungsaufgaben). Dabei wurden sie auf falsche Lösungen hingewiesen und zu einer neuen Lösung aufgefordert. Nach einer vorgegebenen Zeit wurde die richtige Lösung gezeigt. Im Anschluss an diese »Lernphase« bearbeiteten die Schüler einen Test, in dem jeweils zwei Anwendungsaufgaben und zwei Transferaufgaben gestellt wurden. Auch in dieser Phase wurden Fehler angezeigt, und es wurde zu weiteren Lösungen aufgefordert. Konnte innerhalb einer Zeit von 5 Minuten keine korrekte Lösung generiert werden (»nonsolver«), wurden die Schüler aufgefordert, die nächste Aufgabe zu bearbeiten. An der Studie nahmen drei Gruppen teil, die sich in der Darbietung der Materialien unterschieden. Die erste Gruppe arbeitete (in der Lernphase) mit Diagrammen und erläuternden Texten (Aussagen zur Beweisführung), die gleichzeitig auch auditiv präsentiert wurden. Die zweite Gruppe erhielt nur die Diagramme und schriftlichen Texte, die dritte Gruppe nur die Diagramme und die auditiven Aussagen zur Beweisführung. Erhoben wurde jeweils die für die Aufgabenlösung benötigte Zeit sowie die Anzahl der »Nicht-Löser«.

Eine Übersicht über die Ergebnisse der Studie zeigt Darstellung 2.2.4. In der Erarbeitungsphase benötigte die dritte Gruppe (die mit Diagrammen und dazu gesprochenen Erläuterungen arbeitete) signifikant weniger Zeit zur Lösung der Wiederholungsaufgaben als die zweite Gruppe (die nur die Diagramme und die schriftlichen Texte erhielt). Die erste Gruppe (simultane Darbietung von schriftlichem Text, Diagramm und auditiver Komponente) löste die Aufgaben ebenfalls in signifikant geringerer Zeit als die zweite Gruppe. Die erste und die dritte Gruppe unterschieden sich nicht

	Phase/Aufgabentyp		
	Erarbeitungsphase	Testphase	
Gruppe	Wiederholung	Anwendung	Tranfer
G 1 (schriftl. Text/ Diagramm/ gesprochener Text	a) 165,90* (1)** b) 128,20 (0)	a) 135,00 (1) b) 87,80 (0)	a) 115,10 (0) b) 189,90 (3)
↕ G 1 / G 2	s.	n. s.	n. s.
G 2 (schriftl. Text/ Diagramm	a) 224,30 (2) b) 155,80 (1)	a) 147,50 (2) b) 87,20 (0)	a) 136,70 (0) b) 202,20 (4)
↕ G 2 / G 3	s.	s.	n. s.
G 3 Diagramm/ gesprochener Text)	a) 159,30 (1) b) 110,20 (0)	a) 77,30 (0) b) 70,20 (0)	a) 103,40 (0) b) 133,40 (2)
↕ G 1 / G 3	n. s.	s.	n. s.

Legende:
* durchschnittliche Dauer für die Bearbeitung und Lösung von Aufgabe a) bzw. b) in Sekunden
** Anzahl der Nicht-Löser (non-solver)
s. = signifikanter Unterschied
n.s. = nicht signifikanter Unterschied

Darstellung 2.2.4: *Ergebnisse der Studie von* MOUSAVI/LOW/SWELLER *(1995)*

überzufällig. In der anschließenden Testphase benötigte die erste Gruppe die geringste Zeit zum Lösen der Anwendungsaufgaben und unterschied sich signifikant von den anderen beiden Gruppen, deren Unterschied nicht statistisch bedeutsam war. Bei der Bewältigung der Transferaufgaben wies die dritte Gruppe zwar auch die im Mittel geringsten Zeiten für die Lösung auf, die Ergebnisse sind aber nicht signifikant. Die Anzahl der Versuchspersonen, die überhaupt keine Lösung erarbeiten konnten (»nonsolver«), war sowohl in der Erarbeitungs- als auch in der Testphase in der mit Diagramm und Text arbeitenden Gruppe am höchsten, in der Gruppe mit Diagramm und gesprochenem Text am geringsten. Im Hinblick auf die Präsentationsmodi resümieren MOUSAVI/LOW/SWELLER die Ergebnisse: »A mixed auditory and visual mode of presenting information was more effective than a single (visual) mode« (1995, S. 323).

Der Einfluss der Präsentationsmodi war auch Gegenstand einer Studie von MORENO/MAYER (1999a), in der drei Gruppen von Studierenden miteinander verglichen wurden, die mit einer Animation zur Meteorologie arbeiteten. Die Präsentationen unterschieden sich dadurch, dass im ersten Fall die erläuternden (schriftlichen) Texte in die Animation integriert waren, im zweiten Fall von der Animation getrennt am unteren Bildschirmrand präsentiert wurden und im dritten Fall als gesprochener Text auditiv dargeboten wurden. In anschließend durchgeführten Wissenstests erreichten die Studierenden der dritten Gruppe (Animation mit gesprochenem Text) signifikant bessere Ergebnisse als die beiden anderen Gruppen, die sich noch einmal signifikant unterschieden. Dabei erzielte die Gruppe, die mit der integrativen Präsentation arbeitete, die besseren Ergebnisse (vgl. Darstellung 2.2.5). Auch in diesem Fall hat sich also gezeigt, dass der Wissenserwerb dann größer ist, wenn symbolisch-verbal codierte Informationen zur Animation auditiv vermittelt werden, nicht visuell. Dies gilt auch für die Transferfähigkeit beim Problemlösen und für die Zuordnung von Textelementen zu Bildelementen. Zudem ist der Lernerfolg dann größer, wenn symbolisch-verbal codierte und abbildhaft codierte Informationen in räumlicher Nähe zueinander dargestellt werden.

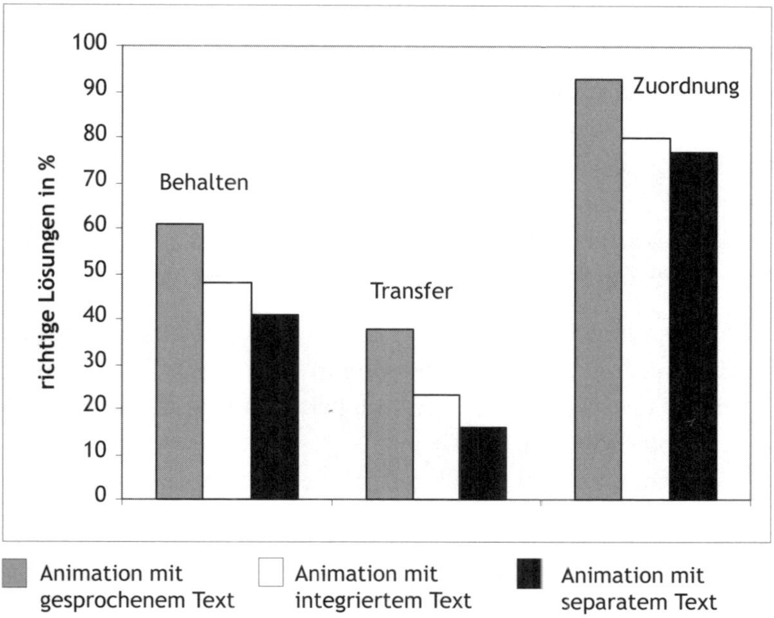

Darstellung 2.2.5: *Ergebnis einer Studie von MORENO/MAYER (1999a)*

Ähnliche Resultate finden sich auch in den bereits zitierten Studien von MAYER (1997), in denen u.a. eine Animation zur Funktionsweise von Fahrzeugbremsen verwendet wurde und die Studierenden anschließend Aufgaben zur Problemlösung bearbeiten mussten. Auch hier erwies sich die Präsentation von Animation mit paralleler auditiver Information als lernwirksamer als nur visuelle Darbietungen (vgl. S. 16ff.). MAYER berichtet darüber hinaus von Experimenten, in denen Animationen mit begleitender, erklärender auditiver Information oder nur die erläuternden auditiven Informationen präsentiert wurden. Bei einem anschließenden Transfertest erreichten die Gruppen, die mit Animation und auditiver Information lernten, deutlich bessere Ergebnisse als die Gruppen, denen nur die erläuternden Informationen auditiv präsentiert wurden (d.h. sie erzeugten mehr kreative Lösungen, vgl. im Einzelnen MAYER/ANDERSON, 1991; 1992). Zugleich konnte MAYER zeigen, dass dann höhere Lernerfolge (gemessen als Anzahl richtiger Lösungen bei Transferaufgaben) erreicht werden, wenn Animationen und auditiv präsentierte erläuternde Texte simultan präsentiert werden und nicht nacheinander (vgl. MAYER 1997, S. 12).

Zentrale Ergebnisse der bisher dargestellten Studien in Bezug auf den Einfluss der Sinnesmodalitäten beim Lernen mit Medien lassen sich so zusammenfassen, dass der Lernerfolg (in der Regel gemessen am Wissenserwerb, teilweise auch in Bezug auf Fähigkeiten zur Problemlösung bzw. zum Transfer) dann größer ist, wenn

- Informationen auditiv (als gesprochener Text) und visuell (als Bild oder als Animation) präsentiert werden, als wenn sie nur visuell (als geschriebener Text und als Bild bzw. als Animation) dargeboten werden,
- Informationen auditiv (als gesprochener Text) und visuell (als Animation) präsentiert werden, als wenn sie nur auditiv (als gesprochener Text) dargeboten werden,
- Informationen auditiv (als gesprochener Text) und visuell (als Animation) simultan präsentiert werden, als wenn die Informationen auditiv (als gesprochener Text) und visuell (als Animation) nacheinander dargeboten werden,
- Informationen visuell (als geschriebener Text und als Animation) in räumlicher Nähe zueinander (integriert) präsentiert werden, als wenn sie räumlich getrennt dargeboten werden.

Ergänzen lässt sich, dass die audiovisuelle Präsentation von symbolisch-verbal codierten und abbildhaft codierten Informationen (d. h. gesprochener Text in Verbindung mit einer Animation) den Wissenserwerb mehr unterstützt, als wenn die gleiche symbolisch-verbal codierte Information zusätzlich (redundant) visuell (d. h. als schriftlicher Text) dargestellt wird (vgl. MAYER 2001). Tendenziell deutet sich dies auch in der zitierten Untersuchung von MOUSAVI/LOW/SWELLER (1995) an – wenn auch in signifikanter Weise nur für den Aufgabentyp der Anwendung. Allerdings wird die Vergleichbarkeit auch dadurch erschwert, dass nicht immer deutlich ersichtlich wird, was letztlich unter Wissenserwerb in einzelnen Studien verstanden wird.

Falls die Lernenden den Ablauf der Präsentationen selbst steuern können, wie dies beim Arbeiten mit dem Computer der Fall ist, werden die Lernwirkungen allerdings auch durch die verwendeten Lernstrategien sowie durch weitere Faktoren, z. B. die mit bestimmten Darstellungsformen verbundene mentale Anstrengung, beeinflusst. Darauf machen u. a. die Studien von PAECHTER (1997) zum Einfluss von Präsentationsformen und dadurch implizierten Lernstrategien auf den Wissenserwerb und von LEWALTER (1997) zu Lernprozessen mit statischen Bildern und Animationen (bei gleichem Inhalt) aufmerksam.

2.2.3 Untersuchungen mit Bezügen zu weiteren Medienmerkmalen

Ein frühes Beispiel, das in besonderer Weise auf die Bedeutung einzelner Gestaltungstechniken und Gestaltungsformen für das Lernen mit Medien verweist, ist die Untersuchung von SALOMON (1976). Er hat ein Experiment durchgeführt, bei dem es darum ging, die Bildwahrnehmung als Wechselwirkung zwischen der Fähigkeit, wesentliche Details aus einem Gesamtzusammenhang herauszulösen, und verschiedenen medialen Präsentationen zu untersuchen. Dazu wurde bei den Lernenden zunächst die betreffende Fähigkeit mit einem Test erfasst. Danach konfrontierte der Versuchsleiter die Lernenden mit je einer von drei medialen Versionen. Die erste Version bestand aus einem Film, in dem drei Gesamtgemälde gezeigt wurden, aus denen dann mit Hilfe der Zoomtechnik verschiedene Details herausgelöst wurden. Bei der zweiten Version handelte es sich um eine Folge von Diapositiven mit den Gesamtgemälden am Beginn und anschließenden Detailaufnahmen. Die dritte Version beschränkte sich auf die Projektion der Gesamtgemälde. Als Ergebnis zeigte sich, dass die Lernenden, die bereits die Fähigkeit zum Herauslösen von Details aus einem Zusammenhang besaßen, die besten Ergebnisse bei der dritten Version erzielten, während Lernende ohne diese Fähigkeit am meisten von der ersten Version profitierten.

Durch diese Untersuchung wird zum einen die Angemessenheit von Interaktionsannahmen belegt, zum anderen zeigt sich, dass es möglich ist, bestimmte interne Prozesse – z. B. das Herauslösen von Details aus einem Gesamtzusammenhang – durch ein Medium extern zu simulieren, hier mit Hilfe der Zoomtechnik. Die mediale Simulation interner Prozesse bezeichnet SALOMON (1976, S. 54) als Supplantation. Mit dem Supplantationskonzept verbindet sich die Annahme, dass Lernen umso wirkungsvoller verläuft, je besser die mediale Präsentation den – vom Lernenden zu vollziehenden – internen Prozessen angepasst ist. Allerdings wird Lernen dabei im Wesentlichen als Imitation externer Präsentationen begriffen. In diesem Punkt liegt eine bedeutende Schwäche des Supplantationskonzepts. Zur angemessenen Erfassung von Wechselwirkungen müsste es um differenzierte Analysen kognitiver Prozesse erweitert werden (vgl. auch STRITTMATTER/SEEL 1984, S. 4).

Das Beispiel von SALOMON beinhaltet zugleich eine implizite Variation der Ablaufstruktur (als Medienmerkmal): Die filmische Darstellung mit Hilfe der Zoomtechnik hat einen flüchtigen Charakter, während es sich bei den Projekten des Gesamtgemäldes um eine ruhende Präsentationsform handelt.

Ein weiteres frühes Beispiel mit Bezügen zu den Medienmerkmalen Ablaufstruktur, Gestaltungsform und Gestaltungstechnik stellt die Untersuchung von ISSING/SCHELLENBERG (1973) dar, in welcher der Einfluss verschiedener medialer Ablaufstrukturen und Gestaltungsformen auf Wissen und Behalten geprüft wurde. Das Thema »Magnetismus« wurde drei Lerngruppen in einer jeweils anderen Form vermittelt: als herkömmliche Fernsehsendung ohne Aufgaben; als eine Fernsehsendung, bei der der Lerninhalt in kleine Informationseinheiten und Aufgaben, welche in einem gemeinsamen Tempo zu bearbeiten waren, aufgeteilt war (»programmierte Fernsehsendung«) sowie als Buchprogramm, in dem die Informationseinheiten und Aufgaben in gedruckter Form vorlagen und in eigenem Tempo bearbeitet werden konnten. Im Ergebnis waren die »programmierte Fernsehsendung« und das Buchprogramm der konventionellen Fernsehsendung hinsichtlich Wissen und Behalten überlegen. Im Vergleich zwischen dem Buchprogramm und der »programmierten Fernsehsendung« zeigten sich beim Buchprogramm zwar leicht bessere Erfolge, jedoch keine signifikanten

Unterschiede. Dies bedeutet u.a., dass sich Aktivierungen durch Aufgabenstellungen und Rückmeldungen günstig auf das Lernergebnis auswirken und dass diese – in gewissen Grenzen – wirksamer sind als ein individuelles Lerntempo.

Bereits bei der Beschreibung von Studien zum Einfluss von Codierungsarten auf das Lernen haben wir darauf hingewiesen, dass die Reihenfolge der Präsentation von symbolisch-verbal codierten und von abbildhaft codierten Informationen eine Rolle spielt. Dabei zeigte sich, dass eine simultane Präsentation von Text- und Bildinformationen zu besseren Lernergebnissen führt als eine sequenzielle Darbietung (vgl. auch MORENO/MAYER 1999, S. 358f.).

In der Tradition solcher Untersuchungen steht auch die Studie zu Infografiken von WEIDENMANN/PAECHTER/HARTMANNSGRUBER (1998). In der Untersuchung geht es um den Einfluss der Strukturierung und Sequenzierung von verbal-piktoralem Lernmaterial. Dazu bearbeiteten Studierende drei verschiedene Infografiken in drei unterschiedlichen Präsentationsformen: (a) einer Zoom-Präsentation, (b) einer Step-by-Step-Präsentation und (c) einer Standbild-Präsentation. Erfasst wurde (als abhängige Variable) die Qualität des Wissenserwerbs in Form der Reproduktion von Hauptaussagen und der Überprüfung von inferentiellen Aussagen (dies sind solche Aussagen, die über das in der Grafik Mitgeteilte hinausgehen, aber eindeutig richtig oder falsch sind) sowie in Form des Erkennens von Fehlern in modifizierten Grafiken. Zudem wurden die Probanden nach der Einschätzung der Lernwirksamkeit der bearbeiteten Grafiken und ihrer persönlichen Präferenz einer Präsentationsvariante befragt. Hinsichtlich der Ablaufstrukturen wurde die Zoom-Präsentation so realisiert, dass zunächst ein Überblick über die Gesamtgrafik geboten wurde und dann einzelne so genannte Makroelemente (Gruppen inhaltlich und logisch zusammengehöriger Einzelelemente) durch farbige Hervorhebung präsentiert wurden. Die Makroelemente erschienen dazu zunächst ohne Beschriftung, die erst sukzessive erfolgte. Beim Einblenden einer Beschriftung leuchtete das bezeichnete Element der Grafik jeweils kurz auf. Bei der Step-by-Step-Präsentation wurden die gleichen grafischen Elemente wie bei der Zoom-Präsentation in einer aufsteigenden Sequenzierung von

Teilen zum Ganzen gezeigt. Die Standbild-Präsentation zeigte die gesamte Infografik ohne weitere Sequenzierung.

In einem ersten Experiment wurde die Zeitdauer, in der die einzelnen Elemente der Infografiken präsentiert wurden, konstant gehalten. Im Ergebnis zeigten sich signifikante Unterschiede nur bei den inferentiellen Aussagen, bei denen sich für die Step-by-Step-Präsentation deutlich bessere Resultate als für die Standbild-Präsentation und die Zoom-Präsentation ergaben. Subjektiv glaubte allerdings die Mehrzahl der Probanden, mit der Zoom-Präsentation am wirksamsten zu lernen. Diese Präsentationsart erhielt auch die höchsten Präferenzwerte.

WEIDENMANN/PAECHTER/HARTMANNSGRUBER führten das Experiment noch einmal durch und veränderten die vorgegebenen Präsentationszeiten zugunsten einer per Tastendruck individuell steuerbaren Zeitdauer. Dabei ergaben sich zunächst signifikante Unterschiede in den Betrachtungszeiten – für die Zoom-Präsentation wurde die längste Lernzeit beansprucht, für die Standbild-Präsentation die kürzeste. Im Hinblick auf den Wissenserwerb zeigte sich ein signifikanter Unterschied beim Erkennen von Fehlern zugunsten der Zoom-Präsentation gegenüber der Standbild-Präsentation. Allerdings – so konnte kovarianzanalytisch gezeigt werden – ist dieses Ergebnis auf die längere Bearbeitungszeit zurückzuführen, nicht auf die Ablaufstruktur. Hinsichtlich der Einschätzung der Lernwirksamkeit und der persönlichen Präferenzen ergaben sich zum ersten Experiment keine Veränderungen. Die Autoren fassen die Ergebnisse der Studie wie folgt zusammen: »Als Fazit lässt sich aus den vorliegenden Untersuchungen ziehen, dass die Präsentationsart zwar weniger wichtig ist als die Zeit, die man sich für die Beschäftigung mit der Grafik nimmt, dass aber nur bei bestimmten Präsentationsarten die Lernenden sich tatsächlich Zeit nehmen. Und – last but not least – haben Lernende eindeutige und stabile Präferenzen für bestimmte Präsentationsarten, in diesem Fall für die Zoom-Präsentation.« (1998, S. 123)

Fragen der Ablaufstruktur spielen vor allem auch bei der Gestaltungsform des Hypertextes eine Rolle. Untersuchungen zum Lernen mit linearen Texten und Hypertexten zeigen insgesamt uneinheitliche Ergebnisse. In einer Metaanalyse von Studien zum Wissenserwerb mit Hypertexten und linearen Texten fanden CHEN/RADA (1996) in acht Untersuchungen einen höheren Lernerfolg (Wissenserwerb) bei Hypertexten, in fünf Studien das Gegenteil. GERDES (1997) berichtet von 10 Studien, in denen entweder das Lernen mit linearen Texten erfolgreicher war oder sich keine signifikanten Unterschiede zwischen den beiden Codierungsarten zeigten.

NAUMANN/WANIEK/KREMS (2001) variierten in ihrer Studie die Textart (linear/Hypertext) und erfassten das erworbene Wissen sowie mögliche Orientierungsprobleme. Beide Textarten waren selbst konstruierte orientierende Texte mit Länderbeschreibungen, die den Probanden am Bildschirm präsentiert wurden. Die Probanden hatten keine spezifischen Vorkenntnisse. Der im Anschluss durchgeführte Wissenstest ergab signifikant bessere Ergebnisse bei den Studierenden, die mit dem linearen Text gearbeitet hatten. Zudem zeigten sich mehr subjektiv empfundene Orientierungsprobleme beim Hypertext. Zwischen den Orientierungsproblemen und dem Wissenserwerb konnte ein Zusammenhang derart gefunden werden, dass, je mehr Orientierungsprobleme vorhanden waren, desto weniger Wissen erworben wurde. In einem zweiten Experiment auf der Basis der gleichen Texte wurden die Probanden gebeten, bestimmte Informationen zu suchen. Dabei unterschieden sich die Ergebnisse (Anzahl richtiger gefundener Lösungen, benötigte Zeit) der beiden Gruppen – linearer Text, Hypertext – nicht signifikant voneinander. Allerdings haben die Studierenden nach der Informationssuche im linearen Text signifikant mehr Orientierungsprobleme berichtet. Die Ergebnisse machen deutlich, dass die Lernwirksamkeit von Hypertexten bzw. linearen Texten u.a. von der jeweils gestellten Aufgabe abhängig ist.

Neben der Aufgabenform sind – wie es nach den bisher dargestellten Ergebnissen zu erwarten ist – Merkmale der Lernenden von großer Bedeutung. So zeigen z.B. schon Untersuchungen zum Bücherlesen, dass die stabile Verfügbarkeit des Textes (als Medienmerkmal) in Wechselwirkung mit unterschiedlichen Interessen, Kenntnissen, Lesefertigkeiten und Verarbeitungsstrategien (als

Merkmalen von Lernenden) zu unterschiedlichen kognitiven Prozessen führt. Während beispielsweise Lernende mit geringen Vorkenntnissen ihre kognitiven Anstrengungen vorwiegend darauf verwenden, Texte in ihrer linearen Abfolge zu verstehen, neigen Experten mit großen Vorkenntnissen dazu, Texte sehr selektiv zu lesen, gedankliche Ergänzungen vorzunehmen sowie eigene Beurteilungen und Schlussfolgerungen zu entwickeln (vgl. die zusammenfassende Darstellung bei KOZMA 1991, S. 182 ff.). Bezieht man diese Ergebnisse auf das Lernen mit computerbasierten vernetzten Texten (Hypertexten), so ist zu vermuten, dass diese vor allem von Lernenden mit einem hohen kognitiven Niveau angemessen verarbeitet werden können, während für Lernende mit geringem kognitiven Niveau die Gefahr besteht, sich im Hypertext zu verlieren (vgl. ebd., S. 203).

Um einer Desorientierung bei der Arbeit mit Hypertexten vorzubeugen und verschiedenen Voraussetzungen der Lernenden Rechnung zu tragen, können unterschiedliche Hilfen zur Verfügung gestellt werden: so genannte »guided tours« – d. h. fest vorgegebene Pfade, die in linearer Weise durch den Hypertext führen und dabei zentrale Informationen im Sinne eines Einstiegs erfassen –, grafische Browser – d. h. grafisch visualisierte Baum- oder Pfaddiagramme, die die Struktur des Hypertextes und die eigene Position wiedergeben – oder so genannte »history«-Funktionen, die den bisher zurückgelegten Weg aufzeichnen und ein Zurückgehen ermöglichen. Den Einfluss einer Navigationshilfe im Zusammenhang mit dem domänenspezfischen Vorwissen auf den Wissenserwerb beim Lernen mit einem Hypertext haben MÖLLER/MÜLLER-KALTHOFF (2000) untersucht, die als Navigationsübersicht eine hierarchisch strukturierte Übersicht im Sinne eines grafisch visualisierten Baum- bzw. Pfaddiagramms verwendeten. In dieser Studie bearbeiteten 56 Studierende einen hierarchisch strukturierten Hypertext mit gedächtnispsychologischem Inhalt. Im Vorfeld wurde das spezifische Vorwissen mit Hilfe von Fragebögen erhoben, im Anschluss an die zeitlich begrenzte Bearbeitung des Hypertextes wurde das Fakten- und Strukturwissen erhoben, wobei für die Beantwortung der Fragen zum Strukturwissen das Erkennen von Zusammenhängen und das Schlussfolgern notwendig waren. Die Versuchsbedingungen waren so gestaltet, dass etwa die Hälfte der Probanden den Hypertext ohne Navigationshilfe bearbeitete, die andere Hälfte konnte auf Strukturinformationen in einer dreiteiligen grafischen Übersicht zurückgreifen. Die Ergebnisse der Studie zeigen, dass »Probanden mit niedrigem Vorwissen ... nach dem Lernen mit Navigationsübersicht im Vergleich zum Lernen ohne Navigationshilfe ... deutlich stärker verbesserte Behaltensleistungen (Faktenwissen) als Personen mit hohem Vorwissen [zeigten]« (S. 121). Im Hinblick auf das Strukturwissen zeigten sich keine überzufälligen Unterschiede.

Mit der kognitionstheoretischen Wende der mediendidaktischen Forschung war – wie die obigen Untersuchungen zeigen – zugleich eine Hinwendung zum Lernenden und seinen Voraussetzungen bei der Mediennutzung verbunden. So beschreibt WEIDENMANN unter Rückgriff auf Untersuchungen verschiedener Autoren vier allgemeine Variablen, die für die Mediennutzung und den Lernerfolg bedeutsam sind (1993, S. 29 ff.). Als Erstes nennt er die medienspezifische Einstellung und die mentale Anstrengung. Beispielsweise wird bei einem Medium, das vom Lernenden als schwierig eingeschätzt wird, z. B. ein schriftlicher Text, in der Regel von vornherein eine größere mentale Anstrengung investiert und damit ein größerer Lernerfolg grundgelegt als bei einem Medium, das als »leichtes Medium« gilt, z. B. das Fernsehen. Eine zweite wichtige Variable stellen die intrinsische Motivation und das Interesse dar: Je stärker diese ausgeprägt sind, desto wahrscheinlicher sind gute Lernerfolge. Als dritte Variable wird die Fähigkeit zum Umgang mit Überlastung beschrieben: Je besser es dem Individuum bei der Mediennutzung gelingt, Belastungen durch wechselnde Codierungsarten, Sinnesmodalitäten, Gestaltungstechniken und inhaltliche Unklarheiten zu bewältigen, desto größer sind die Chancen auf gute Lernergebnisse. Schließlich wird als Viertes die Variable »Media-Literacy« aufgeführt: Je kompetenter ein Individuum die Gestaltungsmöglichkeiten und Ausdrucksformen der Medien bzw. die »Mediensprache« interpretieren und einordnen kann, desto eher ist ein angemessenes Verstehen und Verarbeiten der medialen Präsentationen zu erwarten.

Die dargestellten Untersuchungsergebnisse zum Einfluss spezieller Medienmerkmale legen generell die Annahme nahe, dass für das Erreichen bestimmter Lehrziele die Wahl der Erfahrungsformen bzw. Codierungsarten, z. B. die reale oder abbildhafte Form, und die Wahl bestimmter Gestaltungsformen, z. B. Aktivierung durch Aufgaben, wichtiger sind als die Medienart, durch die sie präsentiert und realisiert werden (vgl. auch WEIDENMANN 1986, S. 500 ff.). Des Weiteren verweisen solche Ergebnisse darauf, dass Annahmen, die einen generellen Einfluss einzelner Sinnesmodalitäten auf die Lernergebnisse unterstellen, irreführend sind. Beispielsweise gibt es keinen wissenschaftlich akzeptablen Beleg für die eingangs erwähnte Annahme, dass beim Zuhören 20 %, beim Sehen 30 % und bei Hören plus Sehen 50 % behalten werden (vgl. auch WEIDENMANN 2002, S. 48 f.). Darüber hinaus machen die Untersuchungsergebnisse darauf aufmerksam, dass neben bestimmten Medienmerkmalen die Wahl des Lehrkonzepts besonders wichtig ist. So wurden beispielsweise die medialen Effekte – bezogen auf Codierungs- und Gestaltungsformen – in den Untersuchungen von OVERING/TRAVERS sowie ISSING/SCHELLENBERG durch die zugrunde liegenden Lehrkonzepte (problemorientiertes Vorgehen und programmierte Unterweisung) überlagert. Für die Bedeutung der Lehrkonzepte spricht schon eine frühe zusammenfassende Studie von KULIK/KULIK/COHEN (1980), in der empirische Vergleiche zwischen gedruckten Lernprogrammen und computergestützten Lernprogrammen in der Regel keinen Unterschied im Lernerfolg zeigten, während beide gegenüber dem konventionellen Unterricht häufig wirkungsvoller waren. Aber auch für das jeweilige Lehrkonzept gilt, dass es in seiner Wirkung – wie die Medienmerkmale und inhaltliche Aspekte des Medienangebots – in Wechselbeziehung zu den Merkmalen des Lernenden, insbesondere seinen Lernvoraussetzungen zu sehen ist.

Vor dem Hintergrund dieser Forschungsergebnisse können Sie nun in differenzierter Weise die eingangs aufgeführten Annahmen zum Lernen und Lehren mit Medien hinsichtlich ihrer empirischen Bewährung einschätzen.

3 Mediendidaktische und lerntheoretische Grundlagen der Verwendung und Gestaltung von Medien

Im ersten Kapitel wurden vor allem begriffliche Fragen und grundsätzliche Fragen der Gestaltung und Charakterisierung von Medien behandelt. Das zweite Kapitel diente einer empirischen Klärung von Annahmen zur Medienverwendung und Mediengestaltung. In diesem Kapitel sollen theoretische und konzeptionelle Ansätze zur Medienverwendung und Mediengestaltung im Mittelpunkt der Betrachtung stehen. Dabei geht es vor allem um folgende Fragen:

(1) Welche Konzepte haben sich im Laufe der Zeit zum grundsätzlichen Verhältnis von Medienverwendung und Unterricht herausgebildet?
(2) Welche lerntheoretischen Grundlagen sind für Medienverwendung und Mediengestaltung bedeutsam?
(3) Wie stellen sich Mediengestaltung und Medienverwendung im Kontext situierten Lernens dar?

Die Ausführungen zu diesen Fragen sollen dazu dienen, Medienangebote sowie Lehr- und Lernprozesse mit Medienverwendung hinsichtlich mediendidaktischer und lerntheoretischer Aspekte einordnen und beurteilen zu können. Außerdem erlauben es die folgenden Überlegungen, sich bei der Verwendung und Gestaltung von Medien bewusst auf konzeptionelle Grundlagen zu beziehen.

3.1 Zum Verhältnis von Unterricht und Medienverwendung: mediendidaktische Konzepte

In der alltäglichen unterrichtlichen Praxis geschieht Medienverwendung häufig intuitiv. Anlass ist nicht selten das seitens des Lehrenden bestehende Problem, einen zu behandelnden Gegenstand oder Sachverhalt lebendig und anschaulich darzustellen. In der Mediendidaktik, die sich allgemein mit der Frage befasst, wie das Lernen mit Hilfe von Medien optimiert werden kann, wird die Medienwahl als ein eigenes Strukturmoment des Lehr-Lernprozesses betrachtet. In diesem Sinne ist für die Medienverwendung im Unterricht zu klären, welche Konsequenzen das jeweils ausgewählte Medium für die Rolle des Lehrenden und der Lernenden sowie für die Unterrichtsgestaltung insgesamt hat.

Die jeweils unterschiedliche Bedeutung der Medienwahl für die Gestaltung von Lehr-Lernprozessen lässt sich besonders gut im Vergleich verschiedener Unterrichtssituationen mit Medienverwendung herausarbeiten.

Im Folgenden werden solche Unterrichtssituationen in Form unterschiedlicher Beispiele beschrieben:

Beispiel 1: Eine Lehrerin stellt den Lernenden in einem Kurs zur gesunden Ernährung Broschüren, eine CD-ROM und mehrere Internetadressen zur Verfügung mit dem Auftrag zu erarbeiten: a) durch welche Merkmale eine gesunde Ernährung gekennzeichnet ist, b) welcher Kalorienwert einzelnen Lebensmitteln zukommt, c) wie viele Kalorien ein vorgegebenes Frühstück hat.

Beispiel 2: Ein Lehrer präsentiert bei einer Unterrichtseinheit über das Leben in Südkorea nach einer kurzen Einführung ein ca. 20-minütiges Videoband, auf dem verschiedene Situationen aus dem Alltag in Südkorea dargestellt sind. Anschließend werden Unterschiede und Gemeinsamkeiten zum Leben in Deutschland herausgearbeitet.

Beispiel 3: In einem Kurs zum Impressionismus stellt die Lehrerin verschiedene Bildbände, zwei CD-ROMs sowie verschiedene Internetadressen von Museen bereit, in denen es Informationen zu wichtigen Werken und zu verschiedenen Fragen zum Impressionismus gibt. Die Lernenden sollen Fragen, die sie interessieren, zusammenstellen, aus den Bildbänden entsprechende Informationen erarbeiten und die CD-ROMs sowie die Internetadressen für virtuelle Erkundungen nutzen.

Beispiel 4: Ein Lehrer stellt seinen Schülerinnen und Schülern das Regierungssystem in den USA vor und unterstützt seine Ausführungen durch einzelne computergestützte Power-Point-Präsentationen.

Beispiel 5: Schülerinnen und Schüler einer beruflichen Schule arbeiten sich mit Hilfe eines computerbasierten Lernprogramms in ein neues Produktionsverfahren und die Handhabung der Produktionsmaschinen ein.

Es stellt sich die Frage, wodurch sich die verschiedenen Unterrichtssituationen mit Blick auf das grundsätzliche Verhältnis von Medienverwendung und Lehr-Lernprozess unterscheiden. Im Einzelnen geht es um die Fragen:

- *Welche Gesichtspunkte können für die Unterscheidung verschiedener Verwendungssituationen herangezogen werden?*
- *Wie kann man die unterschiedlichen Verwendungssituationen typisieren bzw. welchen Konzepten kann man sie zuordnen?*

Eine entsprechende Einordnung lässt sich mit der Beantwortung folgender Fragen vornehmen:

1. Nach welchen Aspekten lassen sich Medienverwendungssituationen im Unterricht generell unterscheiden?
2. Welche Konzepte haben sich im Laufe der Zeit herausgebildet?

Die Auseinandersetzung mit diesen Fragen schafft zugleich die Möglichkeit, Konsequenzen der gewählten Medienverwendung für die Aufgabe der Lehrperson sowie für die Erwartungen an die Schülerinnen und Schüler einzuschätzen.

3.1.1 Gesichtspunkte für die Klassifizierung von Unterrichtssituationen mit Medienverwendung

Ein früher Ausdruck der Überlegungen, in welcher Form die zu lernenden Inhalte an Lernende herangetragen werden sollen und welche Hilfsmittel für das Lernen geeignet erscheinen, ist das von COMENIUS (1658) herausgegebene bebilderte Lehrbuch »Orbis sensualium pictus« (»Die sichtbare Welt«). Auch in der Folgezeit haben Pädagoginnen und Pädagogen immer wieder über geeignete Anschauungsmittel für das Lehren und Arbeitsmittel für das Lernen nachgedacht (vgl. DÖRING 1969). Allerdings blieben die Überlegungen zunächst der Methodik des Lehrens zugeordnet. Erst als HEIMANN (1962) unter dem Eindruck der zunehmenden Bedeutung elektronischer Massenmedien die Medienwahl – neben den Intentionen, der Thematik und der Methodik sowie den anthropogenen und sozial-kulturellen Voraussetzungen – als eigenes Strukturmoment des Lehrens und Lernens auswies, entwickelte sich in der Bundesrepublik Deutschland eine eigenständige Mediendidaktik (vgl. DOHMEN 1973). Im Rahmen einer solchen Mediendidaktik lassen sich verschiedene Klassifizierungsversuche zu mediendidaktischen Konzepten ausmachen (vgl. FLECHSIG 1976; HAGEMANN/TULODZIECKI 1978).

Gesichtspunkte für die Klassifizierung können u. a. sein:

- ob der Grad der Festlegung des Lehr-Lernprozesses durch die Medien eher hoch oder eher gering ist,
- ob die Planung eher beim Lehrenden oder bei einem externen Entwicklungsteam oder bei den Lernenden liegt bzw. inwieweit die Lernenden in die Planung einbezogen werden,
- welche Aufgaben dem Lehrenden zukommen,
- welche Art des Lernens von den Lernenden erwartet wird: ob es sich eher um rezeptives, reaktives, dialogisches, selbsttätiges oder selbstständiges Lernen handelt.

Auf der Basis dieser Gesichtspunkte kann man fünf unterschiedliche mediendidaktische Konzepte unterscheiden: das Lehrmittelkonzept, das Arbeitsmittelkonzept, das Bausteinkonzept, das Systemkonzept und das Lernumgebungskonzept. Diese Konzepte sollen im Folgenden kurz vorgestellt werden.

3.1.2 Das Lehrmittelkonzept

Das *Lehrmittelkonzept* umfasst vor allem die Verwendung einzelner visueller Medien, z. B. von Landkarten, Bildtafeln, Fotografien, Diapositiven und Arbeitstransparenten. Die Verwendung dieser Medienangebote ist dadurch charakterisiert, dass die Lehrenden sie – je nach den Erfordernissen – flexibel in den Lehrprozess einfügen können. Die Flexibilität bezieht sich sowohl auf die Funktion im Lehrprozess als auch auf die Aufgabenstellungen und Kommentierungen, die sich damit verknüpfen lassen. Man kann solche Medienangebote mit Hilfsmitteln vergleichen, die den Lehrenden für das Lehren zur Verfügung stehen.

Dieses Konzept der Medienverwendung beruht auf der Annahme, dass es die Aufgabe der Lehrenden ist, den Lehrprozess zu planen, geeignete Medienangebote auszuwählen sowie den dann folgenden Lernprozess zu steuern. Lernen soll sich vor allem so vollziehen, dass die Lernenden Dargebotenes aufnehmen und auf Fragen der Lehrenden reagieren. Insofern kommt den Lernenden vorwiegend eine rezeptive und reaktive Rolle zu.

3.1.3 Das Arbeitsmittelkonzept

Schon COMENIUS (1657) und später auch PESTALOZZI (1820) haben darauf aufmerksam gemacht, dass Materialien, die das Lernen unterstützen können, nicht nur als Lehrmittel in der Hand der Lehrenden, sondern auch als Lernmittel für die Hand des Lernenden entwickelt werden können. Dieser Gedanke wurde vor allem zu Beginn des 20. Jahrhunderts in der Reformpädagogik aufgenommen. Unter der allgemeinen reformpädagogischen Intention, vom Lernenden auszugehen und seine Spontaneität und Aktivität zu entfalten, wurden Materialien für das Lernen als Arbeitsmittel verstanden. Solche Arbeitsmittel können Lernmaterialien sein, wie sie in der Montessori-Pädagogik Verwendung finden – etwa Karten, auf die Buchstaben aus Sandpapier aufgeklebt sind, wobei das Kind zur Vorbereitung von Schreiben und Lesen mit Zeige- und Mittelfinger fühlend über die Buchstaben fährt und dabei die entsprechenden Buchstaben ausspricht (vgl. MONTESSORI 1922). Arbeitsmittel können jedoch auch als komplexere schriftliche Aufgabenstellungen oder Anweisungen gestaltet sein, die von Kindern, Jugendlichen oder Erwachsenen unter Rückgriff auf unterschiedliche Quellen, z. B. geografische Karten, historische Quellenbücher oder wirtschaftliche Statistiken, selbsttätig zu bearbeiten sind (vgl. PARKHURST 1927). Darüber hinaus können Materialien auch als Werkmaterialien bereitgestellt werden, etwa ein Setzkasten mit Buchstaben, mit denen ein Text gestaltet und gedruckt werden kann (vgl. FREINET 1946).

Beim Arbeitsmittelkonzept erfolgt in der Regel eine Bindung der Lernenden durch ausdrückliche oder materialimmanente Aufgaben. Die Lehrenden strukturieren über Materialien und Aufgaben das Lernumfeld, während die Lernenden im Rahmen der Vorgaben aktiv werden sollen. Die Lehrenden haben die Aufgabe, Materialien zu gestalten und bereitzustellen, zur aufgabenbezogenen Auseinandersetzung mit dem Material anzuregen sowie die Lernenden zu beobachten und ihnen – wenn nötig – zu helfen. Den Lernenden obliegt es, im Rahmen der Aufgabenstellung selbsttätig zu agieren, wobei ihnen – je nach konzeptioneller Umsetzung – bis zu einem gewissen Grad auch die Auswahl der Aufgaben überlassen bleibt. Darüber hinaus stellen sie unter Umständen eigene Materialien, z. B. einen Text, selbst in produktiver Weise her.

3.1.4 Das Bausteinkonzept

Mit der Entwicklung der komplexeren Medien Film, Hörfunk, Tonbildreihe und Fernsehen sowie dem Versuch, diese für Lehr-Lernzwecke zu verwenden, veränderte sich der Stellenwert von Medien in Lehr- und Lernprozessen. Lehrfilme, Tonbildreihen oder Bildungssendungen weisen neben inhaltlichen Aussagen eine zeitliche und didaktische Struktur auf, die dem Lehr-Lernablauf nicht ohne weiteres angepasst werden kann. Insofern haben Medienangebote dieser Art weniger den Charakter von »Hilfsmitteln« in der Hand der Lehrenden oder von Arbeitsmitteln in der Hand von Lernenden, sondern eher von »Bausteinen« für Lehr-Lernprozesse. Dieser Sachverhalt führte in der mediendidaktischen Diskussion dazu, eine entsprechende Medienverwendung unter dem Begriff des *Bausteinkonzepts* zusammenzufassen. Das Bausteinkonzept ist mit dem Anspruch verknüpft, bestimmte Lehrfunktionen auf mediale Angebote zu übertragen und die Lehrenden dadurch für einzelne Phasen des Lehr-Lernprozesses zu entlasten.

In der Bundesrepublik Deutschland hatte das Bausteinkonzept vor allem in den sechziger und siebziger Jahren große Bedeutung. Diese Zeit war u.a. durch eine zunehmende Produktion von Unterrichtsfilmen, Diareihen und Tonmedien durch das Institut für Film und Bild in Wissenschaft und Unterricht (FWU) gekennzeichnet sowie durch die Weiterentwicklung des Schulfunkangebots und die Neuentwicklung eines Schulfernsehangebots durch mehrere Rundfunkanstalten der Arbeitsgemeinschaft der öffentlich-rechtlichen Rundfunkanstalten der Bundesrepublik Deutschland (ARD). Beim Bausteinkonzept liegt die Lehrplanung (bezogen auf die zu produzierenden Bausteine) bei zentralen Entwicklungsteams in der jeweiligen Produktionseinrichtung und (bezogen auf die unterrichtliche Durchführung) bei den Lehrenden vor Ort. Die unterrichtliche Durchführung erfordert von den Lehrenden eine sorgfältige Analyse und Kritik der angebotenen Bausteine sowie ihre Einordnung in das Lehr-Lerngeschehen im Hinblick auf Lernvoraussetzungen, Lehrziele, Lehrinhalte sowie Lehrmethoden (vgl. z.B. HAGEMANN/TULODZIECKI 1978). Von den Lernenden wird zunächst ein rezeptives oder reaktives Lernen erwartet. Bei vorbereitenden und nachbereitenden oder weiterführenden Phasen zum Medieneinsatz sind auch dialogisches und selbsttätiges Lernen denkbar.

3.1.5 Das Systemkonzept

Die Orientierung am Bausteinkonzept wurde im Laufe der sechziger Jahre überlagert durch die Rezeption angloamerikanischer Ansätze zur Programmierten Unterweisung sowie zur Entwicklung von Lehrmaschinen und Medienverbundsystemen. Diese Ansätze wurden im deutschsprachigen Raum zum Teil übertragen, zum Teil kritisiert und weiterentwickelt, und zwar im Rahmen eines Konzepts, das man als *Systemkonzept* bezeichnen kann. Kennzeichen dieses Konzepts ist der Versuch, möglichst sämtliche Komponenten zu erfassen, die für Lehr-Lernprozesse wichtig sind, um auf dieser Basis Lehrsysteme bereitzustellen, die das Lehren mehr oder weniger vollständig übernehmen sollen. Die entsprechenden Überlegungen trafen u.a. aufgrund des Lehrermangels sowie einiger als notwendig erachteter curricularer Innovationen zum Ende der sechziger und zum Beginn der siebziger Jahre in der Bundesrepublik Deutschland auf fruchtbaren Boden.

Bei diesem Konzept wird die Lehrplanung vorab von zentralen Entwicklungsteams in kultusministeriellen Einrichtungen, in Rundfunkanstalten oder in Verlagen geleistet. Den Lehrenden bleibt die Auswahl der Lehrsysteme bzw. die Entscheidung über ihren Einsatz, die Organisation sowie die Beratung der Lernenden überlassen. Von den Lernenden wird im Wesentlichen ein rezeptives und reaktives Lernen erwartet, wobei selbsttätiges Lernen möglich ist.

Allerdings konnten sich im schulischen Alltag weder Lehrmaschinen durchsetzen noch umfangreiche Medienverbundsysteme mit aufeinander abgestimmten Schulfernsehsendungen, Lehrprogrammbüchern und Arbeitsblättern, wie sie etwa für die Einführung der Mengenlehre sowie für das Sprachenlernen entwickelt worden waren. Bei ihrer Anwendung zeigten sich zahlreiche Probleme wie die externe Bestimmung des Unterrichts, die Schwierigkeit, für heterogene Zielgruppen ein gemeinsames Programm zu planen, die Vernachlässigung sozialer Bedürfnisse, der mangelnde Einbezug der letztlich für den Lehr-Lernprozess verantwortlich bleibenden Lehrenden sowie ein eingeschränktes Zweck-Mittel-Denken (vgl. TULODZIECKI 1974).

Angemessener als in der Schule ist die Verwendung von Medienverbundsystemen im außerschulischen Bereich bzw. im Bereich der Erwachsenenbildung. Dort sind einzelne Beispiele anzutreffen, etwa das Telekolleg, bei dem Erwachsene die Fachhochschulreife erwerben können. Dabei wird das Lernen mit Fernsehen und mit Arbeitsbüchern sowie mit anderen Arbeitsmaterialien (seit einiger Zeit z.B. auch mit Software) durch Kollegtage im Sinne sozialer Lernphasen ergänzt. Hinzu kommen – ebenfalls seit einiger Zeit – Newsgroups. Weitere Beispiele für das Systemkonzept sind Fernstudienkurse von Universitäten oder Erwachsenenbildungseinrichtungen.

3.1.6 Das Lernumgebungskonzept

Neben den genannten Konzepten hat sich ein weiteres Konzept entwickelt, das man in Abhebung von den bisherigen Konzepten als *Lernumgebungskonzept* bezeichnen kann. Grundlegend für dieses Konzept ist die Forderung, dass Lernen nicht als Prozess der Vermittlung von Kenntnissen, Fähigkeiten und Fertigkeiten von einem Lehrenden oder einem Lehrsystem an Lernende zu betrachten ist. Lernen soll vielmehr als aktive Auseinandersetzung von Lernenden mit ihrer Lernumgebung gestaltet werden. Elemente einer solchen Lernumgebung können u.a. verschiedene mediale Angebote sein – von der Zeitung bis zum Internet. Eine Variante des Lernumgebungskonzepts stellt z.B. die Arbeit mit Datenbeständen oder mit offenen Lehrsystemen oder mit Experimentier- und Simulationsumgebungen dar. Dabei entwickeln die Lernenden entweder selbst themenbezogene Fragestellungen oder sie werden mit komplexen Aufgaben konfrontiert wie etwa der Planung einer Studienreise oder schwierigen Entscheidungsfällen. Zu wichtigen Fragen erhalten sie u.U. durch Simulationsprogramme Rückmeldungen, die helfen können, die Entscheidungen zu optimieren. Insgesamt geht es beim Lernumgebungskonzept darum, dass Lernende in der Auseinandersetzung mit komplexen Aufgaben Analysen durchführen und eigenständige Lösungen erarbeiten, wobei sie die Informationen, die sie zur Bearbeitung der Aufgabenstellung benötigen, selbstständig in Interaktion mit ihrer Lernumgebung erarbeiten, z.B. durch Zugriff auf Bücher, auf Ton- und Bildträger verschiedener Art oder durch die Nutzung von CD-ROMs und Internetangeboten. Im Rahmen des Lernumgebungskonzepts können Lernende auch eigene mediale Produkte herstellen, z.B. eine Broschüre, einen Satz von Arbeitstransparenten, einen Videobeitrag oder verschiedene Web-Seiten.

An der Planung von Lehr- und Lernprozessen sind beim Lernumgebungskonzept sowohl die Lehrenden als auch die Lernenden beteiligt. Die Lehrenden sind für die Anregung zur Auseinandersetzung mit komplexen Themen- und Aufgabenstellungen, für eine Vorauswahl von geeigneten Medienangeboten und ihre Bereitstellung sowie für die Lernberatung und -unterstützung zuständig. Von den Lernenden wird ein selbstständiges Vorgehen erwartet, das auch eine sinnvolle Erweiterung der Lernmaterialien, die eigene Entwicklung von Fragestellungen sowie eine eigene Erstellung medialer Beiträge umfassen kann.

Die obige Darstellung bietet die Möglichkeit, Lernsituationen nach ihrem grundsätzlichen Verhältnis von Medienverwendung und Lehr-Lernprozess einzuordnen. Eine solche Einordnung können Sie nun mit entsprechenden Begründungen für die eingangs dargestellten Unterrichtssituationen vornehmen.

3.2 Lerntheoretische Grundlagen der Medienverwendung und Mediengestaltung

Sieht man die Kataloge bekannter Verlage von Lernsoftware durch, dann fällt auf, dass den Softwareangeboten sehr unterschiedliche Konzeptionen zugrunde liegen können (vgl. auch Abschnitt 1.4).

Hinter den offenbar unterschiedlichen Konzeptionen der Softwareprodukte steht – ob nun reflektiert oder nicht – eine jeweils eigene Auffassung darüber, wie menschliches Lernen vor sich geht bzw. gehen sollte. Um diese Auffassungen identifizieren zu können und gegebenenfalls eigene Medienentscheidungen bewusst treffen zu können, ist es sinnvoll, sich mit lehr-lerntheoretischen Grundpositionen auseinander zu setzen.

So kann durch den jeweiligen lerntheoretischen Ansatz einer Software schon von vornherein bestimmt sein, ob das entsprechende Medienangebot sich überhaupt für den Einsatz im schulischen Unterricht eignet, in welcher Art von Unterricht der Einsatz sinnvollerweise geschehen sollte, welche Unterrichtsphasen mit der Software unterstützt werden können und welche lernrelevanten Anforderungen das Programm an die Nutzer stellt. In diesem Sinne kommt entsprechenden Analysen bei der Auswahl von Software eine besondere Bedeutung zu.

Beispielsweise könnte ein Lehrer bei der Suche nach geeigneter Software auf die Lernsoftware »Blitzrechnen« für das 3. und 4. Schuljahr (HEUREKA KLETT 1998) *stoßen und eine Lehrerin auf die Lernsoftware »Wasser und Eis«* (FRATER 2000). *Für beide Lehrpersonen empfiehlt es sich, die jeweilige Lernsoftware hinsichtlich der mit ihr verbundenen Annahmen zum Lernen in den Blick zu nehmen.*

Zunächst sollen die beiden Medienangebote näher charakterisiert werden:

Beispiel: Blitzrechnen

Das Programm ist für das 3. und 4. Schuljahr konzipiert. Es dient »hauptsächlich der *Automatisierung* der einzelnen Blitzrechenfertigkeiten« (vgl. Beiheft, S. 7). Fertigkeiten im Kopfrechnen gelten als Grundlage für weiterführende »entdeckende Lernprozesse« (vgl. Beiheft, S. 4).

Auf der Eingangsseite kann zunächst der entsprechende Jahrgang gewählt werden. Es erscheint die in Abbildung A gezeigte Pyramide aus zehn roten Plättchen, hinter denen sich jeweils verschiedene Übungen zur Orientierung im Millionenraum, zur halbschriftlichen Multiplikation und Division und zum Überschlagsrechnen verbergen.

Das Menü ist einfach zu handhaben und wird durch Anklicken des Fragezeichens von einer Kinderstimme erklärt: Mit dem Schlüssel kann man das Programm »schließen«. Mit der Sprechblase kann darüber entschieden werden, ob das Programm in Deutsch oder Englisch präsentiert werden soll; außerdem kann hier die Lautstärke geregelt werden. Die Pfeiltaste schließlich ermöglicht den Wechsel in den Übungsbereich des 3. Schuljahres.

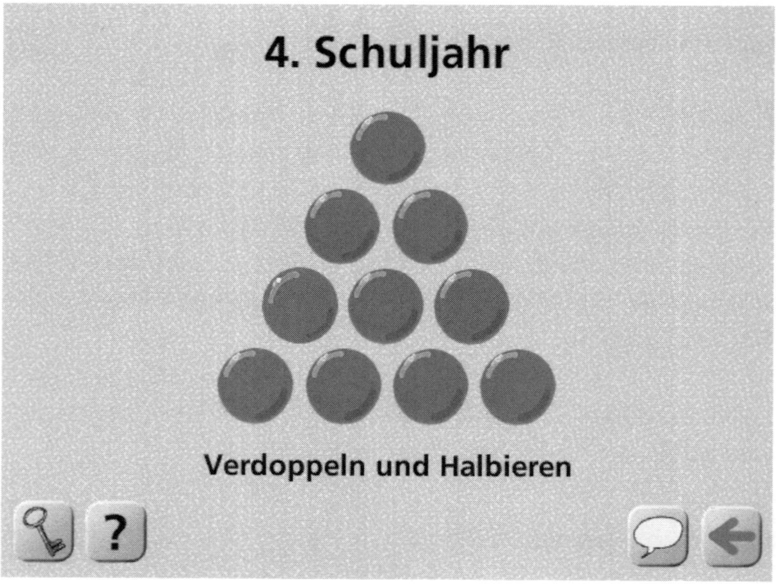

Darstellung 3.2.1: *Blitzrechnen - Übungsauswahl*

Wählt man die Übung »Verdoppeln und Halbieren« aus, erscheinen zunächst ein ansprechendes Hintergrundbild und ein neues Menü (s. Darstellung 3.2.2), das wieder durch Anklicken des Fragezeichens erklärt wird: Die Plättchenpyramide führt zurück zur Übungsauswahl. Hinter den fünf angedeuteten Stufen finden sich Variationen des Themas, und zwar können auf der ersten und zweiten Stufe Aufgaben zum Verdoppeln, auf der dritten und vierten Stufe Aufgaben zum Halbieren gelöst werden. Die fünfte Stufe ist die Wettkampfstufe (mehr dazu unter Darstellungen 3.2.3 und 3.2.4). Wird der Blitz angeklickt, erscheint die auszufüllende Aufgabenleiste:

Darstellung 3.2.2: *Blitzrechnen - Beispiel einer Übung*

Ist das notierte Ergebnis richtig, erscheint automatisch die nächste Aufgabe, woran der Lernende erkennen kann, dass er die Aufgabe richtig gelöst hat. Ist das notierte Ergebnis falsch, schiebt sich ein freundlicher, auffordernd blinzelnder Igel in den rechten Bildrand. In schwierigen Übungen wird bei mehrfach falsch eingegebenem Resultat eine optische Hilfestellung eingeblendet. Die richtige Lösung wird im Programm »Blitzrechnen« jedoch in keinem Fall »verraten«. Nach einer Zeit des Übens erscheint ein »Igelspaß«, d.h. eine bunte, fröhliche Animation wandert über den Bildschirm, und es wird die Möglichkeit eröffnet, das Gerechnete auszudrucken.

Auf der Wettkampfstufe wird die Zeit gemessen, die der Übende braucht, um eine Serie von gemischten Aufgaben zu lösen:

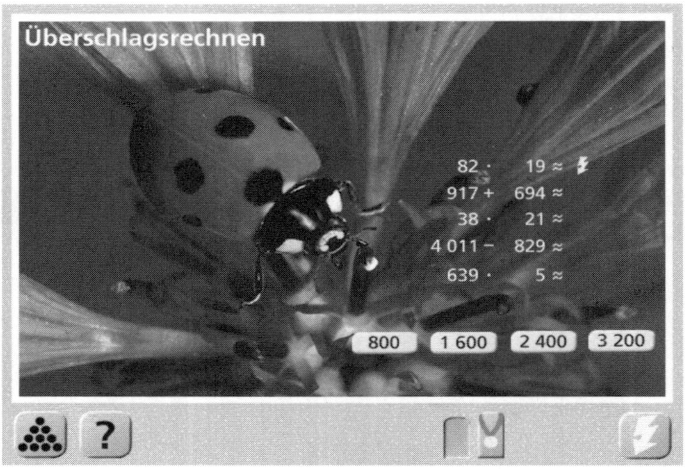

Darstellung 3.2.3: *Blitzrechnen - Wettkampf*

Die Zeit wird unter dem Namen des Übenden abgespeichert und mit der Übungsdauer anderer Wettkampfteilnehmer verglichen. Auf diese Weise werden die zehn »schnellsten Rechner« ermittelt. Gehört der Übende dazu, erhält er eine Glückwunschnachricht (s. Darstellung 3.2.4). Die jeweilige Rangliste ist über den Button »Siegertreppchen« (s. Darstellung 3.2.3) abrufbar.

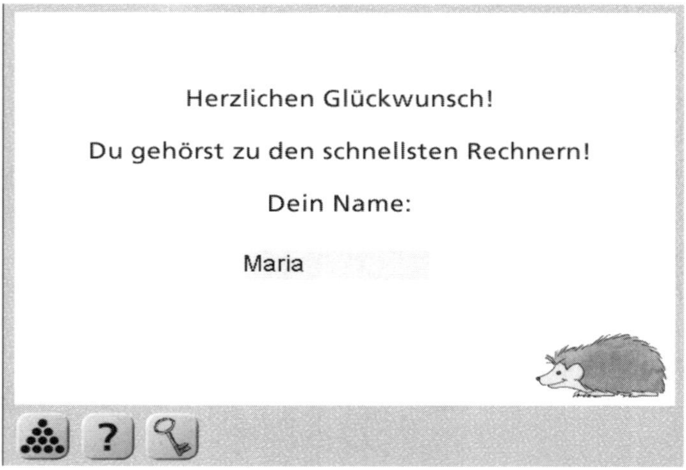

Darstellung 3.2.4: *Blitzrechnen - Belohnung*

Beispiel: Wasser und Eis

Nach einem etwa 5-minütigen Intro, das einen Überblick über die Vielfältigkeit des Themas »Wasser und Eis« gibt, erscheint die Eingangsseite des Programms mit Hauptmenü (s. Darstellung 3.2.5).

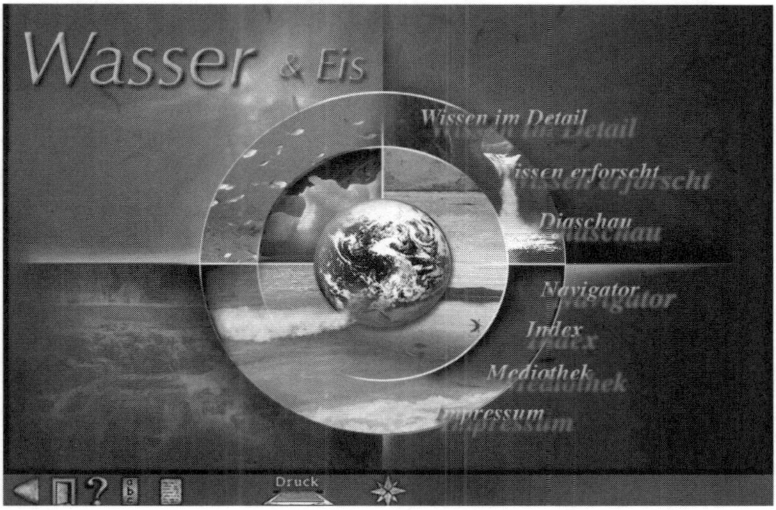

Darstellung 3.2.5: *Wasser und Eis - Eingangsseite*

Die Inhalte des Medienangebots werden in drei Abteilungen auf unterschiedliche Weise dargeboten. Die Abteilung »Wissen im Detail« bietet innerhalb der vorgegebenen Themengebiete geschriebene und gesprochene Texte, Bilder und Grafiken in loser Folge. Die im jeweiligen Themengebiet behandelten Einzelthemen können vom Programmnutzer beliebig angeklickt werden. In der Abteilung »Wissen erforscht« werden Pakete von Einzelthemen als Vorschlag zur Bearbeitung eines Themengebietes in inhaltslogischer Abfolge präsentiert. Hier findet man auch Videosequenzen, Animationen und Simulationen zur Illustration von Vorgängen. In der »Diaschau« sind die Einzelthemen der jeweiligen Themengebiete überblicksartig zusammengestellt.

Klickt man auf die Abteilung »Wissen im Detail«, erscheint ein Bild gemäß Darstellung 3.2.6:

Darstellung 3.2.6: *Wasser und Eis - Themengebiete*

Die hier aufgeführten Themengebiete »Einführung«, »Wasser der Erde«, »Gewässeranalytik«, »Eigenschaften«, »Wassernutzung und Konflikte«, »Energie«, »Ökologie«, »Hydrologie« und »Lebensgrundlagen« erscheinen ebenso, wenn man die Abteilungen »Wissen erforscht« und »Diaschau« benutzt.

Über den Navigator-Button – symbolisiert durch den Kompass – erhält der Nutzer eine Übersicht über die Strukturierung der Programminhalte und kann von hier aus ein Thema direkt auswählen (s. Darstellung 3.2.7).

Wie Darstellung 3.2.7 zeigt, gelangt man über die Abteilung »Wissen im Detail« z.B. zum Themengebiet »Gewässeranalytik«. Es erscheint ein einführender Text, der über die Leiste am linken Bildrand zu scrollen ist (s. Darstellung 3.2.8). Die unterstrichenen Textstellen kann man als Links zu einer anderen Themeneinheit innerhalb des Programms bzw. zur Website einer Vertriebsfirma für Labortechnik nutzen. Auf der Menüleiste weist der Button »Text« darauf hin, dass der geschriebene Fließtext in die Zwischenablage des Computers gespeichert und vom Programmnutzer weiter verwendet werden kann. Außerdem ist es möglich, das Bild durch Anklicken zu vergrößern und über den »Druck«-Button auszudrucken. Schließlich können Text *und* Bild gemeinsam herauskopiert

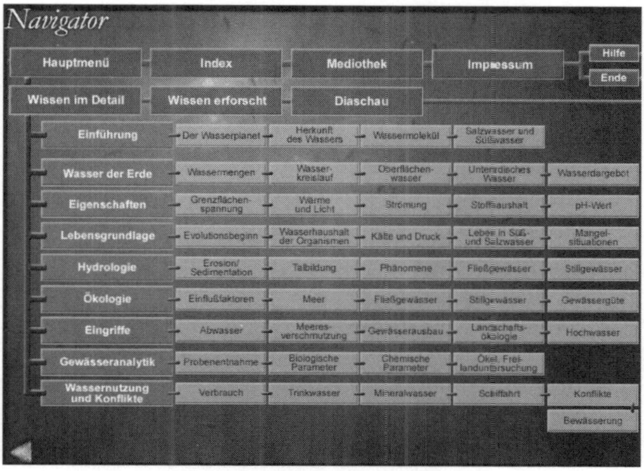

Darstellung 3.2.7: *Wasser und Eis - Einzelthemen*

und mit anderen Texten und Bildern des Programms per Monitor-Button zu einer Präsentation zusammengestellt werden. Diese Präsentation kann man dann gesondert starten und z. B. im Unterricht vorführen.

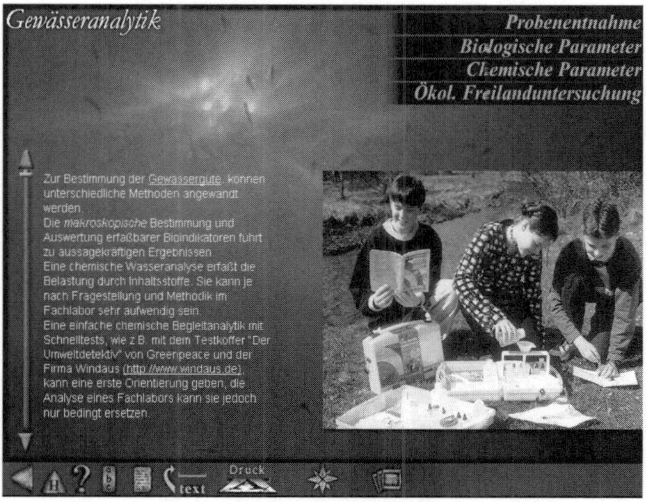

Darstellung 3.2.8: *Wasser und Eis - »Gewässeranalytik«*

In der Abteilung »Wissen erforscht« findet man z. B. unter dem Thema »Gewässeranalytik« eine Simulation, die die Vorgehensweise bei einer Gewässerprobe nachvollziehbar macht (s. Darstellung 3.2.9):

Darstellung 3.2.9: *Wasser und Eis - Gewässerprobe*

Der Probenkoffer öffnet sich durch Anklicken und gibt die wichtigsten Probeutensilien frei. Diese können, wie in den Arbeitsanweisungen formuliert, auf verschiedene Stellen im Flusslauf gezogen werden. Der Flusslauf ist von der Quelle bis zur Mündung zu sehen, wenn man den Probenkoffer und die Arbeitsschritte wegklickt und den Bildausschnitt verschiebt.

Die Mediothek gibt Auskunft über benutzte Quellen und weist zugleich über die im Programm verarbeiteten Informationen hinaus. Auf dem Regalbrett können zwei Bücher angeklickt werden, die Verzeichnisse der im Programm verwendeten und bei den beteiligten Verlagen Springer und Klett-Perthes erschienenen Literatur zum Thema enthalten. Außerdem gibt es dort ein Buch mit den Internetadressen der Personen und Institutionen, die an der Entste-

Darstellung 3.2.10: *Wasser und Eis - Mediothek*

hung des Programms beteiligt waren. Durch Anklicken der Videokassetten erhält man die im Programm verwendeten Videosequenzen auf einen Blick. Unter »Aktionen« sind die im Programm verwendeten Animationen zusammengestellt. Die »Internetlinks« verweisen auf Websites nationaler und internationaler Institutionen wie Arbeitsgemeinschaften und Informationssysteme, Umweltschutz-Organisationen, Katastrophenschutz, Forschungsanstalten und Ministerien.

Im Hinblick auf diese Beispiele stellen sich – im Zusammenhang mit den Eingangsüberlegungen – zwei Fragen:

- *Welche Annahmen zum Lernen sind mit der jeweiligen Lernsoftware verbunden?*
- *Wie lassen sich die Annahmen einordnen bzw. welchen lehr-lerntheoretischen Grundpositionen lassen sie sich zuordnen?*

Diese Fragen können mit Rückgriff auf folgende Klärungen beantwortet werden:

1. Welche lerntheoretischen Grundpositionen zur Mediengestaltung und Medienverwendung lassen sich generell unterscheiden?
2. Wodurch sind die einzelnen Grundpositionen gekennzeichnet?

Bezogen auf die erste Frage können die folgenden lerntheoretischen Grundpositionen unterschieden werden:

a) behavioristische Grundorientierung,
b) kognitionstheoretische Grundorientierung,
c) konstruktivistische Grundorientierung.

Als Zwischenpositionen lassen sich Vorstellungen vom Modelllernen und vom situierten Lernen charakterisieren.

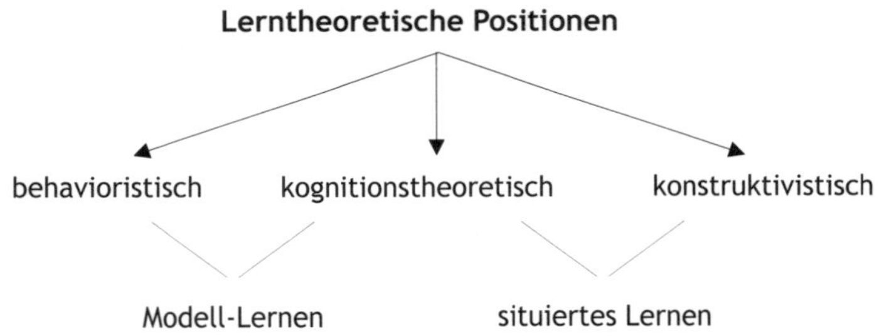

Darstellung 3.2.11: *Lerntheoretische Positionen*

Im Folgenden werden wir zunächst die Grundpositionen und das Modelllernen darstellen. Später gehen wir auf Ansätze zum situierten Lernen ein (vgl. Abschnitt 3.3).

3.2.1 Behavioristische Orientierung

In der behavioristischen Tradition der Lernpsychologie wird Lernen als ein Vorgang aufgefasst, bei dem das Verhalten des Individuums durch äußere Hinweisreize und Verstärkungen gesteuert und kontrolliert werden kann. Gegenstand der Betrachtungen ist allein das beobachtbare Verhalten (vgl. z. B. GAGE/BERLINER 1979, S. 79ff.). All das, was sich zwischen Reizen (als unabhängiger Variable) und Reaktionen (als abhängiger Variable) im Organismus des Lernenden abspielt, wird als interner Prozess einer Blackbox zugeschrieben, die der Beobachtung nicht zugänglich ist. Phänomene wie Bewusstsein, seelisch-emotionales Befinden usw. spielen keine Rolle, sondern nur ihre möglichen Ausdrucksformen als beobachtbares Verhalten wie etwa Furchtreaktionen.

Die behavioristisch ausgerichteten Ansätze zur Erklärung des Lernens lassen sich grob in die klassische Konditionierung (respondentes Lernen, Signallernen) und die operante Konditionierung (instrumentelles Lernen) unterteilen. Im Zusammenhang der lerntheoretischen Grundpositionen zur Mediengestaltung und Medienverwendung ist insbesondere die operante Konditionierung relevant (vgl. SKINNER 1953). Die Grundannahme ist dabei, dass bestimmte Verhaltensweisen in Abhängigkeit von ihren Konsequenzen ausgewählt werden und die Auftretenswahrscheinlichkeit einer Verhaltensweise damit zusammenhängt, ob die Konsequenzen als angenehm oder als unangenehm empfunden werden. So kann beispielsweise angenommen werden, dass die Bereitschaft eines Lernenden, eigene Ergebnisse im Unterricht zu präsentieren, steigt, wenn er für diese Bereitschaft gelobt wird und Anerkennung erfährt. Will man, dass der Lernende dies nur nach Aufforderung tut, ist wichtig, dass der Lernende nur dann gelobt wird (Verstärkung), wenn er sich meldet und der Lehrer ihn auffordert, ein Ergebnis zu präsentieren (diskriminativer Reiz). Das heißt, der Lernende muss wissen, welche Konsequenzen eine operante Verhaltensweise unter bestimmten Bedingungen nach sich zieht (vgl. Darstellung 3.2.12).[1]

Diese Form der behavioristische Orientierung findet sich vor allem in Lehrprogrammen und in Übungsprogrammen (die auch als

[1] Streng genommen müssen die verschiedenen Formen der Verstärkung (primäre Verstärker, sekundäre Verstärker) und entsprechende Verstärkungspläne sowie die Auslöschung (Extinktion) unerwünschten Verhaltens noch differenziert werden. Darauf soll an dieser Stelle der Einfachheit halber verzichtet werden (vgl. z.B. GAGE/BERLINER 1979, S. 79 ff.).

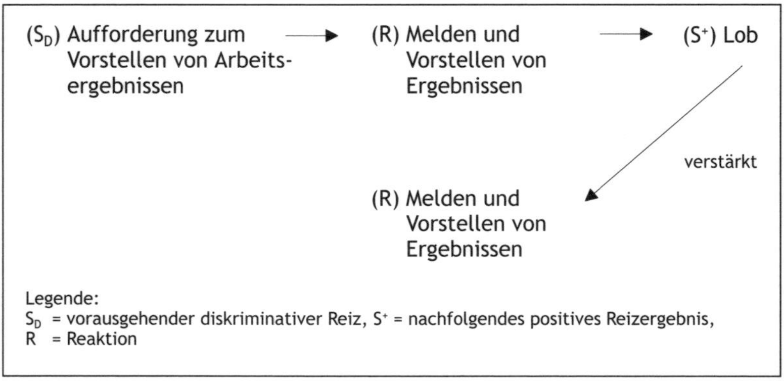

Darstellung 3.2.12: *Beispiel zum operanten Konditionieren/ instrumentellen Lernen*

drill-and-practice-Programme bezeichnet werden). Entsprechend der Grundannahme, menschliches Verhalten könne durch äußere Hinweisreize und entsprechende Verstärkungen beeinflusst werden, bieten die genannten Programme Informationen und Aufgaben als äußere Hinweisreize und bestärken ein erwünschtes Verhalten – in der Regel die richtige Beantwortung von Fragen oder Aufgaben – mit positiven Rückmeldungen. Diese können z.B. in der Vergabe von Punkten, in verbalen Rückmeldungen »richtig«, »gut gemacht« o.ä. bestehen. Wird ein gewünschtes Verhalten nicht gezeigt, legt das Programm die Wiederholung bestimmter Schritte in einer vorgegebenen Weise nahe. Darstellung 3.2.13 zeigt schematisch ein solches Vorgehen in Form eines Ablaufdiagramms. Bei komplexen Lehrzielen werden die dargebotenen Informationen in kleine Einheiten zerlegt und präsentiert. In einem Rechtschreibprogramm könnten auf diese Weise bestimmte Regeln als Informationseinheit präsentiert und anschließend durch das Einsetzen von Wörtern in einen Lückentext überprüft werden. Wenn der Lernende keine Fehler gemacht hat, kann er zur nächsten Lektion fortschreiten, ansonsten bittet das Programm den Lernenden, die Regeln noch einmal durchzuarbeiten, und springt an den Anfang der letzten Lektion zurück. Eine andere Form von Kontrollmustern stellen Multiple-Choice-Fragen dar.

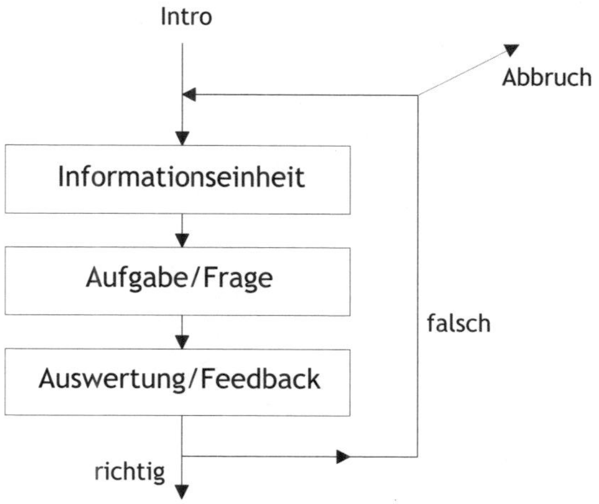

Darstellung 3.2.13: *Strukturierung und Steuerung von Lernprozessen in Tutorials*

3.2.2 Modelllernen

Während die Vertreter der behavioristischen Orientierung sich in ihren Untersuchungen letztlich nur auf das konzentrieren, was als Verhalten beobachtbar ist, interessieren beim so genannten Modelllernen auch Lernprozesse, die nicht unmittelbar im Verhalten zum Ausdruck kommen. So unterscheidet BANDURA Lernen und Verhalten und definiert Lernen als den Erwerb symbolischer Repräsentationen in sprachlicher oder bildhafter Form.

Aus verschiedenen Experimenten zog BANDURA den Schluss, dass aus der Beobachtung eines Verhaltens gelernt wird, indem das beobachtete Verhalten als eine Art erfolgreiches Modell fungiert (vgl. BANDURA/ROSS/ROSS 1963). Das bedeutet, dass z. B. ein positiv belohntes Verhalten vom Beobachter als stellvertretende Verstärkung erfahren wird (vgl. Darstellung 3.2.14). Im Gegensatz zum operanten Konditionieren hat die Verstärkung hier allerdings eine andere Funktion. Sie informiert den Beobachter über den Wert oder die Angemessenheit bestimmter Verhaltensweisen (vgl. MIETZEL 1998, S. 163).

Beobachtungslernen führt nach BANDURA nicht immer zu einer exakten Kopie des beobachteten Verhaltens. Die Lernenden (Beob-

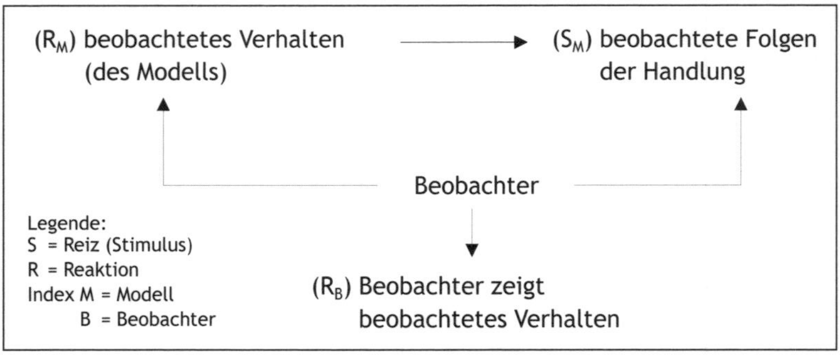

Darstellung 3.2.14: *Modelllernen*

achter) entwickeln allgemeine Schemata oder auch kognitive Strategien, die abstrakter sind als die beobachtete Situation.

Vor dem Hintergrund dieser lerntheoretischen Annahmen kann es im Unterricht beispielsweise hilfreich sein, bestimmte Aktivitäten explizit zu verbalisieren oder zu visualisieren, um sie für Beobachter zugänglich zu machen und die Möglichkeit zu eröffnen, für diese als (erfolgreiches) Modell zu fungieren (vgl. Darstellung 3.2.15). Die Beobachter lernen dann im Sinne einer kognitiven Modellierung (vgl. MIETZEL 1998, S. 165 f.).

Beobachtetes Verhalten wird nach BANDURA kognitiv repräsentiert (z. B. als Schema oder als Strategie) und steht damit für zukünftiges Agieren zur Verfügung. Ob es auch tatsächlich gezeigt wird, hängt u. a. von der Motivation des Lernenden – d. h. von dem Spannungsverhältnis zwischen situativen Anforderungen und dadurch aktivierten Bedürfnissen – in einer bestimmten Situation ab.

Die Theorie des Beobachtungslernens (Modelllernen) lässt sich in verschiedenen Softwaretypen finden bzw. implementieren. So ist es beispielsweise möglich, bei Demonstrationsprogrammen bestimmte Arbeitstechniken als Modelle zu präsentieren, die dann von den Lernenden übernommen werden, weil sie in der Demonstration als erfolgreich erlebt wurden. Dies setzt allerdings zusätzlich voraus, dass die Präsentation der Arbeitstechnik so gehalten ist, dass sie vom Lernenden durch Beobachtung erschlossen und in eigene Handlungsmuster umgesetzt werden kann. Der Lernende muss eine kognitive Repräsentation dieser Technik bilden können. Dazu ist es u. U. hilfreich, bestimmte Arbeitsschritte zusätzlich zu einer abbildhaft-realgetreuen Darstellung in abbildhaft-schematischer oder symbolischer Weise zu codieren.

Im Bereich sozialer Verhaltensmuster finden sich vereinzelt Beispiele offener Lehrsysteme, in denen z. B. für soziale Konflikte Lösungsmuster präsentiert werden, von denen nur solche als erfolgreich dargestellt werden, die bestimmten Anforderungen an Gerechtigkeit, Fairness oder Einfühlungsvermögen und Verantwortungsbereitschaft genügen (vgl. HERZIG/MÜTZE/GREIFF 1995). Hiermit lässt sich die Annahme verbinden, dass durch die Beobachtung solcher Modelle die erfolgreichen Strategien als kognitive Repräsentationen ausgebildet werden.

3.2.3 Kognitionstheoretische Orientierung

Die behavioristische Grundposition sieht den Lernenden als ein durch äußere Reize steuerbares Wesen. In der kognitionstheoretischen Deutung von Lernprozessen wird diese Haltung überwunden zugunsten einer Auffassung, bei der angenommen wird, dass ein Individuum – vor dem Hintergrund seiner Erfahrungen, Kenntnisstände und seines Entwicklungsstadiums – Informationen in selektiver Weise aufnimmt, interpretiert und verarbeitet. Im Gegensatz zum Behaviorismus treten nun die internen Prozesse in den Vordergrund bzw. in den Fokus der Aufmerksamkeit, die die Wahrnehmung, Interpretation und Verarbeitung von Informationen beeinflussen. Der jeweilige Entwicklungs- und Erfahrungsstand des Individuums kann dabei zusammengefasst werden als Gesamtheit der dem Einzelnen zur Verfügung stehenden Wahrnehmungs-, Verstehens-, Deutungs- und Verarbeitungsmuster oder -schemata. Innerhalb der Frage, welche Prozesse beim Lernenden in der Interaktion zwischen Lernmaterial oder Lernumgebung (als externer Bedingung) und der kognitiven Struktur (als interner Bedingung des Lernens) entstehen können oder sollen, lassen sich verschiedene Positionen mit entsprechenden Akzentsetzungen unterscheiden (vgl. TULODZIECKI 1996a, S. 43 ff.).

a) Zunächst kann danach unterschieden werden, ob es schwerpunktmäßig darum geht, eine bestimmte *Wissensstruktur* aufzubauen oder eine *generelle Problemlösefähigkeit* zu entwickeln. Für den Aufbau von Wissensstrukturen stellt sich die Frage, wie interne Prozesse zum Aufbau geordneten Wissens unterstützt werden können. Hierzu zählen z. B. die geordnete Darbietung von Lernmaterialien in Form von strukturierten Übersichten, die Orientierung an Vergleichen, die angemessene Sequenzierung von Lerninhalten oder die Voranstellung von Einordnungshilfen (advance organizer; vgl. AUSUBEL 1963).
   Bei der Entwicklung von Problemlösefähigkeit steht die Frage nach geeigneten prozessbezogenen Lernhilfen und förderlichen Rückmeldungen im Vordergrund.
b) Prozesse der Informationsverarbeitung lassen sich unterscheiden nach der angenommenen Art der *Informationsspeicherung* bzw. *-repräsentation* im Gedächtnis. Hier sind vor allem die Ansätze der Bedeutungsstrukturen, der Doppelcodierung und der mentalen Modelle wichtig (vgl. STRITTMATTER/SEEL 1984).
   - Grundannahme der *Theorie der Bedeutungsstrukturen* ist, dass die Erfahrungen des Individuums (d. h. die subjektiv erlebte Umwelt) in Form von semantischen Netzwerken mental im Gedächtnis repräsentiert werden. Bedeutungsstrukturen werden als Resultat von Lernprozessen entwickelt. Sie erlauben einerseits die Integration neuer (Umwelt-)Erfahrungen an bereits vorhandene Strukturen (Assimilation), andererseits können neue Erfahrungen aber auch dazu führen, dass bereits bestehende kognitive Strukturen verändert werden (Akkommodation). Bedeutungsstrukturen und semantische Netzwerke stellen begriffliche Strukturen dar, die wiederum aus begrifflichen Elementen (den Knoten des Netzwerkes) und ihren Relationen (den Kanten) bestehen. Solche (deklarativen) Einheiten werden als Propositionen bezeichnet und stellen die kleinsten sinnvollen Einheiten bzw. bedeutungsvollen Einheiten dar (vgl. das propositionale Netzwerk in Darstellung 3.2.15).

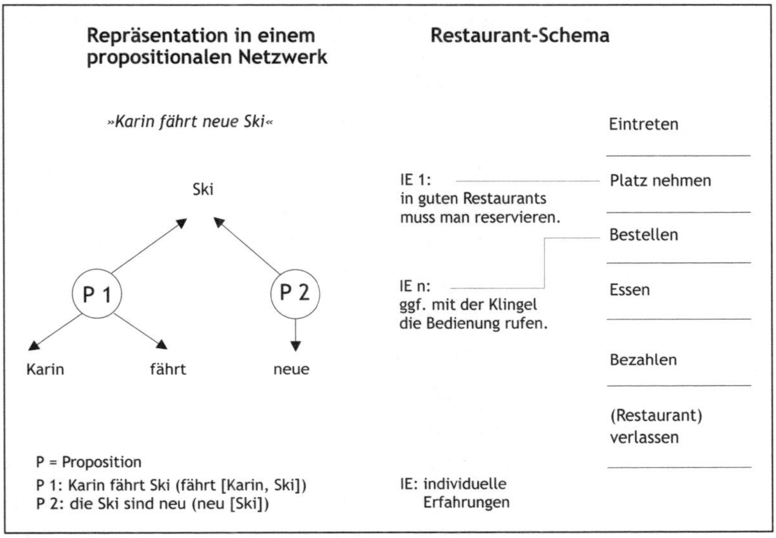

Darstellung 3.2.15: *Beispiel eines propositionalen Netzwerkes und eines Schemas/Skripts (vgl. MIETZEL 1998, S. 216; STRITTMATTER/SEEL 1984, S. 10)*

Unter so genannten Schemata werden Teilsysteme in Netzwerken verstanden. Sie können als Verallgemeinerungen und Schlussfolgerungen aufgefasst werden, die einzelne Erfahrungen und Inhalte übersteigen. Sie repräsentieren prototypisch komplexe Begriffe oder Begriffsstrukturen oder dienen in Form antizipatorischer Schemata dazu, zukünftige Handlungen zu planen und auszuführen (vgl. NEISSER 1976). So kann ein Schema Restaurantbesuch z.B. verschiedene Handlungsabläufe sowie Begriffsstrukturen beinhalten, die es erlauben, sich »angemessen« in einem Restaurant zu verhalten (vgl. Darstellung 3.2.17). Drehbuchartige Handlungsschemata werden auch als Skripte bezeichnet.

- Nach der *Theorie der Doppelcodierung* werden Informationen im (Langzeit-)Gedächtnis neben der nicht-analogen Form auch in analoger Form, d.h. beispielsweise als Bilder, gespeichert. Gemäß PAIVIO (1971, 1986, 1991) fungieren sowohl Vorstellungsbilder als auch semantische Netzwerke als Informationsträger (duales Repräsentationssystem). Die Theorie der Doppelcodierung wird zum Teil auch auf die Hemisphären-Theorie (vgl. ECCLES 1979, S. 264, 276) bezogen, wonach der rechten Gehirnhälfte die Verarbeitung von Sprache und die begriffliche Speicherung, der linken Gehirnhälfte die Verarbeitung und Speicherung von Bildern zugeschrieben wird. Die Hemisphären werden dabei mit Gegensätzen wie rational und intuitiv, verbal und visuell, sequentiell und parallel oder digital und analog attribuiert (vgl. Darstellung 3.2.16; OESER/SEITELBERGER 1988, S. 87).

- In der *Theorie mentaler Modelle* wird angenommen, dass die Repräsentation von bestimmten Wirklichkeitsbereichen oder Problemfeldern nicht an *ein* Zeichensystem gebunden ist, sondern auf unterschiedlichen Zeichensystemen und medialen Darstellungsformen beruht. So bauen mentale Modelle z. B. zu einem großen Teil auf Analogiebeziehungen auf (vgl. COLLINS/GENTNER 1987, S. 243), enthalten Vorstellungsbilder, konzeptuelles Wissen und gespeicherte Wahr-

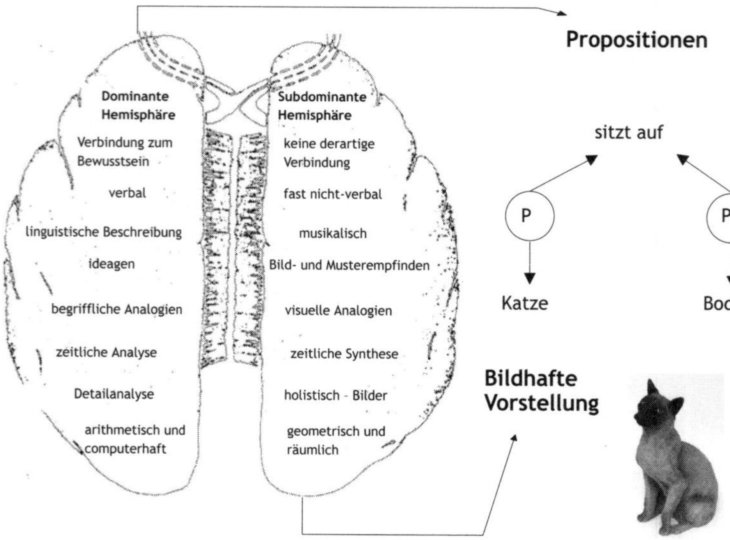

Darstellung 3.2.16: *Eigenschaftszuschreibungen in der Hemisphären-Theorie und Doppelcodierung*

nehmungserlebnisse (Perzepte) (vgl. SEEL 1986). Sie sind dynamisch in dem Sinne, dass das Modell jeweils das Wissen repräsentiert, das bis zum aktuellen Zeitpunkt erworben wurde, und dass neues Wissen bestehende Modelle erweitern und verändern kann (vgl. z. B. DÖRR/SEEL/STRITTMATTER 1986).

Insofern bilden mentale Modelle kohärente Wissenseinheiten bzw. zusammenhängende mentale Repräsentationen von Umweltstrukturen in Netzwerken. Die oben genannten semantischen Netzwerke oder auch Schemata können als Formen mentaler Modelle verstanden werden. Beispielsweise könnte für eine physikalische Betrachtung von Bewegungsabläufen ein mentales Modell gebildet werden. Ein entsprechendes Modell würde dann aktiviert, wenn es darum geht, Bewegungsabläufe zu beschreiben oder vorherzubestimmen (vgl. MCCLOSKEY 1983a; b).

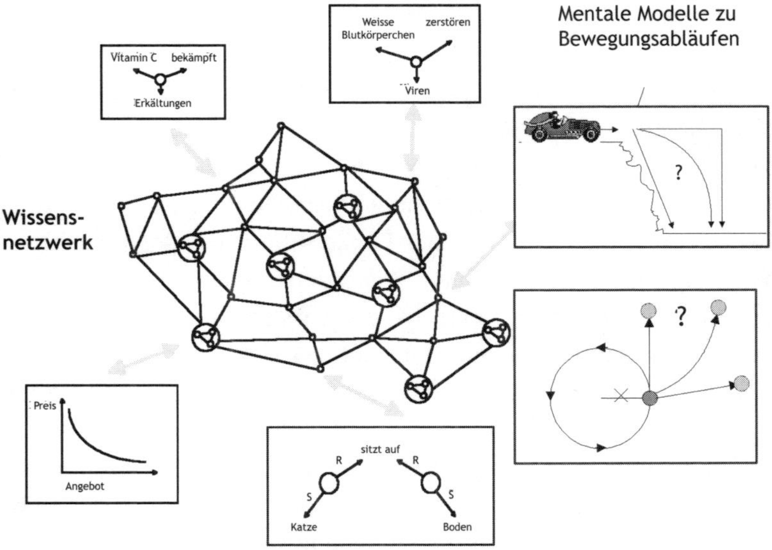

Darstellung 3.2.17: *Mentale Modelle und Wissensnetzwerke (vgl. auch MIETZEL 1998, S. 216)*

c) Eine dritte Unterscheidung kognitionstheoretischer Ansätze schließlich lässt sich danach treffen, ob die *Ausprägung bestimmter bereichsspezifischer kognitiver Strukturen* oder *allgemeine Entwicklungsaspekte* im Vordergrund stehen. Allgemeine entwicklungstheoretische Ansätze beziehen sich z. B. auf die intellektuelle und die sozial-moralische Entwicklung. So beschreiben SCHRODER/DRIVER/STREUFERT (1975) beispielsweise zunächst inhaltsunabhängige Niveaus kognitiver Strukturiertheit oder Komplexität, die ein Individuum als Folge seiner aktiven Auseinandersetzung mit der Umwelt erreichen kann. Ein ähnlicher, ebenfalls kognitionstheoretisch ausgerichteter Entwicklungsgedanke findet sich bei KOHLBERG, der verschiedene Stufen der moralischen Urteilsfähigkeit beschreibt (vgl. 1974, 1981; HERZIG 1998, S. 54 ff.).

Bei allen unterschiedlichen Ansätzen bleibt die Frage wichtig, wie medial präsentierte Informationen kognitiv verarbeitet werden. Für die Beschreibung solcher Verarbeitungsprozesse stellt die generative Theorie multimedialen Lernens von MAYER (1997; 2001) und MAYER/MORENO (1998) eines der heute am häufigsten verwendeten Modelle dar.

Diese Modellvorstellung stützt sich insbesondere auf die generative Theorie WITTROCKS (1989) und die Doppelcodierungstheorie von PAIVIO (1986). Von der generativen Theorie übernimmt MAYER die Annahme, dass die Informationsverarbeitung als ein dreistufiger Prozess der Selektion, der Organisation und der Integration von Informationen stattfindet. Aus der Doppelcodierungstheorie fließt die Annahme in das Modell ein, dass die kognitiven Prozesse in zwei unterschiedlichen Informationsverarbeitungssystemen – einem visuellen und einem verbalen – stattfinden. Der Lernende muss im ersten Schritt aus dem Lernmaterial die relevanten verbal und abbildhaft codierten Informationen auswählen und diese anschließend – getrennt – im Kurzzeitgedächtnis ordnen, z. B. wichtige Begriffe bzw. Objekte. Anschließend werden aus diesen Textelementen und bildlichen Elementen ein verbales mentales Modell und ein visuelles mentales Modell des im Text bzw. Bild bezeichneten Sachverhaltes konstruiert (vgl. MAYER 1997, S. 5). Im letzten Schritt müssen das verbale und das visuelle mentale Modell aufeinander bezogen und miteinander verbunden werden. Dabei kann bereits vorhandenes Wissen (aus dem Langzeitgedächtnis) einfließen (vgl. Darstellung 3.2.18).

Mit Hilfe dieses Modells lassen sich empirische Befunde erklären, nach denen Text-Bild-Kombinationen zu besseren Lernergebnissen führen als nur symbolisch-verbal codierte Informationen (vgl. Abschnitt 2.2).

MAYER nimmt darüber hinaus an, dass der Prozess der Informationsverarbeitung im Arbeitsgedächtnis abläuft. Dieses wird aus zwei Teilsystemen bestehend gedacht, die unterschiedliche Funktionen wahrnehmen und über eine beschränkte Verarbeitungskapazität verfügen. Ein Teilsystem dient der Verarbeitung von visuellen Reizen, das andere der Verarbeitung von akustischen Reizen. Mit Hilfe dieser Annahme lässt sich erklären, dass z. B. visuell und auditiv präsentierte Informationen den Wissenserwerb stärker fördern als die rein visuelle Präsentation, weil dem Lernenden durch die Beanspruchung der beiden Teile des Arbeitsgedächtnisses mehr Kapazität zur Verfügung steht. Auf mögliche Überlastungen eines Teils des Arbeitsgedächtnisses (cognitive overload) verweisen Befunde, dass die audiovisuelle Darstellung von abbildhaft und auditiv-verbal dargestellter Information (d. h. Bild und Ton) lernförderlicher ist, als wenn die auditiv präsentierte Information zusätzlich noch als schriftlicher Text präsentiert wird. Im letz-

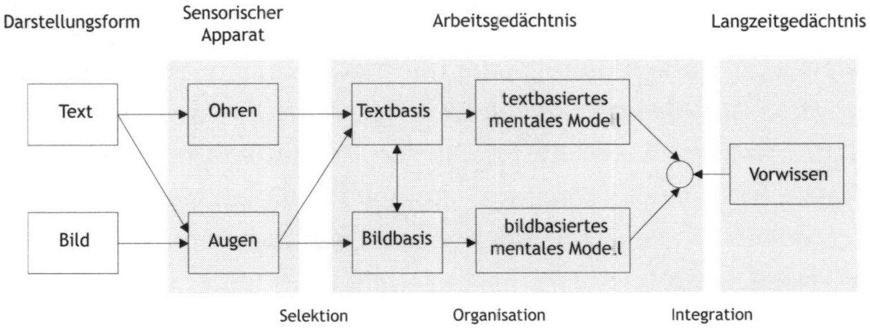

Darstellung 3.2.18: *Generatives Modell multimedialen Lernens (vgl. MAYER 1997, S. 5)*

teren Fall muss der Lernende im visuellen System zwei Darstellungsformen verarbeiten (vgl. zu den empirischen Befunden Abschnitt 2.2).

Die *kognitionstheoretische* Position legt für die Konzeption von Software die Berücksichtigung verschiedener Aspekte nahe. Der Fokus liegt in diesem Ansatz darauf, die Interaktion von Lernenden mit dem Lernmaterial so zu unterstützen, dass die Wechselwirkung zwischen den internen Bedingungen dieses Prozesses (der kognitiven Struktur der Lernenden) und den externen Bedingungen (den Eigenschaften des Lernmaterials) bestmöglich unterstützt wird.

Im Hinblick auf den Aufbau von Wissensstrukturen legt die Theorie nahe, auf eine angemessene Sequenzierung der Inhalte und entsprechende Übersichten zu achten. Strukturierte Organisationshilfen finden sich etwa in Form von sitemaps oder cognitive maps in vielen multimedialen themenbezogenen Datenbeständen und in offenen Lehrsystemen. Eine angemessene Sequenzierung der Inhalte ist insbesondere auch für Lehrprogramme bedeutsam.

Im Hinblick auf die Aspekte der Informationsverarbeitung und -speicherung sollte nach der Theorie der Bedeutungsstrukturen ein Wissensinhalt nicht isoliert, sondern in Verbindung zu weiteren relevanten Begriffen präsentiert werden. Dies geschieht z. B. in hypermedialen Arbeitsumgebungen bzw. offenen Lehrsystemen, die unter dem Anspruch der Verknüpfung von Sinn- und Sachzusammenhängen stehen (vgl. LÜCK 1995). Technisch lassen sich solche Konstellationen durch Hyperlinks realisieren, die eine Doppelfunktion aufweisen. Zum einen wird dem Anwender die grundsätzliche Verbindung etwa von Begriffen deutlich, zum andern entsteht durch die netzwerkartige Verbindung eine Information, die in den einzelnen Begriffen bzw. den entsprechenden Texten nicht codiert ist. Dieser »Text über dem Text« ermöglicht den Erwerb von strukturiertem Wissen, was – so die Annahme – komplexen Zusammenhängen gerechter wird und auch zu einer verbesserten Anwendungsfähigkeit im Hinblick auf komplexe Problemstellungen führt, als wenn nur isolierte Wissensbausteine vermittelt werden. Übersichten, z. B. als grafisch repräsentierte Netzwerke, unterstützen zudem die Orientierungsmöglichkeiten in multimedialen Datenbeständen.

Die Repräsentation von Inhalten in Softwareangeboten sowohl in ikonischer als auch in symbolischer Form, d.h. als Bild und begrifflich als semantisches Netzwerk, steht in Übereinstimmung mit der Doppelcodierungstheorie. Entsprechende Text-Bild-Kombinationen finden sich insbesondere in Lehrprogrammen, multimedialen Datenbeständen und offenen Lehrsystemen (vgl. z.B. WEIDENMANN 1988; 2002).

Die Darstellung von technischen oder physikalischen Abläufen in Simulationsumgebungen oder multimedialen Datenbeständen geschieht häufig in Form von analogen Prozessen, die Wirklichkeitsbereichen entstammen, die beim Anwender als bekannt vorausgesetzt werden. Die Repräsentation von physikalischen Größen wie Strom, Spannung und Widerstand in einem Stromkreis kann beispielsweise über ein Wasserkreislauf-Modell geschehen, das als mentales Modell für entsprechende Vorgänge im Stromkreis dienen soll (vgl. Abschnitt 1.3.2). Die Kenntnis bestimmter mentaler Modelle, etwa aus der Expertiseforschung, und ihrer »Fehler« kann auch dazu führen, sich mit solchen Modellen in besonderer Weise auseinander zu setzen, so dass die Fehlerquellen des Modells aufgedeckt und die Verankerung von Fehlern verhindert wird.

Soll mit Hilfe von Softwareangeboten eher eine grundsätzliche Entwicklungsförderung in intellektueller oder sozial-moralischer Hinsicht angestrebt werden, so empfiehlt es sich, Aufgabenstellungen zu formulieren, deren Lösung Denkvorgänge knapp über dem aktuellen Entwicklungsstand verlangt und die demgemäß als Herausforderung empfunden werden. In Anlehnung an den Ansatz von SCHRODER/DRIVER/STREUFERT (1975) zur kognitiven Komplexität können zur Förderung des intellektuellen Niveaus beispielsweise Simulationen gestaltet werden, die die Berücksichtigung verschiedener Kriterien (Modellparameter), ihren abwägenden Vergleich sowie Überlegungen zum wechselseitigen Zusammenspiel nahe legen (vgl. z.B. BREUER/TENNYSON 1995). Die Arbeiten KOHLBERGS zur Entwicklung des moralischen Urteilsvermögens legen es nahe, die Lernenden in offenen Lehrsystemen mit Fallstudien oder Entscheidungsfällen zu konfrontieren, die zur Auseinandersetzung mit Argumenten zur moralischen Begründbarkeit von Verhalten, zur Perspektivenübernahme und zur Explikation von Handlungsalternativen anregen (vgl. z.B. KOZMA 1991, S.201; HERZIG/MÜTZE/GREIFF 1995; HERZIG 1998).

3.2.4 Konstruktivistische Orientierung

Bei aller Bedeutung, die von kognitionstheoretischen Ansätzen der individuellen Verarbeitung beim Lernen zugemessen wird, halten sie doch konsequent an der Wechselwirkungsannahme zwischen externen medialen Präsentationen und internen Verarbeitungsprozessen fest. Damit ist die Position verbunden, dass das Lernen durch Instruktion und Lernhilfen angeregt, unterstützt und in gewissem Umfang gesteuert werden kann. Die Möglichkeit der Anregung, Unterstützung und Steuerung von Lernprozessen durch Lehrmedien wird allerdings aus konstruktivistischer Perspektive wesentlich skeptischer eingeschätzt. *Konstruktivistische Lerntheorien* betonen noch stärker als kognitionstheoretische die Bedeutung, die der individuellen Wahrnehmung und Verarbeitung von Erlebnissen in der Umwelt zukommt.

Die Diskussion um konstruktivistische Ansätze wird in der Literatur sehr breit gefächert geführt; es gibt inzwischen viele Spielarten konstruktivistischer Couleur, sodass von einer einheitlichen Theorie oder einer sich auf einen einheitlichen theoretischen Gegenstand beziehenden Diskussion nicht mehr ausgegangen werden kann. KÖNIG/ZEDLER (1998) unterscheiden als zunächst unabhängig voneinander entstandene Richtungen den methodischen Konstruktivismus (vgl. KAMLAH/LORENZEN 1996) und den radikalen Konstruktivismus (vgl. MATURANA/VARELA 1987; GLASERSFELD 1996). Insbesondere der radikale Konstruktivismus ist in vielen Wissenschaftsdisziplinen rezipiert und weiterentwickelt worden (vgl. KÖNIG/ZEDLER 1998, S. 224ff.).

Im radikalen Konstruktivismus wird es als ein Ziel des Menschen angesehen, Wissen zu gewinnen, das »viabel« ist, d.h. das menschliches Handeln anleitet und Problemlösungen in der Realität ermöglicht: »Handlungen, Begriffe und begriffliche Operationen sind dann viabel, wenn sie zu den Zwecken oder Beschreibungen passen, für die wir sie benutzen« (GLASERSFELD 1996, S. 43). Implizit unterstellt der erkenntnistheoretisch radikale Konstruktivismus die Unstrukturiertheit der Welt vorab einer jeden Konstruktionsleistung eines denkenden Subjekts (vgl. MEINEFELD 1998, S. 551). Damit ist insbesondere die Frage aufgeworfen, welcher Stellenwert solchen Wissensstrukturen zukommt, die das Selbstverständnis einzelner wissenschaftlicher Disziplinen ausmachen (scientific community), und ob bzw. wie diese in Lehr- und Lernsituationen aus individuellen Konstruktionsleistungen entwickelt werden können (shared realities, gemeinsames Wissen oder konsensuelle Bereiche).

In Anlehnung an STORK (1995) wird im Folgenden eine Unterscheidung getroffen, die für die Diskussion der Bedeutung des Konstruktivismus in Lehr- und Lernsituationen von grundlegender Bedeutung ist: die Unterscheidung zwischen dem Konstruktivismus im *erkenntnistheoretischen* Sinne und dem Konstruktivismus im *lerntheoretischen* Sinne.

a) Die *erkenntnistheoretische* Deutung des Konstruktivismus kann auf Immanuel KANT zurückgeführt werden. Nach KANT existieren Gegenstände nicht unabhängig von unserer Beobachtung »an sich«, sondern nur als Bewusstseinsinhalte. Es mag zwar sein, dass es eine bewusstseinsunabhängig existierende Welt gibt, aber der Mensch hat hierzu keinen Zugang. Der Erkenntnisprozess des Individuums wird nach KANT durch »reine« (d. h. frei von Erfahrung) Anschauungsformen und Verstandesbegriffe gesteuert, z. B. Raum und Zeit, Einheit, Vielheit, Wechselwirkung und Notwendigkeit. Diese Formen und Begriffe sind nicht aus Erfahrungen gewonnen, sondern a priori vorhanden. Sie helfen, Sinneseindrücke zu ordnen, zu bündeln und die Gegenstände als Gedankendinge aufzubauen. Betrachten wir beispielsweise einen Baum, so sehen wir zunächst eine Mannigfaltigkeit von Blättern, Stamm, Rinde, Ästen usw. Mit Hilfe der Verstandeskategorien Einheit, Vielfalt und Ganzes wird aus der Mannigfaltigkeit überhaupt erst die Einheit Baum als Gegenstand. »Man sieht, warum man diese Position ›konstruktivistisch‹ nennt: Aus einem ›Gewühl von Empfindungen‹ werden durch die Anschauungsformen Raum und Zeit – und das sind Verstandeskräfte – Wahrnehmungen und Vorstellungen; aus diesen werden durch kategoriale Verarbeitung – wohlgemerkt mit den Kategorien des Verstandes – Gegenstände und Substanzen.« (STORK 1995, S. 17)

b) Die *lerntheoretische* Deutung des Konstruktivismus stellt ebenfalls die Frage in den Vordergrund, wie bestimmte Vorstellungen, Begriffe, Regeln und Zusammenhänge vom Lernenden ausgebildet und entwickelt werden. Allerdings – und dies ist der entscheidende Punkt – wird die Frage, in welchem Verhältnis die individuellen Konstrukte zur Wirklichkeit stehen, ausgeklammert. Diese Frage ist rational nicht beantwortbar (vgl. STORK 1995, S. 17; GLASERSFELD 1998, S. 504). Damit wird die konstruktivistische Debatte insbesondere für die Schule fruchtbar. Denn hier geht es um die Frage, welche Rolle die Lehrpersonen spielen, welcher Einfluss gemeinschaftlichen, sozialen Lernprozessen zugeschrieben wird oder wie die Entwicklung ›gesellschaftlich geteilten‹ Wissens sichergestellt werden kann. Derartige Überlegungen sind im erkenntnistheoretischen konstruktivistischen Sinne nicht primär von Belang.

Der *konstruktivistischen* Lerntheorie zufolge lassen sich Lernprozesse durch Medienangebote nicht steuern, sondern sie bieten dem Individuum Anlass zur Konstruktion von Wirklichkeit. Dies bedeutet, dass Softwareangebote, die nicht auf festgelegte Strukturen sowohl inhaltlicher Art als auch im Hinblick auf mögliche Wege der Auseinandersetzung mit diesen Inhalten rekurrieren, am ehesten konstruktivistischen Orientierungen zugerechnet werden können. Am häufigsten finden sich entsprechende Beispiele unter den hypermedialen Arbeitsumgebungen bzw. offenen Lehrsystemen, den multimedialen Datenbeständen oder auch bei den inhaltsneutralen Werkzeugen. Die Anregung zu eigenständigen Konstruktionen und die Möglichkeit, solche Konstruktionen in einer Lernumgebung auch auf ihre Viabilität hin zu prüfen, sind bestimmende Merkmale konstruktivistischer Angebote. Insbesondere der Aufbau nicht-linearer Strukturen als Hypertexte stellt ein mediales Beispiel zur Förderung eigener Konstruktionen dar.

Die bisherigen Überlegungen zeigen, dass sich die konstruktivistischen Ansätze von einer kognitionstheoretischen Sichtweise weniger in den Grundannahmen eines konstruierenden oder konstruktiven Subjekts abheben als in den Annahmen zu den Folgen der Ansätze für Lehr- und Lernprozesse. Während kognitionstheoretische Ansätze Instruktionen z. B. durch Lehrpersonen in ihre Betrachtungen integrieren, ist im strengen (radikalen) Sinne des Konstruktivismus Lernen ein Selbstorganisationsprozess, bei dem Informationen als Unterstützung angeboten werden können, anleitende Maßnahmen aber nicht vorgesehen sind und nicht theoriekonform wären.

Mittlerweile hat sich zwischen den Polen konstruktivistischer und instruktionaler Ansätze eine »gemäßigte« Zwischenposition abgezeichnet (auch als Instruktionales Design der zweiten Generation bekannt, vgl. MERRILL 1991). Nach WEIDENMANN (1993) übernimmt diese Position »vom Konstruktivismus die Einsicht in die Bedeutung von handelndem Lernen in komplexen Situationen und Problemräumen. Gleichzeitig wird unterstellt, dass ein Lernender hierfür adäquate mentale Modelle oder andere elaborierte kognitive Strukturen braucht, deren Erwerb sich durch Instruktion erleichtern lässt, welche das benötigte Wissen explizit darstellt und organisiert.« (S. 12)

Zu einer solchen gemäßigten Position zählt auch das situierte Lernen, das wir im folgenden Abschnitt behandeln.

Die obigen Darstellungen dienten einer Charakterisierung wichtiger lerntheoretischer Ansätze. Auf der Basis dieser Informationen können Sie die eingangs vorgestellten Medienangebote hinsichtlich ihrer lerntheoretischen Grundlagen analysieren.

3.3 Gestaltung von Lernsituationen mit Medienverwendung aus der Sicht situierten Lernens

In der öffentlichen Bildungsdiskussion spielt die Frage, wie Lernen angesichts der zunehmenden weltweiten Verflechtung von Wirtschaft, Politik, Kultur und der damit ansteigenden Flut von Informationen heute und zukünftig geschehen kann, eine außerordentlich wichtige Rolle. Aus der Sicht von Pädagogen und Psychologen ist, wie die aktuelle Diskussion zeigt, eine Abkehr von einem vorwiegend instruktionalen Unterricht notwendig. Die veränderten äußeren Anforderungen bedingen – so die verbreitete Annahme –, dass der Lernende zu problemorientiertem, entdeckendem und selbstgesteuertem Lernen befähigt wird. Das bedeutet, dass die im Unterricht angebotenen Inhalte beim Lernenden zu konstruktivem Wissen verarbeitet werden müssen, während das Entstehen von trägem, d.h. für den anwendungsbezogenen Transfer nutzlosem Wissen zu vermeiden ist.

Für die im Abschnitt 3.2 behandelten lerntheoretischen Ansätze haben diese Überlegungen weitreichende Konsequenzen: Zum einen wird der behavioristische Ansatz dadurch weitgehend zurückgedrängt, zum anderen findet eine pragmatische Verknüpfung von kognitionstheoretischen und konstruktivistischen Ansätzen statt. Solche Verknüpfungen sind kennzeichnend für die Ansätze zum so genannten *situierten Lernen,* in denen – ausgehend von authentischen bzw. realistischen Problemstellungen – eine anwendungsorientierte Anregung und Unterstützung von Lernprozessen erfolgen soll. Dabei geht es nicht nur um die Frage der Mediengestaltung, sondern in einem breiteren Sinne um die Frage der Gestaltung von Lernsituationen insgesamt.

Als Beispiel wird im Folgenden eine Unterrichtseinheit aus einem Projektzusammenhang skizziert, die insbesondere auf eine Verbindung von kognitionstheoretischen und konstruktivistischen Prinzipien (im Sinne situierten Lernens) zielt:

Eine Grundschule hat vor zwei Jahren einen Teich angelegt. Die Bepflanzung ist inzwischen üppig gewachsen, einige Tiere haben sich im und um das Wasser herum angesiedelt. Die vierten Klassen haben sich vorgenommen, die Mikroorganismen, Insekten und Wasserkäfer zu beobachten und zu prüfen, ob Libellen, Schnecken, Frösche und Molche zu finden sind. In den dritten Klassen soll untersucht werden, welche Singvögel den Teich besuchen und welche Pflanzen ihren Aufenthalt im Schulgarten gegebenenfalls begünstigen würden. Am Ende des Schuljahres sollen die Ergebnisse im Rahmen eines Sommerfestes vorgestellt werden. Es ist geplant, dazu neben den Eltern auch einen kommunalen Umweltbeauftragten und die Presse einzuladen. Ziel des Projekts ist die Auseinandersetzung mit den Lebensbedingungen der ausgewählten Tierarten.

Eine Unterrichtseinheit in einer der dritten Klassen, die sich zunächst mit den Singvögeln befasst, könnte Folgendes beinhalten (vgl. LSW 1993; TULODZIECKI u.a. 1995, S. 86ff.).

- Die Lehrperson zeigt Bilder von Singvögeln oder spielt von einer Kassette oder CD Vogelstimmen ab, um zu erfahren, welche Vorkenntnisse bei den Kindern bereits vorhanden sind.
- Die Kinder listen die Fragen auf, die sie im Zusammenhang mit Singvögeln interessieren, z. B.: Welche Singvögel gibt es in unserer Region? Wo nisten die Vögel? Was fressen sie? Wie vermehren sie sich? Wie viele Eier legen sie? Wo brüten sie? Wer sind ihre Feinde? Wie lange leben sie üblicherweise? Was machen sie im Winter? Wie kann man zu ihrem Schutz beitragen?
- Im Unterrichtsgespräch wird nun überlegt, welche Informationsquellen bzw. Medien zur Ergänzung der fehlenden Informationen herangezogen werden können. Die Medien sollten für die Kinder leicht erreichbar und gut verständlich sein. Naheliegend ist, Material von zu Hause mitzubringen oder aus der Schulbibliothek auszuleihen. Die Kinder können das gesammelte Material auf einem oder verschiedenen Informationstischen aufbauen. Dabei können verschiedenartige Medien zusammenkommen: Printmedium, Foto, Diaschau, Film, Video,

CD-ROM (z.B. »Winnies Welt«); außerdem steht das Internet zur Verfügung.

- In Kleingruppen sollten die Kinder nun versuchen, das gesammelte Informationsmaterial auszuwerten. Dabei achtet die Lehrperson darauf, dass sie einen klaren Arbeitsauftrag haben, der zuvor in der Klasse im Sinne einer Arbeitsteilung ausgehandelt wurde.
- Die Kinder stellen die Ergebnisse der Arbeitsgruppen dem Plenum vor und berichten gleichzeitig darüber, wie sie zu diesen Ergebnissen gekommen sind. Die Zusammenfassung wird von den Kindern wie von der Lehrperson festgehalten.
- Die Lehrperson stellt andere Anwendungszusammenhänge her, z.B.: Was ist passiert, wenn bestimmte Singvogelarten auf der roten Liste erscheinen?

Es stellt sich die Frage, welche lehr-lerntheoretisch fundierten Merkmale im Sinne einer Verknüpfung kognitionstheoretischer und konstruktivistischer Ansätze, d.h. eines anwendungsorientierten bzw. situierten Lernens, dieses Beispiel aufweist.

Als Grundlage für eine entsprechende Analyse erweist sich die Bearbeitung folgender Fragen als sinnvoll:

1. Welche Ansätze sind für den Bereich des situierten Lernens wichtig?
2. Welchen Forderungen sollte situiertes Lernen gerecht werden?

Die Bearbeitung dieser beiden Fragen kann helfen, auf wichtige Forderungen an Lehren und Lernen in der Informations- und Wissensgesellschaft aufmerksam zu werden.

3.3.1 Ausgangslage und Varianten zum situierten Lernen

Mit dem technischen Fortschritt in der Hard- und Softwareentwicklung sind die Einsatzmöglichkeiten des Computers in Lehr-Lernprozessen bedeutend erweitert worden. Damit eröffneten sich zugleich neue Wege für die Verwirklichung didaktischer Konzepte bei der Gestaltung und Verwendung von Lehrmedien. Die Diskussion über neue didaktische Konzepte kam jedoch nicht nur aufgrund der technologischen Entwicklung in Gang, sie wurde auch befruchtet durch die Kontroversen zu lerntheoretischen Fragestellungen im Laufe der achtziger und neunziger Jahre, die zur Verbindung von kognitionstheoretischen und konstruktivistischen Positionen führten. Inzwischen sind daraus einige interessante Modelle erwachsen, die zwar zunächst in erster Linie für die Mediengestaltung entwickelt wurden, die inzwischen aber auch der Gestaltung von Unterricht zugrunde gelegt werden.

Gemeinsam ist diesen Modellen, dass sie sowohl dem lernenden Individuum als auch den zu lehrenden Inhalten große Bedeutung beimessen. Man geht von der Annahme aus, dass Wissen nicht einseitig instruktiv weitergegeben werden kann, sondern vom lernenden Individuum selbst allmählich aufgebaut wird. Entsprechend werden Lernprozesse letztlich als nicht von außen (durch eine Lehrperson oder ein Lehrprogramm) steuerbar angesehen, sie müssen vielmehr beim Lernenden zunächst einmal ausgelöst werden. Im Zentrum der Überlegung bei der Gestaltung von Unterricht wie auch bei der Mediengestaltung sollte demnach die Frage stehen, welche Maßnahmen sich dazu eignen, die beabsichtigten Lernprozesse bei den jeweiligen Adressaten zu initiieren. Dabei erscheint es sinnvoll und folgerichtig, an der Lebens- und Lernsituation der lernenden Individuen anzusetzen und möglichst authentische, komplexe Probleme für den Lehr-Lernprozess zu formulieren.

Die Auffassung von der individuellen *Wissenskonstruktion* impliziert das Konzept eines *situierten* (d.h. in authentischen, realistischen Problemfällen verankerten) *Lernens* einerseits und einer *situierten Instruktion* andererseits. Die im Rahmen dieses Konzepts aufeinander abgestimmten Aufgabenstellungen und Lernmaterialien bilden die so genannte *Lernumgebung*.

Drei der seit Ende der achtziger Jahre in den USA entworfenen Modelle situierten Lernens haben in der Fachdiskussion inzwischen besondere Beachtung gefunden: das *Cognitive Apprenticeship*-Modell, das *Anchored Instruction*-Modell und die *Cognitive Flexibility Theory*.

Diese drei Ansätze werden im Folgenden kurz skizziert. Im Anschluss daran werden zusammenfassende Forderungen aus diesen Ansätzen für die Gestaltung von Lernsituationen bzw. Lernumgebungen dargestellt.

3.3.2 Das Cognitive Apprenticeship-Modell

Mit der traditionellen Handwerkslehre als Vorbild hat dieser Ansatz das Ziel, anwendungsorientierte Vermittlungsprinzipien auf den Umgang mit komplexen Problemen in kognitiven Bereichen zu übertragen. Wesentliche Elemente des Ansatzes sind die Modellierung der Inhalte und intensive Rückmeldungen über Lernfortschritte. Die Lernenden arbeiten gemeinsam mit Lehrenden an Problemstellungen und werden so in eine Expertenkultur eingeführt. Durch die anfänglich starke Einflussnahme des Lehrenden auf den Lernprozess soll gewährleistet werden, dass der Lernende sich die neuen Inhalte »adäquat«, d.h. seinen eigenen Möglichkeiten entsprechend, aneignet. Ist dies geschehen, soll der Lernende Schritt für Schritt in die Lage versetzt werden, das neu Erlernte eigenständig und selbstverantwortlich anzuwenden.

Zum Cognitive Apprenticeship-Modell gehört das Lernen in Kontexten. Dazu muss das im Lernprozess zu lösende Problem einerseits situiert (d.h. in der Lebens- und Lernsituation des Lernenden verankert) werden, andererseits müssen die Probleme aber auch so gewählt sein, dass sie die Relevanz und »Mächtigkeit« der zu erwerbenden Techniken und Fertigkeiten sowie des damit verbundenen Wissens deutlich machen: »Cognitive apprenticeship, as we envision it, differs from traditional apprenticeship in that the tasks and problems are chosen to illustrate the power of certain techniques or methods, to give students practice in applying these methods in diverse settings, and to increase the complexity of tasks slowly, so that component skills and models can be integrated« (COLLINS/BROWN/NEWMAN 1989, S. 459).

Der gesamte Lernprozess ist nach dem Cognitive-Apprenticeship-Modell mit folgenden Lehr- und Lernhandlungen verbunden (vgl. S. 476ff.):

Modelling Hier führt der Lehrende die Lösung einer Aufgabe mitsamt der dazu erforderlichen Problemlösungsstrategien nachvollziehbar und begründet vor, d.h. die kognitiven Prozesse während der Problemlösung werden externalisiert. Die Lernenden befinden sich in der Rolle von Beobachtern.

Coaching Die Lernenden begeben sich selbst an die Lösung eines Problems und werden dabei vom Lehrenden angeleitet und betreut. Er überprüft die Lösungsansätze der Lernenden, gibt Rückmeldungen, macht Korrektur- und Verbesserungsvorschläge und wiederholt nötigenfalls einzelne Lösungsschritte.

Scaffolding/Fading Dieser Schritt erfordert ein kooperatives Verhältnis zwischen Lehrendem und Lernenden, denn es soll nun möglichst genau eingeschätzt werden, welche Fähigkeiten die Lernenden bereits erworben haben. Dazu führen Lernende und Lehrender eine Problemlösung gemeinsam durch, der Lehrende gibt dabei die Struktur und die zu lösenden Teilaufgaben vor. Einzelne Aufgabenteile, die der Lernende noch nicht selbst lösen kann, werden gegebenenfalls vom Lehrenden übernommen. Die gemeinsam gewonnene Einschätzung dient dem Lehrenden als Grundlage bei der Entscheidung darüber, wie weit er sich aus dem Lernprozess zurückziehen kann. Ziel dieses Schrittes ist, den Lernenden so viel Selbstständigkeit wie möglich einzuräumen.

Articulation Die Lernenden äußern ihre für die Problemlösung relevanten Gedanken (Faktenwissen, Lösungsstrategien usw.) und benennen ihre Vorgehensweisen. Die Form der Artikulation kann ein Statement, ein Vortrag oder eine Frage sein. Dieser Schritt entspricht in etwa dem Modelling, allerdings nun vom Lernenden durchgeführt.

Reflection In diesem Schritt werten die Lernenden ihr eigenes Vorgehen bei der Lösung eines Problems im Verhältnis zum Vorgehen des Lehrenden und zu anderen Lernenden aus. Dabei wenden sie geeignete Beobachtungs- und Reflexionstechniken an (z.B. Videoaufzeichnung).

Exploration Nachdem der Lehrende sich gänzlich zurückgezogen hat, soll der Lernende nun in der Lage sein, die erlernten Problemlösestrategien selbstständig im Sinne des Transfers auf andere Problemlagen anzuwenden.

Das Modell sieht vor, die Komplexität der Aufgaben zu steigern, bis sie letztlich das Niveau des Expertenstatus erreichen (increasing complexity). Damit verbunden ist auch eine zunehmende Vielfalt an Lösungsstrategien, zwischen denen sich die Lernenden entscheiden müssen (increasing diversity). Die übergeordneten Lehrziele werden zu Beginn des Lernprozesses dargestellt, damit die untergeordneten Ziele bzw. Arbeitsschritte vom Lernenden eingeordnet werden können, allgemeine Fähigkeiten haben Vorrang vor spezifischen Fertigkeiten (global before local skills).

3.3.3 Das Anchored Instruction-Modell

Der Anchored Instruction-Ansatz wurde entwickelt, um dem Problem des trägen Wissens, das in Anwendungssituationen nicht flexibel eingesetzt werden kann, zu begegnen. Mit dem Konzept verbindet sich die Annahme, dass die Art und Weise des Wissenserwerbs Einfluss auf die Anwendungsfähigkeit hat.

Die maßgeblich an der Entwicklung des Anchored Instruction-Modells beteiligte COGNITION AND TECHNOLOGY GROUP AT VANDERBILT (1990, 1991, 1992, 1994) konnte in empirischen Untersuchungen zeigen, dass das Misslingen von Transferleistungen ursächlich mit der instruktionsorientierten, rezeptiven Art des Wissenserwerbs zusammenhängt. In ihrem »Jasper Experiment« etwa forderten sie zwei Gruppen von Schülern auf, Passagen mit technischen Informationen zu lesen. Eine der beiden Gruppen wurde gebeten, sich an möglichst viele Einzelheiten der Textpassage zu erinnern, die andere Gruppe sollte den Text so lesen, als plane sie eine Bootsfahrt auf dem Amazonas. Es stellte sich heraus, dass die erste Gruppe lediglich vage Angaben dazu machen konnten, was sie im Text gelesen hatten, während die zweite Gruppe in der Lage war, sich an Detailinformationen zu erinnern (vgl. JENSEN 1998).

Dem Mangel des konventionellen Konzepts der Wissensvermittlung begegnet die Forschergruppe, indem sie »authentische Lernumgebungen« schuf, »die zunächst vor allem auf explorierendes, offenes Lernen abzielen« (MANDL u.a. 1997, S. 173). Die Authentizität der Lernumgebung beruht in erster Linie auf einem »narrativen Anker«, der »Interesse erzeugt, den Lernenden die Identifizierung und Definition von Problemen erlaubt sowie die Aufmerksamkeit auf das Wahrnehmen und Verstehen dieser Probleme lenkt« (ebd., S. 172). Durch den narrativen Anker soll der Lernende in die Lage versetzt werden, seinen Lernprozess selbst zu initiieren und zu steuern.

In der Umsetzung des Konzepts durch die Vanderbilt-Gruppe besteht der narrative Anker aus der filmischen Darbietung einer nach Auflösung verlangenden komplexen Situation. So schufen sie »The Adventures of Jasper Woodbury«, eine Serie von Videos mit einer konkreten Problemstellung (vgl. TAJW 2003). Jede Episode besteht aus einer Geschichte, die mit einer präzise formulierten Aufgabe endet. Beispielsweise wird in der Story »The General is Missing« Großvater Peterson gekidnappt. Er hinterlässt eine verschlüsselte Botschaft, die seine Enkel und jungen Freunde nun unter Anwendung algebraischer Formeln entziffern sollen, um sein Versteck zu finden. Während die Schüler sich die Geschichte ansehen, achten sie auf lösungsrelevante Hinweise. JENSEN (1998) beschreibt die übliche Verfahrensweise mit den Jasper-Programmen so:

> Am ersten Tag schaut man mit der gesamten Gruppe der Lernenden die ganze Geschichte an und fasst deren Inhalt zusammen. Am zweiten Tag nähern sich die Schüler schrittweise der Aufgabenlösung, indem sie eine Reihe von Subproblemen erkennen und lösen. Die Schüler arbeiten während dieser Phase in kleinen Gruppen und benutzen verschiedene Quellen und Hilfsmittel, einschließlich ihrer Mathematikbücher, ihrer Taschenrechner, dem Videofilm und der Hilfe des Lehrers. Der Lehrer macht auf analoge Probleme im Film aufmerksam, um bereits bekannte Lösungsstrategien zu reaktivieren. Zum Schluss präsentieren die verschiedenen Schülergruppen ihre Ergebnisse und schauen sich die vorgeschlagene Lösung an. (Freie Übersetzung des englischsprachigen Originaltextes – d.V.)

Die Gestaltungsprinzipien einer nach dem Anchored Instruction-Modell konzipierten Lernumgebung lassen sich in den folgenden sieben Punkten zusammenfassen:

1. Verwendung von audiovisuellen Medien (Videofilm)
2. Narrative Struktur (Einbettung der Aufgaben und Problemstellungen in eine zusammenhängende Geschichte)
3. Generatives Problemlösen
4. Einbettung aller relevanten Informationen in die Geschichte
5. Sinnvolle Komplexität
6. Jeweils zwei Geschichten zur gleichen Thematik zwecks Förderung des Abstrahierens
7. Herstellung von Verknüpfungen zwischen verschiedenen Wissensdomänen.

(STRITTMATTER/NIEGEMANN 2000, S. 29)

Eine multimediale Lernumgebung kann das Konzept der Anchored Instruction in idealer Weise unterstützen, weil sie die kontextuelle Einbettung des zu lösenden Problems wesentlich erleichtert. Zudem ermöglicht sie eine dynamische Darbietung der Inhalte, die wiederum die Identifikations- und Verstehensleistung der Lernenden erhöht.

3.3.4 Die Cognitive Flexibility-Theorie

Die Theorie der kognitiven Flexibilität wird gemeinhin mit dem Namen SPIRO verbunden (SPIRO u. a. 1988; SPIRO /JEHNG 1990; SPIRO u. a. 1992). Sie setzt nicht in der Phase der Initiierung von Lernprozessen an, sondern betrachtet die Phase des Transfers von Wissen und Fertigkeiten. Im Zentrum ihres Interesses steht die Frage, wie komplexe, wenig strukturierte (ill-structured) Problemlagen vom Lernenden in neuen Situationen bearbeitet werden können. Die Vertreter der Flexibilitäts-Theorie gehen davon aus, dass der Lernende in die Lage versetzt werden muss, seine Kenntnisse spontan und radikal neu zu strukturieren, um sie den jeweiligen situativen Anforderungen anzupassen. Dies bedeutet, dass die zu bearbeitenden Probleme mit bestehenden Schemata nicht gelöst werden können. Zu diesem Zweck werden die zu bearbeitenden Inhalte aus vielfältigen Perspektiven kontextabhängig präsentiert und durch zahlreiche Fallstudien mit Beispielcharakter ergänzt. SPIRO/JEHNG (1990) lehnen sich dabei an die Wittgensteinsche Metapher der »criss-crossing landscapes« an: »We use the metaphor to form the basis of a general theory of learning, instruction, and knowledge representation. One learns by criss-crossing conceptual landscapes; instruction involves the provision of learning materials that channel multidimensional landscape explorations under the active initiative of the learner (as well as providing expert guidance and commentary to help the learner to derive maximum benefit from his or her explorations); and knowledge representations reflect the criss-crossing that occurred during learning.« (S. 170) Für die »Erkundung« dieser Landschaften bedeutet dies: »Da der kognitive Wanderer seinen Weg spontan und ohne äußere Vorgabe geht, gewinnt er zunächst zufällige Eindrücke vom Lernobjekt *(random access),* die er im Laufe der Zeit selbst systematisieren und zu einer kognitiven Landkarte zusammensetzen muss. Wichtig ist dabei, dass jeder Zugang ein eigener, selbstgewählter Zugang ist und dass jede kognitive Karte die eigene, *individuelle Konstruktionsleistung* des Lerners darstellt« (MÜLLER 1996, S. 78 – Hervorhebungen im Original, d.V.).

Die Cognitive Flexibility-Theorie wurde im Zusammenhang mit der Entwicklung interaktiver Unterrichtstechnologie formuliert und bisher in erster Linie auf den Gebieten der Literaturwissenschaft, der Geschichte, der Biologie und der Medizin angewandt. Die Möglichkeiten neuer Medien wurden als besonders geeignet eingeschätzt, die Entwicklung kognitiver Flexibilität zu unterstützen: »The computer is ideally suited, by virtue of the flexibility it can provide, for fostering cognitive flexibility. In particular, multidimensional and nonlinear hypertext systems, if appropriately designed to take into account all of the considerations discussed above, have the power to convey ill-structured aspects of knowledge domains and to promote features of cognitive flexibility in ways that traditional learning environments (textbooks, lectures, computer-based drill) could not (although such traditional media can be very successful in other contexts or for other purposes). We refer to the principled use of flexible features inherent in computers to produce nonlinear learning environments as Random Access Instruction.« (SPIRO/FELTOVICH/JACOBSON u. a. 2003)

Als leitende Prinzipien der Flexibilitätstheorie können die folgenden Punkte genannt werden:

- Konstruktives Lernen setzt eine vielfältige Darstellung von Inhalten voraus.
- Instruktionen müssen eine Übersimplifizierung der zu lernenden Inhalte vermeiden und kontextgebundenes Wissen fördern.
- Instruktionen sollten fallbasiert sein. Sie müssen die Konstruktion von Wissen beim Lernenden favorisieren, nicht die bloße Informationsübertragung.

Das erworbene Wissen sollte hochgradig verknüpft und nicht segmentiert sein.

3.3.5 Zusammenfassende Forderungen an die Gestaltung von Lernsituationen bzw. Lernumgebungen aus der Sicht situierten Lernens

Betrachtet man die unterschiedlichen Ansätze situierten Lernens unter dem Aspekt kognitionstheoretischer und konstruktivistischer Grundpositionen, so kann man sie jeweils als Verknüpfungen dieser beiden Grundpositionen auffassen. Dies wird besonders deutlich, wenn man die zusammenfassenden Forderungen an Lernumgebungen in den Blick nimmt, wie sie von MANDL u. a. (1997) mit Bezug auf die Ansätze des situierten Lernens formuliert worden sind. Die zusammenfassenden Forderungen werden von MANDL u. a. in die folgenden fünf Punkte gegliedert:

- Komplexe Ausgangsprobleme: Ein für die Lernenden »interessantes und intrinsisch motivierendes Problem« soll den Ausgangspunkt für das Lernen bilden.
- Authentizität und Situiertheit: Durch authentische und realisti-

sche Probleme soll ein »Rahmen und Anwendungskontext für das zu erwerbende Wissen« bereitgestellt werden.

- Multiple Perspektiven: Das zu Lernende soll in mehrere Kontexte eingebettet werden, sodass es später flexibel auf neue Situationen übertragen werden kann.
- Artikulation und Reflexion: Problemlöseprozesse sollen verbal beschrieben und hinsichtlich ihrer Bedeutung für unterschiedliche Zusammenhänge reflektiert werden.
- Lernen im sozialen Austausch: Dem sozialen Kontext soll im Sinne kooperativen Lernens ein besonderer Stellenwert beigemessen werden. (vgl. MANDL u. a. 1997, S. 171).

Mit diesen zusammenfassenden Forderungen für die Gestaltung und Verwendung von Software haben sich in der lernpsychologisch orientierten Literatur Empfehlungen herauskristallisiert, wie sie in der didaktischen Denktradition für Unterricht allgemein vertreten werden. Schon in der mediendidaktischen Auseinandersetzung mit der herkömmlichen Unterrichtstechnologie sind Forderungen für die Gestaltung und Verwendung von Medien entwickelt worden, die in Richtung der jetzigen Forderungen situierten Lernens weisen (vgl. TULODZIECKI 1974, S. 668f.; HAGEMANN/TULODZIECKI 1979, S. 38f.). Des Weiteren ergeben sich bei dem Versuch, allgemeindidaktische Einsichten auf die Gestaltung und Verwendung multimedialer Lernsoftware zu übertragen, ähnliche Forderungen, wie sie in den Ansätzen zum situierten Lernen zu finden sind. Darauf wird im Abschnitt 3.4 eingegangen.

Zunächst können die obigen fünf Punkte bzw. Forderungen zum situierten Lernen als Kriterien dienen, um Lernsituationen bzw. Lernumgebungen unter dem Gesichtspunkt zu analysieren, inwieweit sie einer sinnvollen Verbindung kognitionstheoretischer und konstruktivistischer Annahmen gerecht werden. So können Sie nun die eingangs skizzierte Lernsituation zum Thema »Singvögel« unter dem Aspekt der fünf Forderungen analysieren.

4 Ziele, Bedingungen und Merkmale von handlungs- und entwicklungsorientierten Lehr- und Lernprozessen

Für das Bildungswesen wird immer wieder ein handlungsorientiertes Lehren und Lernen gefordert. Diese Forderung steht im Kontext allgemeiner Zielüberlegungen für das Lehren und Lernen. Auch das Lehren und Lernen mit Medien ist im Zusammenhang solcher Zielüberlegungen zu sehen.

Die allgemeinen Ziele von Bildungseinrichtungen ergeben sich in demokratischen Staaten aus der jeweiligen Verfassung. So bestimmt das *Grundgesetz der Bundesrepublik Deutschland* (GG) im Art. 1: »Die Würde des Menschen ist unantastbar. Sie zu achten und zu schützen ist Verpflichtung aller staatlichen Gewalt.« Im Art. 2 wird festgelegt: »Jeder hat das Recht auf freie Entfaltung seiner Persönlichkeit, soweit er nicht die Rechte anderer verletzt und nicht gegen die verfassungsmäßige Ordnung oder das Sittengesetz verstößt.«

Beispielsweise haben die Kultusminister auf der Basis des Grundgesetzes die »Selbstverwirklichung in sozialer Verantwortung« als wesentliches Ziel der Erziehung für die gymnasiale Oberstufe benannt. Dieses Ziel ist mit den drei »Lernzielschwerpunkten« des selbstständigen Lernens, des wissenschaftspropädeutischen Arbeitens und der Persönlichkeitsbildung verbunden (vgl. KMK 1977). Wenn die Zielvorstellungen für andere Bildungsgänge auch anders formuliert sind, so gilt generell doch eine Orientierung an den Bestimmungen des Grundgesetzes bzw. an dem Erziehungsziel der Entfaltung der Persönlichkeit in sozialer Verantwortung.

Zielbestimmungen dieser Art sind nicht nur durch verfassungsbezogene Auslegungen, sondern auch durch die Bildungsdiskussion beeinflusst. In dieser Diskussion werden z. B. von KLAFKI

(1985) Selbstbestimmungs-, Mitbestimmungs- und Solidaritätsfähigkeit, von SCHULZ (1981) Kompetenz, Autonomie und Solidarität und von WINKEL (1983) Demokratisierung und Humanisierung als Ziele gefordert. Darüber hinaus wird in didaktischen Konzepten die Handlungsorientierung als wichtiges Prinzip hervorgehoben (vgl. z. B. GUDJONS 1986). Wir selbst betonen darüber hinaus die Entwicklungsorientierung als wichtiges didaktisches Prinzip (vgl. TULODZIECKI/HERZIG 2002). Mit solchen Überlegungen ist u. a. auch die Tendenz verbunden, allgemeine Ziele nicht so sehr inhaltlich festzulegen, sondern eher als allgemeine Fähigkeiten und Persönlichkeitseigenschaften im Sinne von Schlüsselkompetenzen zu formulieren. Vor diesem Hintergrund stellen sich für dieses Kapitel zwei Fragen:

(1) Welche Zielvorstellungen sollen für einen handlungs- und entwicklungsorientierten Unterricht leitend sein?
(2) Welche Bedingungen auf Seiten der Kinder und Jugendlichen und welche Merkmale sind dabei zu beachten?

Eine Bearbeitung dieser Fragen bietet die Möglichkeit, einen zeitgemäßen Ziel- und Bedingungsrahmen für die Mediennutzung in Lehr- und Lernprozessen zu entwickeln.

4.1 Ziele für Unterricht und Schule in der Informations- und Wissensgesellschaft

Die Entwicklungen im Bereich der Medien und der mit ihnen verbundenen Informations- und Kommunikationstechnologien haben nicht nur Auswirkungen auf Lehr-Lernformen, sondern auch auf die Ziele von Unterricht und Schule.

So kann man sich vorstellen, dass eine Lehrergruppe an einem pädagogischen Tag in einer Arbeitsgruppe folgende Zielvorstellungen für Unterricht und Schule in der Informations- und Wissensgesellschaft zusammenträgt:

- lebenslanges Lernen,
- Problemlösefähigkeit,
- komplexes Denken,
- Kooperationsbereitschaft,
- Kritikfähigkeit,
- Kreativität,
- Entscheidungsfähigkeit,
- verantwortungsbewusster Umgang mit Medien,
- Emanzipation,
- Leistungsbereitschaft,
- Toleranz,
- selbstständige Informationsbeschaffung,
- Urteilsfähigkeit,
- Umgang mit vielfältigen Informationen,
- Fähigkeit zu selbst organisiertem Lernen,
- Teamfähigkeit,
- Gestaltungsfähigkeit,
- Fähigkeit zu vernetztem Denken,
- ethische Sensibilität.

Eine solche Situation wirft das Problem auf, wie die verschiedenen Zielvorstellungen in sinnvoller Weise strukturiert werden können. Damit sind u. a. zwei Fragen verbunden:

- *Lassen sich die verschiedenen Zielvorstellungen auf allgemeine Zielvorstellungen oder Leitideen für Bildung und Erziehung beziehen?*
- *Welche Zielvorstellungen oder Leitideen könnten dies sein?*

Die Beantwortung dieser Fragen setzt Reflexionen zu folgenden Fragen voraus:

1. Welche besonderen Anforderungen stellen sich an Bildung und Erziehung in der Informations- und Wissensgesellschaft?
2. Welche Leitideen für Bildung und Erziehung können helfen, den Anforderungen gerecht zu werden?

Mit der Beantwortung dieser beiden Fragen lässt sich ein Zielrahmen für die Medienverwendung aufzeigen.

4.1.1 Informationsfülle als Problem der Informations- und Wissensgesellschaft

Medien und Informationstechnologien führen u.a. dazu, dass Kinder, Jugendliche und Erwachsene in unserer Gesellschaft mit vielfältigen und divergierenden Informationen konfrontiert werden. Die divergierende Vielfalt von Informationen erschwert die Orientierung. Erziehung und Bildung müssen deshalb Hilfen zur Orientierung sowie – generell – zu einem humanen Handeln ermöglichen. Um dies zu verdeutlichen, beziehen wir uns als Beispiel auf die Debatte um Chancen und Risiken der Humangentechnik. Dabei geht es um die Anwendung gentechnologischer Forschungsergebnisse auf den Menschen, im Besonderen um die Debatte um die Gendiagnostik und -therapie (vgl. dazu u.a. ZOGLAUER 2002, S. 24 ff.), die seit 2000 bis heute anhaltend und kontrovers geführt wird (zur Übersicht vgl. z.B. BÜRGERKONFERENZ 2000).

Unter Gendiagnostik versteht man die Untersuchung der genetischen Veranlagungen eines Menschen; die Anwendungsmöglichkeiten reichen dabei von der Vorhersage von Erbkranheiten bei Betroffenen bis hin zur Pränataldiagnostik oder – im Falle einer künstlichen Schwangerschaft – Präimplantationsdiagnostik, die Eltern darüber Aufschluss geben kann, ob ihr ungeborenes Kind Erbkrankheiten oder Behinderungen aufweist (vgl. SCHICKTANZ/WEINING/UNTERBERGER 2001). Befürworter der Gendiagnostik betonen die verbesserten Diagnose- und Therapiemöglichkeiten, Kritiker befürchten Missbrauch dieser technischen Möglichkeiten im Sinne von genetischer Selektion. Hier seien einige Schlaglichter der Debatte angeführt:

- Der Molekularbiologe James Watson, Mitentdecker der Doppelhelix-Struktur der DNA, fordert angesichts der Fortschritte der Humangenomforschung im Feuilleton der *FAZ* (26. 9. 2000) eine »Ethik des Genoms« und eine Abkehr von religiös motivierter Ablehnung der Gentechnologie (»Warum wir Gott nicht mehr die Zukunft des Menschen überlassen dürfen«) [Unter einem Genom versteht man die Summe aller Gene eines Organismus, d.h. das Erbgut.]

- Der Theologe Dietmar Mieth (*FAZ*, 16.11.2000) kritisiert Watsons Einlassung als »bioethische Bevormundung«, aus der eine einseitig genetische Weltanschauung spreche.
- Bundeskanzler Gerhard Schröder hebt in der *Woche* (20.12.2000) hervor, dass die Gentechnik als Schlüsseltechnologie des 21. Jahrhunderts nicht nur im Hinblick auf ökonomische Wachstumsperspektiven bedeutsam sei, sondern die Lebensumstände der Menschen zu sichern und bessern verspreche und folglich von der Politik, wenn auch nicht bedingungslos, zu fördern sei.
- Der Eichstätter Bischoff Walter Mixa (*FAZ*, 8.2.2001) wendet sich gegen die »Hintertüren«, die den Biowissenschaften von der Politik – namentlich vom Bundeskanzler – in Bezug auf Embryonenforschung offen gehalten werden, und fordert eine gesamtgesellschaftliche Debatte über die ethischen Implikationen der Humangentechnik.
- Ebenfalls im Feuilleton der *FAZ* (9.3.2001) fordert der Medizinsoziologe Ulrich Mueller eine Totalfreigabe der Biotechnik und stellt den Widerstand gegen die Gentechnik in eine Reihe mit der »Vergötzung des Natürlichen« im Nationalsozialismus.
- Die evangelische und die katholische Kirche fordern in einem gemeinsamen Brief, dass die Bundestagsabgeordneten in der Frage des Stammzellenimports ein Votum für die Würde des Menschen abgeben (vgl. *Frankfurter Rundschau* vom 17.1.2002).
- In Großbritannien, das in Bezug auf die Präimplantationsdiagnostik einen gegenüber der Bundesrepublik weitaus liberaleren rechtlichen Rahmen hat, wird der Fall eines Paares bekannt, das sich ein Designer-Baby wünscht (vgl. *Frankfurter Rundschau* vom 25.2.2002).
- In Deutschland sorgt der Fall eines Gehörlosen-Paares für mediales Echo, das sich ein taubes Kind wünscht. Michael Naumann sieht in der *Zeit* (25.4.2002) darin einen Fall »missbräuchlicher genetischer Selektion«.

- Die Bundestagsabgeordnete Monika Knoche (Bündnis 90/Die Grünen) spricht sich in der *taz* (17.5.2002) gegen »eugenische Selektion« aus und fordert eine Klärung des Status von Reagenzglas-Embryonen.
- In Hannover wird, unterstützt von einer Privatkrankenkasse, der erste Genmassentest zur Erkennung der Eisenspeicherkrankheit durchgeführt. Kritiker sehen darin ein »Einfallstor für Bevölkerungs-Screenings« (vgl. *taz* vom 21.6.2002).
- Zum Jahreswechsel 2002/2003 sorgt die Behauptung der Raelianer-Sekte, sie habe Menschen geklont, für ein heftiges Medienecho; die Debatte konzentriert sich auf die Möglichkeiten therapeutischen und reproduktiven Klonens.
- Ray Kurtzweil (*FAZ*, 11.1.2003) hebt die Zukunftsbedeutung des Klonens in Bezug auf Ressourcenknappheit hervor, wobei aber das reproduktive Klonen von Menschen im Hinblick auf die Einsatzmöglichkeiten eher die »uninteressanteste Anwendungsmöglichkeit« sei.
- Der Jurist Eric Hilgendorf (*FAZ*, 13.2.2003) verficht die These, ein Klonverbot verstoße gegen die Menschenwürde, weil es Heilungschancen minimiere.
- Detlev Ganten fordert – wieder im *FAZ*-Feuilleton (24.2.2003), das als zentrales Forum der Debatte um Humangentechnik gelten kann – die Freigabe des therapeutischen Klonens, um die medizinische Forschung nicht um neue Diagnose- und Heilverfahren zu bringen.

Die Debatte um die Chancen und Risiken der Humangentechnik ist mitnichten beendet; an dieser Stelle brechen wir gleichwohl den Überblick über die mediale Begleitung der Debatte ab und fügen den Hinweis an, dass eine Suche im Internet nach dem Stichwort »Gendiagnostik« mit der Suchmaschine Google am 17. Januar 2004 allein 4680 Fundstellen von Dokumenten auf deutschsprachigen Webseiten ergab.

Diese Schlaglichter sollten – wie eingangs gesagt – zunächst die Fülle unterschiedlicher Informationen und Wertorientierungen zu einem durch die Medien präsentierten Thema demonstrieren. Mit der Vielzahl und den Widersprüchen bei Informationen und Wertorientierungen zu verschiedenen Themen solcher Art besteht die Gefahr, dass bei den Mediennutzern, insbesondere bei Kindern und Jugendlichen, Orientierungsprobleme entstehen können. Vor diesem Hintergrund ergeben sich verschiedene Fragen:

(1) Worin bestehen eigentlich die Orientierungsprobleme, die durch divergierende Informationen und Aussagen bzw. Wertorientierungen ausgelöst werden können?
(2) Wie müssen Erziehung und Bildung, die ein Gegengewicht gegen mögliche Orientierungsprobleme darstellen sollen, verstanden werden? Allgemeiner gesagt: Welches Verständnis von Erziehung und Bildung ist der Informations- und Wissensgesellschaft angemessen?

4.1.2 Orientierungsprobleme durch Informationsvielfalt

Zur Vorklärung ist wichtig sich bewusst zu machen, dass eine Vielzahl divergierender Informationen, Vorschläge und Kritiken im Medienangebot zwar bedeuten kann, aber noch nicht bedeuten muss, dass beim Rezipienten – sei er nun Zeitungsleser, Fernsehzuschauer, Radiohörer oder Internetnutzer – Orientierungsprobleme auch tatsächlich entstehen. Es gibt mindestens zwei Gründe, warum sich trotz der Verbreitung divergierender Positionen im Medienangebot nicht unbedingt Orientierungsprobleme einstellen müssen.

Der erste Grund besteht darin, dass jemand die Unterschiedlichkeit der Positionen erst gar nicht zur Kenntnis nimmt bzw. nur Medien nutzt, die einseitig in seinem Sinne informieren. Etwas pointiert gesagt: Wer nur bestimmte Boulevard-Zeitungen als Informationsquelle benutzt, wird kaum das Gefühl der Orientierungslosigkeit haben.

Der zweite Grund, warum durch die Vielfalt der Informationen nicht unbedingt Orientierungsprobleme entstehen müssen, ergibt sich daraus, dass jemand die unterschiedlichen Positionen zwar irgendwie wahrnehmen mag, dies jedoch keine Verunsicherung hervorruft, weil er ohnehin eine fest gefügte Meinung hat und – gemäß dem Prinzip der Vermeidung kognitiver Dissonanz – nur Informationen beachtet, die seiner Meinung entsprechen, und sich mit anderen Positionen erst gar nicht auseinander setzt. Wieder pointiert formuliert: Jemand, der davon überzeugt ist, dass die gentechnische Anlage des Menschen als Schöpfungsgut für menschliche Eingriffe tabu ist, wird unter Umständen – unabhängig von medizinischen oder wirtschaftlichen Überlegungen – die Diskussion um gendiagnostische oder gentherapeutische Forschungen von vornherein ablehnen.

Diese Überlegungen machen auf zwei wichtige Aspekte aufmerksam:

Erstens: In der Auseinandersetzung mit Medienangebot und Informationsflut sollte man sich davor hüten, einfach vom Angebot auf die Wirkungen – hier von der Vielfalt der Informationen auf Orientierungsprobleme – zu schließen. Medieneinfluss und Medienwirkung können immer nur als Wechselwirkung zwischen Angebot und Verarbeitung durch die Rezipienten angemessen verstanden werden.

Zweitens: Interessanterweise würde man jemanden, der seine Informationen nur aus Boulevard-Zeitungen bezieht, und jemanden, der sich mit Informationen, die seiner Meinung entgegenstehen, erst gar nicht auseinander setzt, kaum als gebildet bezeichnen. Insofern ist bereits das Empfinden einer gewissen Unsicherheit ein Zeichen von Bildung. Anders formuliert: Ein gewisses Maß an Bildung ist bereits die Voraussetzung, um die mit den vielfältigen Informationen verbundene Unsicherheit überhaupt aufzunehmen und sie als Anlass der Auseinandersetzung zu nutzen. Dabei gilt im Übrigen nicht der Umkehrschluss, dass allein die Wahrnehmung von Unsicherheit ein Zeichen von Bildung ist. Zur Bildung gehört offenbar – über die Wahrnehmung von Unsicherheit hinaus – die Fähigkeit, mit der Unsicherheit angemessen umzugehen.

Um die Frage eines angemessenen Umgangs mit Unsicherheit weiter verfolgen zu können, ist es sinnvoll, zunächst eine Klärung zu versuchen, *wodurch* die Unsicherheit bei divergierenden Informationen und Positionen bzw. Wertorientierungen im Detail ausgelöst wird. Thesenartig kann man sagen (vgl. auch DOELKER 1998):

Unsicherheit wird dadurch erzeugt, dass – bei entsprechender Informationsvielfalt – die Beantwortung folgender Fragen schwierig ist:

(1) Was ist (bezogen auf die divergierenden Informationen) richtig und was ist falsch, oder – eher erkenntnistheoretisch formuliert – welchen Wahrheitsgehalt haben die verschiedenen Aussagen?
(2) Was ist (in gewisser Weise unabhängig von der Richtigkeit oder Falschheit der Erklärung einer Situation) eine zielführende Maßnahme – oder pragmatisch gesprochen: Was führt mit einer gewissen Wahrscheinlichkeit zum Erfolg bzw. was ist nützlich?
(3) Was ist bei der Gestaltung einer Lösung zu beachten oder was ist für die Umsetzung einer Idee angemessen und nicht angemessen? In einem ästhetischen Sinne könnte man auch fragen: Was ist in sich stimmig? Oder auch: Was ist schön?
(4) Was ist im Hinblick auf eine bestimmte Problemlage gerechtfertigt oder nicht gerechtfertigt – oder eher ethisch gesprochen: Was ist gut bzw. was entspricht dem Prinzip sozialer Gerechtigkeit und Verantwortung?

Bezogen auf das Eingangsbeispiel ergaben sich – zur Zeit der damaligen Meldungen und Diskussion in den Medien – für die Rezipienten z. B. folgende Fragen:

(1) Ist die Gentechnologie tatsächlich die Schlüsseltechnologie des 21. Jahrhunderts, wie Gerhard Schröder behauptet? Ist Kloning, wie Ray Kurtzweil behauptet, die Antwort auf Ressourcenknappheit?
(2) Bringen Investitionen in die Gentechnologie tatsächlich ein höheres ökonomisches Wachstum und einen gesicherten Lebensstandard? Ergeben sich aus der Embryonenforschung tatsächlich neue und wirksame Diagnose- und Therapieverfahren?
(3) Führt es zu einer angemessen sachlichen Debatte, wenn Befürworter und Gegner der Gentechnik den jeweiligen Widerpart

mit nationalsozialistischem Gedankengut – und sei es nur rhetorisch (Stichwort: Eugenik) – in Verbindung bringen?

(4) Ist es ethisch verantwortbar, Möglichkeiten zu schaffen, die zu Designer-Babys führen können? Sind Bevölkerungsscreenings eine sinnvolle Form der Gesundheitsvorsorge oder gesellschaftlich und datenschutztechnisch bedenkliche Maßnahmen der Überwachung?

Die bisherigen Überlegungen lassen sich im Sinne eines Zwischenresümees folgendermaßen zusammenfassen:

Die mit dem Medienangebot verbundene Vielfalt von Informationen und Positionen bzw. Wertorientierungen kann – wenn sie überhaupt wahrgenommen wird – zu einer Verunsicherung führen, die unter Umständen Orientierungsprobleme zur Folge hat. Unsicherheit kann dabei auf unterschiedliche Fragen bezogen sein, und zwar

- auf die Frage nach dem Wahrheitsgehalt bzw. der Glaubwürdigkeit von Informationen,
- auf die Frage nach der Nützlichkeit von Handlungsvorschlägen,
- auf die Frage nach der Stimmigkeit von Positionen und Handlungen sowie
- auf die Frage nach der Rechtfertigung von Handlungen oder Handlungszielen.

Wichtig ist es, auch an dieser Stelle zu betonen, dass es keineswegs selbstverständlich ist, dass der Einzelne diese Fragen überhaupt stellt. Vielmehr gilt auch hier: Solche Fragen zu stellen bzw. stellen zu können setzt bereits einen gewissen Grad an Bildung voraus. Dennoch – will man von Bildung Orientierungshilfen erwarten, muss über die Fähigkeit hinaus, Fragen zu stellen, auch die Fähigkeit gegeben sein, die Fragen so zu beantworten, dass Unsicherheit bis zu einem gewissen Grad abgebaut wird und sich Orientierungsmöglichkeiten abzeichnen.

Damit ergibt sich die oben gestellte zweite Frage, wie sich Erziehung und Bildung darstellen müssen, damit sie als ein Gegengewicht gegen mögliche Orientierungslosigkeit aufgefasst werden können oder – positiv formuliert – Orientierung vermitteln.

4.1.3 Leitideen für Erziehung und Bildung in der Informations- und Wissensgesellschaft

Zunächst einmal ist plausibel, dass eine gewisse Unsicherheit dann nicht zur Orientierungslosigkeit führt, wenn die Fähigkeit gegeben ist zu unterscheiden

- zwischen sachlich richtigen und sachlich falschen Aussagen,
- zwischen nützlichen und weniger nützlichen Maßnahmen,
- zwischen stimmigen und weniger stimmigen Vorgehensweisen,
- zwischen gerechtfertigtem und nicht gerechtfertigtem Handeln.

Insofern kann die Unterscheidungsfähigkeit in den genannten Bereichen als wichtiges Merkmal von Bildung angesehen werden. Dies führt nun allerdings zu der Zwischenfrage, von welchen Bedingungen eine entsprechende Unterscheidungsfähigkeit abhängt. Thesenartig kann man sagen:

(1) Die Unterscheidung von sachlich richtig und sachlich falsch sowie zwischen nützlich und nicht nützlich setzt zunächst solide Kenntnisse – möglichst auch eigene Erfahrungen – in dem jeweiligen Gebiet voraus. Wer keine Vorstellungen von biologischen, medizinischen und ethischen Zusammenhängen hatte, konnte bei dem obigen Beispiel zur Humangenetik keine entsprechenden Unterscheidungen treffen.

(2) Solide Kenntnisse sind allerdings noch nicht hinreichend für die Unterscheidung zwischen nützlichen und weniger nützlichen Vorschlägen, zwischen angemessenen und nicht angemessenen Umsetzungen. Für diese Unterscheidungen ist es notwendig, über intellektuelle Fähigkeiten zum Vergleich und zur Abwägung zwischen verschiedenen Möglichkeiten nach sachbezogenen Kriterien zu verfügen.

(3) Schließlich sind solide Kenntnisse und intellektuelle Fähigkeiten zum Vergleich und zur Abwägung noch nicht hinreichend, um gerechtfertigtes und ungerechtfertigtes Handeln zu unterscheiden. Dazu bedarf es sozial-moralischer Kriterien und einer damit verbundenen ethischen Urteilsfähigkeit.

Damit sind drei Bedingungen für die Unterscheidungsfähigkeit in unsicheren Situationen genannt:

- der Kenntnis- und Erfahrungsstand,
- der Grad intellektueller Fähigkeiten,
- das Niveau sozial-moralischer Entwicklung.

Die Bedeutung des Kenntnisstandes und der intellektuellen Fähigkeiten ist auch durch die empirische Forschung zum Umgang bzw. zur zielgerichteten Nutzung von Computer und Internet mit ihren vielfältigen Informationen gut belegt. Entsprechende Untersuchungen zeigen, dass Experten in einem Gebiet besser mit dem großen Informationsangebot umgehen können und die für sie wichtigen Informationen leichter herausfiltern können als Nicht-Experten. Zugleich sinkt die Gefahr des so genannten »lost in hyperspace« (vgl. z.B. KOZMA 1991, S. 199ff.). Auch die Bedeutung des sozial-moralischen Entwicklungsstandes für die ethische Urteilsfähigkeit ist nachgewiesen (vgl. z.B. KOHLBERG/TURIEL 1978).

Geht man zudem davon aus, dass Bildung heute nicht als handlungsunabhängige Eigenschaft einer Person begriffen werden darf, sondern auch im Handeln ihren Ausdruck finden muss, so liegt eine Verbindung der bisherigen Überlegungen zur Unterscheidungsfähigkeit mit Überlegungen zu Bedingungen des Handelns nahe (vgl. Abschnitt 4.2). Bei einer solchen Verknüpfung lassen sich vier Schlussfolgerungen ziehen:

(1) Die Unterscheidungsfähigkeit zwischen richtig und falsch, zwischen nützlich und nicht nützlich, zwischen angemessen und nicht angemessen, zwischen gerechtfertigt und nicht gerechtfertigt ist nicht nur für eine gedankliche Orientierung, sondern gleichermaßen für das Handeln wichtig.

(2) Angemessenes Handeln setzt – wie Unterscheidungsfähigkeit – einen guten Kenntnisstand sowie ein hinreichendes Niveau intellektueller und sozial-moralischer Entwicklung voraus. Dabei ist die Unterscheidung zwischen richtig und falsch eine bedeutende Voraussetzung für sachgerechtes Handeln. Die Abwägung zwischen nützlich und nicht nützlich sowie zwischen stimmiger

und nicht stimmiger Umsetzung ist wichtig für ein selbstbestimmtes Handeln, und die Bewertung nach ethischen Gesichtspunkten ist eine zentrale Voraussetzung für sozialverantwortliches Handeln.

(3) Führt die Abwägung zwischen verschiedenen Handlungsmöglichkeiten im Sinne obiger Unterscheidungen dazu, dass eine der bedachten Handlungsmöglichkeiten Zustimmung findet, so liegt ein entsprechendes Handeln nahe. Erweisen sich die bedachten Handlungsmöglichkeiten als unzureichend, wird der Mensch nach weiteren bzw. neuen Handlungsmöglichkeiten suchen bzw. solche entwerfen. Insofern ist mit der Unterscheidungsfähigkeit zugleich eine Voraussetzung für kreatives Handeln gegeben.

(4) Handlungszusammenhänge werden jedoch – außer durch die Unterscheidungsfähigkeit – noch durch die Bedürfnislage in Wechselwirkung zur Lebenssituation bestimmt. Insofern sind für Bildung und Erziehung – neben kognitiven – auch affektiv-motivationale Komponenten wichtig (vgl. Abschnitt 4.2).

Zusammenfassend lässt sich – bezogen auf wichtige Handlungskomponenten – Bildung nun als Bereitschaft und Fähigkeit zu sachgerechtem, selbstbestimmtem, kreativem und sozialverantwortlichem Handeln beschreiben.

Ein solches Handeln beinhaltet – wie oben gezeigt wurde – die Fähigkeit zur Unterscheidung zwischen sachlich richtigen und sachlich falschen Aussagen, zwischen nützlichen und weniger nützlichen Maßnahmen, zwischen stimmigen und weniger stimmigen Vorgehensweisen sowie zwischen gerechtfertigten und nicht gerechtfertigten Maßnahmen. Damit sind zugleich verschiedene Fähigkeiten verbunden:

- Problemlösefähigkeit im Sinne sachangemessener Maßnahmen,
- Entscheidungsfähigkeit im Sinne selbstbestimmten Vorgehens,
- Gestaltungsfähigkeit im Sinne in sich stimmiger und kreativer Lösungen,
- Beurteilungsfähigkeit im Sinne sachangemessener, eigenständiger, verschiedene Möglichkeiten eröffnender und verantwortungsbewusster Einschätzungen.

Eine so verstandene Bildung hat zugleich eine Orientierung schaffende Funktion in einer durch Medienvielfalt und Informationsflut gekennzeichneten Welt.

Das hier entwickelte Bildungsverständnis bietet die Möglichkeit, verschiedene – im Zusammenhang mit Erziehung und Bildung in der Informations- und Wissensgesellschaft postulierte – Zielvorstellungen zu integrieren. Demgemäß können Sie nun versuchen, die eingangs genannten Zielvorstellungen den vier entwickelten und übergeordneten Handlungsdimensionen – Fähigkeit und Bereitschaft zu einem sachgerechten Handeln, zu einem selbstbestimmten Handeln, zu einem kreativen Handeln und zu einem sozialverantwortlichen Handeln – zuzuordnen. Dabei geht es nicht um eindeutige Zuordnungen, sondern vor allem um Affinitäten zwischen diesen Handlungsdimensionen und den Zielvorstellungen.

4.2 Bedingungen und Merkmale handlungs- und entwicklungsorientierter Lehr- und Lernprozesse

Im Abschnitt 4.1 wurde die Zielvorstellung eines sachgerechten, selbstbestimmten, kreativen und sozialverantwortlichen *Handelns* entwickelt. Diese Zielvorstellung beinhaltet, dass Lehren und Lernen in handlungs- und entwicklungsorientierter Form erfolgen sollen. Damit sind Handlungs- und Entwicklungsorientierung als allgemeine Prinzipien von Lehr-Lernprozessen gefordert. Bei konkreten Unterrichtseinheiten stellt sich allerdings die Frage, welche Merkmale vorhanden sein müssen, damit eine Unterrichtseinheit als handlungs- und entwicklungsorientiert bezeichnet werden kann.

Im Folgenden wird das Beispiel eines Unterrichtsablaufs zur Filmanalyse beschrieben. Der Unterrichtsablauf soll unter der Frage betrachtet werden, ob und inwiefern er gegebenenfalls als Beispiel für ein handlungs- und entwicklungsorientiertes Vorgehen gelten kann.

Der Unterrichtsablauf bezieht sich auf Analysen zu dem Film »Die verlorene Ehre der Katharina Blum« von Volker Schlöndorff. Der Film wurde in Anlehnung an den gleichnamigen Roman von Heinrich Böll gedreht (vgl. dazu auch die Schulfernsehsendung des WDR »Analyse von Spielfilmen« und die »Informationen für Lehrer«, NEUMANN u.a. 1982). In den »Informationen für Lehrer« wird der Inhalt des Films wie folgt wiedergegeben:

> »Katharina Blum, als Hausmädchen bei einem Industriellen tätig, macht auf einer Faschingsparty die Bekanntschaft eines jungen Mannes und nimmt ihn mit in ihre Wohnung. Am anderen Morgen dringt die Polizei in die Wohnung ein. Der junge Mann ist inzwischen geflüchtet; aber Katharina wird als Komplizin des angeblichen Anarchisten festgenommen und peinigenden Verhören unterzogen. Die Presse bemächtigt sich des Falls: ein Sensationsjournalist spielt die Affäre hoch. Schnüffelei und Verleumdungen machen Katharina das Leben zur Hölle, die Gesellschaft reagiert verständnislos und ablehnend, jedoch sensationslüstern. So zerstören Polizei, Presse und Öffentlichkeit Katharinas Leben immer mehr, bis ihr nur die Verzweiflungstat bleibt: die Tötung des skrupellosen Journalisten.« (S. 95)

Eine Unterrichtseinheit zur Beurteilung dieses Films lässt sich – in idealtypischer Darstellung – folgendermaßen gestalten:

(1) *Einführung der Beurteilungsaufgabe*:
Die Lehrperson präsentiert den Beurteilungsgegenstand – hier den Film »Die verlorene Ehre der Katharina Blum« (der Film kann bei einer Stadt-, Kreis- oder Landesbildstelle für die unterrichtliche Verwendung ausgeliehen werden). Unter Umständen reichen auch einzelne Filmszenen mit verbindenden Erläuterungen.

Im Anschluss an den Film eröffnet die Lehrperson die Möglichkeit zu ersten spontanen Äußerungen zum Film. Dabei zeigen sich vermutlich unterschiedliche Einschätzungen. Aufgrund der unterschiedlichen Positionen liegt die Frage nahe, welche der Beurteilungen dem Film am ehesten gerecht werden und wie die Beurteilungen im Detail begründet bzw. in differenzierter Weise belegt werden könnten.

(2) *Zielvereinbarung und Bedeutsamkeit*:
Die Lehrperson verständigt sich mit den Schülerinnen und Schülern über die Zielvorstellung für die Unterrichtseinheit: Es sollen Gesichtspunkte und Informationen erarbeitet werden, die ein differenziertes Verständnis und eine begründete Beurteilung des Films zulassen.

Die Lehrperson reflektiert mit den Schülerinnen und Schülern die Bedeutsamkeit entsprechender Kenntnisse und Fähigkeiten: Diese werden es u.a. erlauben, Filme differenzierter wahrzunehmen, Absichten der Filmemacher beim Einsatz bestimmter filmischer Mittel zu durchschauen, gut und weniger gut gemachte Filme zu unterscheiden sowie filmische Techniken bei der Gestaltung eigener audiovisueller Produkte angemessen einzusetzen.

(3) *Verständigung über das Vorgehen*:
Die Lehrperson sammelt mit den Schülerinnen und Schülern Fragen, zu denen Informationen zusammengetragen werden sollen, um ein angemessenes Verständnis und eine differenzierte Beurteilung des Films möglich zu machen, z.B.:

- In welchem historischen und gesellschaftlichen Kontext ist der Film entstanden?
- Welche inhaltlichen Aussagen will der Regisseur mit dem Film vermitteln?
- Welche filmischen Gestaltungsmittel gibt es? Welche davon setzt der Regisseur in verschiedenen Filmsequenzen ein?
- Welche Wirkungen sind beim Zuschauer zu erwarten?
- Welche Kriterien bzw. Leitfragen bieten sich für eine Beurteilung von Filmen an?

Nachdem die Fragen zur Erarbeitung von Grundlagen für die Beurteilung zusammengestellt sind, verständigen sich Lehrperson, Schülerinnen und Schüler über das Vorgehen zur Beschaffung der notwendigen Informationen.

(4) *Erarbeitung von Grundlagen für die Beurteilung*:
Die Lehrperson gibt – auf der Basis von Vereinbarungen in der Phase (3) – zunächst einen kurzen Überblick über den historischen und gesellschaftlichen Hintergrund der Entstehung des Films, um ein angemessenes Verständnis des Films vorzubereiten.

Im nächsten Schritt wird ein Lehrfilm zur Filmsprache vorgeführt und von den Schülerinnen und Schülern im Hinblick auf eine Übersicht über filmische Gestaltungsmittel ausgewertet.

Anschließend wird überlegt, wodurch sich ein gut gemachter Film von einem weniger gut gemachten unterscheidet.

(5) *Durchführung der Beurteilung:*
Mit den Schülerinnen und Schülern werden nun einzelne Filmsequenzen aus dem Film »Die verlorene Ehre der Katharina Blum« ausgewählt und in Kleingruppen im Hinblick auf verwendete Gestaltungsmittel sowie mögliche Wirkungen analysiert. Danach wird in den Kleingruppen eine Beurteilung der ausgewählten Sequenzen vorgenommen. Die Ergebnisse werden für die Präsentation in der Klasse aufbereitet.

(6) *Vergleich und Zusammenfassung*:
Die Analyseergebnisse und die Beurteilungen werden von den Sprecherinnen und Sprechern der Kleingruppen in der Klasse vorgestellt und diskutiert.

Anschließend werden die erarbeiteten bisherigen Kenntnisse zur Filmanalyse und Filmbeurteilung zusammengefasst.

(7) *Anwendung*:
Mit den Schülerinnen und Schülern werden weitere Szenen aus dem Film ausgesucht und von jeweils einer Kleingruppe analysiert und beurteilt.

Die Ergebnisse werden vorgetragen und diskutiert. Danach wird in Kleingruppen eine zusammenfassende Stellungnahme zu dem Film erarbeitet und in der Klasse diskutiert.

(8) *Weiterführung und Bewertung*:
Im Rahmen der Weiterführung werden zunächst Fragen gesammelt, welche die Schülerinnen und Schüler im Zusammenhang des Films

sowie der Filmanalyse und –bewertung noch interessieren. Die Fragen werden bearbeitet.

Abschließend werden das Vorgehen und das inhaltlich Gelernte mit den Schülerinnen und Schülern reflektiert.

Im Kontext der Thematik dieses Abschnittes stellen sich vor allem zwei Fragen:

- *Welche Aspekte des unterrichtlichen Vorgehens verweisen gegebenenfalls auf Merkmale eines handlungs- und entwicklungsorientierten Ablaufs?*
- *Lässt sich der Unterrichtsablauf insgesamt eher als handlungsorientiert bezeichnen oder muss er als nicht-handlungsorientiert gelten?*

Für eine begründete Beantwortung dieser Fragen ist eine Klärung von drei Punkten wichtig:

1. Welcher Handlungsbegriff soll dem Prinzip der Handlungsorientierung zugrunde liegen?
2. Welche Merkmale ergeben sich aus dem Handlungsbegriff für handlungs- und entwicklungsorientierte Lehr-Lernprozesse?
3. Welche Lernaktivitäten kennzeichnen einen handlungs- und entwicklungsorientierten Unterricht?

Im Zusammenhang mit diesen Fragen lässt sich dann auch klären, welche Bedingungen auf Seiten der Kinder und Jugendlichen beachtet werden müssen, damit ein sachgerechtes, selbstbestimmtes, kreatives und sozialverantwortliches Handeln erreicht werden kann.

4.2.1 Zum Handlungsbegriff

Um den Handlungsbegriff zu erläutern, auf dem die folgenden Überlegungen basieren, empfiehlt es sich zunächst nach den Bedingungen zu fragen, die menschliches Handeln ausmachen.

Solche Bedingungen des Handelns lassen sich verdeutlichen, wenn man sich einmal folgende Alltagssituation vorstellt:

> Ein Jugendlicher – er sei hier Sebastian genannt – arbeitet zeitweilig in der Stadtbibliothek. Da er sich mit Computern gut auskennt, betreut er dort vor allem computergestützte Verfahren der Ausleihe und Buchrückgabe. Eines Tages wird Sebastian von seinem älteren Freund Olaf angesprochen. Olaf bessert sich schon lange sein Taschengeld mit Zeitschriftenwerbung auf. Er erzählt Sebastian, dass es oft sehr schwierig sei, die Leute richtig anzusprechen, da er ja nichts über deren Leseinteressen wisse. Wenn er die Leseinteressen kennen würde, könnte er die Haushalte viel gezielter im Hinblick auf bestimmte Zeitschriften ansprechen. Deshalb bittet er Sebastian, ihm eine Liste der Bibliotheksbenutzer mit den in der letzten Zeit ausgeliehenen Bücher zu verschaffen. Falls eine darauf beruhende Werbung zu einem Abschluss von Zeitschriftenabonnements führen würde, könnte Sebastian mit einem bestimmten Prozentsatz am Gewinn beteiligt werden. Dann hätte er ein kleines zusätzliches Entgelt für seine Mühen in der Stadtbibliothek. Sebastian hat jedoch Bedenken und zögert, zumal die Bibliotheksmitarbeiter volles Vertrauen zu Sebastian haben und ihn die Arbeit selbstständig erledigen lassen. Allerdings möchte er auch seinen Freund Olaf nicht enttäuschen: Was soll Sebastian in dieser Situation tun?

Anhand dieses Falles lassen sich einige allgemeine Aspekte menschlichen Handelns erläutern.

Für die Erläuterung kann man sich zunächst einmal vorstellen, dass Sebastian dem Drängen seines Freundes Olaf schließlich nachgibt und ihm die Daten aushändigt. Ein solches Handeln lässt sich zum einen als bedürfnisbedingt deuten: Man kann annehmen, dass das Drängen von Olaf seinen Freund Sebastian in eine Situation gebracht hat, in der sein Bedürfnis nach Zugehörigkeit bzw. nach dem Erhalt der Freundschaft angesprochen wurde. Durch die Herausgabe der Daten mag er glauben, dieses Bedürfnis befriedigen zu können.

Zum anderen erweist sich das Handeln von Sebastian als situationsbedingt: Ohne das Drängen und die Forderung von Olaf hätte er die Freundschaft nicht als gefährdet empfunden, das Bedürfnis nach Zugehörigkeit hätte sich nicht in dieser Weise gezeigt.

In diesem Sinne lässt sich menschliches Handeln als bedürfnis- und situationsbedingt ansehen. In der Wechselbeziehung von Bedürfnis und Situation entsteht ein Spannungszustand – auch Motivation genannt –, der eine Entscheidung für eine bestimmte Handlungsmöglichkeit erforderlich macht (vgl. dazu auch HECKHAUSEN 1974, S. 151 ff.).

Sebastian entscheidet sich jedoch nicht sofort. Er zögert. Das Zögern von Sebastian lässt sich so deuten, dass er vor der Entscheidung die Handlungsmöglichkeiten »Herausgabe oder Nicht-Herausgabe der Daten« erwägt.

Für die Erwägung ist zunächst bedeutsam, welche Kenntnisse bzw. Erfahrungen Sebastian in die Situation einbringt. Wenn er sich z. B. schon einmal ausgiebig mit Fragen des Datenschutzes auseinander gesetzt hat, wird die Erwägung anders verlaufen als wenn er keine weiteren oder detaillierten Kenntnisse zum Datenschutz hat.

Darüber hinaus ist für die Erwägung der Stand der sozial-kognitiven Entwicklung wichtig. Dieser kann sowohl aus intellektueller als auch aus sozialer bzw. moralischer Perspektive betrachtet werden. Intellektuell gesehen wird Sebastian durch die Situation zunächst vor die Handlungsalternative »Herausgabe oder Nicht-Herausgabe der Daten« gestellt. Er könnte allerdings auch noch andere Schritte bedenken, z. B. die Bibliotheksmitarbeiter oder die Büchereibenutzer fragen, wie sie darüber denken. Des Weiteren könnte er zusammen mit seinem Freund kreative Ideen zur Zeitschriftenwerbung entwickeln, die zu einer erfolgreichen Ansprache von potenziellen Zeitschriftenkunden ohne Verletzung des Datenschutzes führen. Schließlich muss Sebastian sich sozial bzw. moralisch gesehen – je nach seiner Orientierung – z. B. für oder gegen das Entgelt, für die Erwartung des Freundes oder das Risiko eines Vertrauensbruchs gegenüber Bibliotheksbenutzern und Bibliotheksmitarbeitern, für oder gegen den gesellschaftlich geforderten Datenschutz entscheiden.

Folgt man dieser Deutung, so lässt sich menschliches Handeln folgendermaßen beschreiben: Aufgrund eines Spannungszustandes werden verschiedene Handlungsmöglichkeiten erwogen, von denen schließlich eine ausgewählt und realisiert wird. Für die Erwägung ist zum einen der Stand der Kenntnisse bzw. Erfahrungen zu der jeweiligen Situation bedeutsam. Zum anderen ist das sozialkognitive Niveau wichtig. Die Zahl der in den Blick genommenen und gegebenenfalls kreativ entwickelten Handlungsmöglichkeiten ist vom intellektuellen Entwicklungsstand und die Bewertung vom sozialen bzw. moralischen Niveau abhängig.

Nimmt man des Weiteren für den Fall einer Herausgabe der Daten an, dass das Nachgeben von Sebastian ihm als Ergebnis die Anerkennung seines Freundes sowie ein gutes Entgelt bringt und dass die Bibliotheksmitarbeiter und -kunden von der Herausgabe der Daten nichts erfahren, so wird – falls Sebastian nicht von sich aus ein schlechtes Gewissen verspürt – ein Nachgeben in ähnlichen Fällen wahrscheinlicher.

Ist die Folge der Herausgabe der Daten dagegen ein schwerer Konflikt mit dem Bibliotheksleiter oder den Büchereibenutzern, so wird ein Nachgeben in späteren ähnlichen Situationen unwahrscheinlicher.

Allgemein gilt: Die gewählte Handlungsmöglichkeit kann zur Befriedigung des ursprünglich angeregten Bedürfnisses oder zur Enttäuschung sowie zu Konflikten mit anderen oder mit eigenen sozialen bzw. moralischen Orientierungen führen. Die jeweiligen Konsequenzen und ihre Verarbeitung sind bedeutsam für die Wahrscheinlichkeit, mit der eine bestimmte Handlungsmöglichkeit in Zukunft in vergleichbaren Situationen wieder gewählt wird.

Den obigen Überlegungen liegt eine Modellvorstellung vom menschlichen Handeln zugrunde, die grafisch in der Darstellung 4.2.1 zusammengefasst ist:

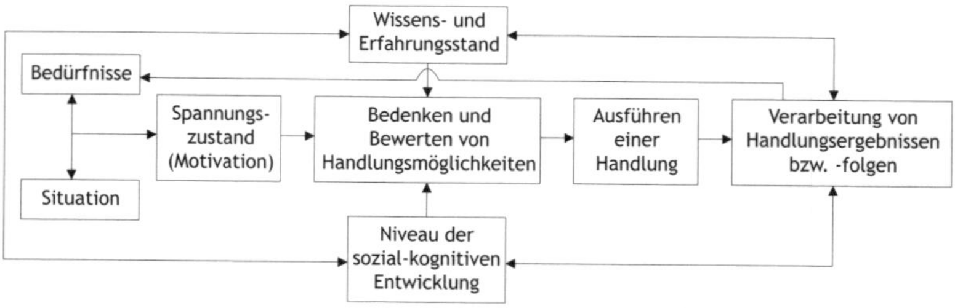

Darstellung 4.2.1: *Handlungsmodell*

In der grafischen Darstellung sind neben den oben bereits beschriebenen Zusammenhängen weitere Wechselbeziehungen durch entsprechende Pfeile gekennzeichnet, und zwar

- zwischen dem Kenntnis- bzw. Erfahrungsstand und dem Niveau der sozial-kognitiven Entwicklung,
- zwischen den Bedürfnissen und dem sozial-kognitiven Niveau sowie dem Kenntnis- bzw. Erfahrungsstand,
- zwischen der Verarbeitung von Ergebnissen bzw. Folgen einer Handlung und dem sozial-kognitiven Niveau sowie dem Kenntnis- bzw. Erfahrungsstand.

Damit soll der wechselseitige Zusammenhang der Faktoren in dem dargestellten Handlungsmodell verdeutlicht werden.

Mit dem Handlungsmodell wird zugleich der Handlungsbegriff erläutert, der den folgenden Ausführungen zugrunde liegt: Unter Handeln wird eine bedürfnis- und situationsbedingte psychische oder physische Aktivität verstanden, die bewusst durchgeführt wird, um einen befriedigenden bzw. bedeutsamen Zustand zu erreichen. Bei dieser Begriffsbestimmung verweist das Merkmal »situationsbedingt« auf soziale Komponenten des Handelns. Das Merkmal, dass es darum geht, »einen befriedigenden bzw. bedeutsamen Zustand zu erreichen«, zeigt ergebnis- bzw. zielbezogene Komponenten des Handelns an (vgl. zum Handlungsbegriff u.a. AEBLI 1983, S. 179ff.; SÖLTENFUSS 1983, S. 47ff.; DIETRICH 1984, S. 58f.; GUDJONS 1986, S. 40ff.).

Das obige Handlungsmodell enthält auch Bezüge zum Lernbegriff. Dies wird zunächst an der Überlegung erkennbar, dass die Konsequenzen einer Handlung und ihre Verarbeitung bedeutsam dafür sind, ob eine bestimmte Handlung für die Zukunft wahrscheinlich oder weniger wahrscheinlich wird. Gleichzeitig beeinflussen die Erfahrungen bei einer bestimmten Handlung den Kenntnisstand und das sozial-kognitive Niveau. Dies kann zu Veränderungen im Verhalten und/oder im Kenntnisstand sowie in den allgemeinen sozial-kognitiven Dispositionen führen. Wenn das der Fall ist, dann sagt man: Es wurde etwas gelernt. Insofern kann das Handlungsmodell zugleich als Modell für das Lernen gelten.

4.2.2 Merkmale handlungs- und entwicklungsorientierten Lehrens und Lernens

Auf der Basis der obigen Überlegungen kann man zunächst festhalten, dass das Prinzip der *Handlungsorientierung* mit zwei Forderungen verknüpft ist:

a) Das Lernen soll für späteres Handeln bedeutsam sein.
b) Das Lernen selbst soll handelnd im Sinne des obigen Handlungsbegriffs erfolgen.

Mit der Handlungsorientierung soll zugleich die *Entwicklung* von Kindern und Jugendlichen gefördert werden. Dies bedeutet, dass für das Lernen entwicklungsgemäße und -anregende Aufgaben ausgewählt und im Prozess der Auseinandersetzung mit den Aufgaben entwicklungsfördernde Impulse gegeben werden sollen.

Mit der Handlungs- und Entwicklungsorientierung sind nach dem obigen Handlungsmodell drei weitere Prinzipien verbunden, und zwar Bedürfnisorientierung, Situationsorientierung, Erfahrungs- und Entwicklungsorientierung:

- *Bedürfnisorientierung* bedeutet zunächst, dass die Bedürfnisse von Jugendlichen als Ausgangspunkte des Handelns ernst genommen werden, und gleichzeitig, dass die Jugendlichen die Gelegenheit erhalten sollen, ihre Bedürfnisse in die unterrichtlichen Prozesse einzubringen.
- *Situationsorientierung* besagt sowohl, dass die Aufgaben, die als Ausgangspunkte für Lernprozesse gewählt werden, Bezüge zur Lebenssituation der Jugendlichen aufweisen sollen, als auch, dass das neu zu Lernende auf die Lebenssituation bezogen werden kann.
- *Erfahrungs- und Entwicklungsorientierung* verweist zum einen auf die Forderung, dass die Lernenden ihre bisherigen Erfahrungen als Anknüpfungspunkte für Lernprozesse einbringen können, und zum anderen auf den Grundsatz, dass im Lernprozess neue Erfahrungen unmittelbarer oder mittelbarer Art möglich sein sollen.

Ein Lernen, das diesen Prinzipien folgt, kann nach den obigen Ausführungen als Weiterentwicklung des Kenntnis- bzw. Erfahrungsstandes und des sozial-kognitiven Niveaus gedeutet werden. Dabei kommt dem sozial-kognitiven Niveau eine besondere Bedeutung als intellektuelle und sozial-moralische Disposition für gegenwärtiges und zukünftiges Handeln zu.

Intellektuell gesehen zielt Lernen aus handlungsbezogener Sicht auf folgende Forderungen:

- Erweiterung in Bezug auf geeignete Problemlösungen bzw. Handlungsmöglichkeiten, die bei einer Anforderung aus der Umwelt in den Blick kommen,
- Entwicklung bzw. Weiterentwicklung der Fähigkeit, mehrere Handlungsalternativen gegeneinander bzw. untereinander abzuwägen,
- Vergrößerung der Zahl relevanter Beurteilungskriterien, die ein Individuum zur Beurteilung von Handlungsmöglichkeiten, Entscheidungen und Gestaltungsergebnissen heranzieht.

Im Hinblick auf die *soziale bzw. moralische Orientierung* geht es beim Lernen – auf der Basis entsprechender intellektueller Voraussetzungen – um folgende Aspekte:

- Erweiterung der sozialen Perspektive,
- zunehmende Bereitschaft zur Übernahme sozialer Verantwortung,
- Entwicklung sozialer Gerechtigkeit.

Entsprechende Lernsituationen unterscheiden sich allerdings von späteren Handlungssituationen – wie sie in der Darstellung 4.2.1 modelliert wurden – in der Regel in drei Punkten:

- In arrangierten Lernsituationen erwachsen die Aufgaben üblicherweise nicht unmittelbar aus außerschulischen Lebenssituationen – wenn sie auch das Merkmal der Bedeutsamkeit aufweisen und auf mögliche Lebenssituationen bezogen sein sollen.
- Bei Lernsituationen wird unterstellt und angestrebt, dass die Lernenden vor oder im Zusammenhang mit dem »Bedenken

und Bewerten von Handlungsmöglichkeiten« neue Kenntnisse, Fähigkeiten oder Fertigkeiten erwerben.
- Arrangierte Lernsituationen stehen unter dem Anspruch, dass nach Vorliegen eines Handlungsergebnisses noch eine Stabilisierung und eine Einordnung des Gelernten im Sinne einer erweiterten »Verarbeitung von Handlungsergebnissen bzw. -folgen« zu leisten sind.

Angesichts dieser Unterscheidung von außerschulischem Handeln und schulischen Lernsituationen stellt sich die Frage, wie handlungsorientierte Lernprozesse in der Schule angeregt werden können und welche Lernaktivitäten wünschenswert sind.

4.2.3 Lernaktivitäten in einem handlungs- und entwicklungsorientierten Unterricht

Die Anregung handlungsorientierter Lernprozesse kann dadurch erreicht werden, dass eine situative Anforderung als Aufgabe an die Lernenden herangetragen wird, durch welche ein Bedürfnis der Lernenden angesprochen wird. So kann z. B. die Vorstellung eines überraschenden Phänomens, das man nicht ohne weiteres erklären kann, Unsicherheit erzeugen und das Sicherheitsbedürfnis ansprechen. Damit ist zugleich gesagt, dass lernanregende Aufgaben einen Neuigkeitswert haben müssen bzw. mit den vorhandenen Kenntnissen und Erfahrungen (noch) nicht zu lösen sind. Allerdings darf der Neuigkeitswert auch nicht zu groß sein, weil letztlich die Chance auf Bewältigung der Aufgabe gegeben sein muss, um eine mögliche Demotivation durch zu schwierig empfundene Aufgaben zu vermeiden. Eine Voraussetzung dafür ist, dass die Aufgabe von den Lernenden überhaupt angemessen verstanden wird, d. h. dass die Fragestellung auf die gegebene »Vorstellungswelt« bezogen sein muss. Schließlich ist es aus didaktischer Sicht wünschenswert, dass die Auseinandersetzung mit einer Aufgabe zu einer exemplarischen Erschließung eines bedeutsamen Inhalts führt.

Damit sind fünf Merkmale lernanregender Aufgaben angesprochen: Bedürfnisbezug, Neuigkeitswert, angemessener Schwierigkeitsgrad, Verständlichkeit und exemplarische Bedeutung.

Soll ein durch Aufgaben angeregter Lernprozess – trotz der oben angesprochenen Unterschiede zwischen außerschulischem Handeln und schulischem Lernen – im handlungs- und entwicklungsorientierten Sinne gestaltet werden, müssen die Lernenden in der Regel weitere Anregungen und – falls notwendig – Unterstützungen für Lernaktivitäten folgender Art erhalten:

a) Die Lernenden aktivieren vorhandene Kenntnisse zum Thema und äußern spontane Vorschläge zur Bearbeitung der jeweiligen Aufgabe. Die Vorschläge können sich auf inhaltliche Aspekte oder auf mögliche Vorgehensweisen beziehen.
b) Die Lernenden beteiligen sich an Überlegungen zu Zielvorstellungen für die Auseinandersetzung mit der Aufgabe und machen sich die Sinnhaftigkeit ihres Tuns bewusst.
c) Die Lernenden bedenken, zu welchen Fragen Informationen beschafft werden müssen und wie dies geschehen kann. Gegebenenfalls überlegen sie, welche Arbeitstechniken und Fertigkeiten zur Aufgabenlösung notwendig sind.
d) Die Lernenden tragen Informationen zusammen bzw. nehmen neue Informationen auf, verarbeiten und strukturieren sie im Hinblick auf die Aufgabenstellung. Bei den Informationen kann es sich um Wissensgrundlagen, Vorgehensweisen und/oder Beurteilungskriterien handeln. Gegebenenfalls müssen notwendige Arbeitstechniken oder Fertigkeiten erworben werden.
e) Die Lernenden erarbeiten einen Lösungsweg bzw. eine Lösung für die jeweils gestellte Aufgabe, indem sie Handlungsmöglichkeiten entwickeln und gegebenenfalls Kriterien zur Entscheidung und Beurteilung heranziehen und diskutieren oder Fertigkeiten zur Gestaltung eines Produkts einsetzen.
f) Die Lernenden stellen ihre Lösung dar; sie vergleichen, diskutieren und beurteilen verschiedene Lösungswege bzw. Lösungen. Sie fassen Informationsgrundlagen, Handlungsmöglichkeiten und Beurteilungskriterien zusammen bzw. systematisieren diese.
g) Die Lernenden setzen sich mit Anwendungsaufgaben bzw. Beispielen zu dem Gelernten auseinander.

h) Die Lernenden bedenken und diskutieren weiterführende Fragen. Sie reflektieren und bewerten das Gelernte und den Lernprozess im Hinblick auf gegenwärtiges und zukünftiges Handeln.

Solche Lernaktivitäten erweisen sich als tragfähig für einen handlungs- und entwicklungsorientierten Unterricht.

Auf der Basis dieser Überlegungen können Sie nun das eingangs skizzierte Unterrichtsbeispiel zur Filmanalyse systematisch unter der Fragestellung analysieren, ob es wichtige Merkmale handlungs- und entwicklungsorientierten Vorgehens enthält und als handlungs- und entwicklungsorientiert bezeichnet werden kann oder nicht.

5 Medien in handlungs- und entwicklungsorientierten Lehr- und Lernprozessen

Im Kapitel 3 wurden allgemeine lerntheoretische und mediendidaktische Grundlagen für die Verwendung und Gestaltung von Medien erörtert. Mit den Überlegungen im Kapitel 4 wurden diese in einen handlungs- und entwicklungsorientierten Rahmen gestellt. Vor diesem Hintergrund sollen in diesem Kapitel zunächst Abläufe von Unterricht mit Mediennutzung und Funktionen von Medien thematisiert werden, ehe ein wichtiger Aufgabenbereich von Lehrenden – die Vorbereitung von Unterricht mit Mediennutzung – besonders in den Blick gerückt wird. Demgemäß ergeben sich für dieses Kapitel drei zentrale Fragen:

(1) Wie sollten handlungs- und entwicklungsorientierte Lehr- und Lernprozesse mit Mediennutzung gestaltet werden?
(2) Welche Funktionen können oder sollen Medien in solchen Lehr- und Lernprozessen übernehmen?
(3) Welche Überlegungen sind für die Vorbereitung von Unterricht mit Medienverwendung wichtig?

Die Bearbeitung dieser Fragen ermöglicht eine lernwirksame und pädagogisch sinnvolle Medienverwendung im Unterricht.

5.1 Mediennutzung im handlungs- und entwicklungsorientierten Unterricht

Für Lehren und Lernen wird eine Vielzahl von Medienangeboten bereitgestellt. Diese umfassen u.a. Schulbücher, Arbeitstransparente, Tonträger, Video, Schulfernsehen, Unterrichtsfilme und computerbasierte Angebote verschiedener Art. Lehrerinnen und Lehrer stehen so bei Ihrer Unterrichtsvorbereitung immer wieder vor der Entscheidung, ob sie die unterrichtlichen Abläufe durch Medienangebote unterstützen wollen, welche Medienangebote sie unter Umständen auswählen sollen und wie sie diese gegebenenfalls in die beabsichtigten Lehr- und Lernprozesse integrieren können.

Beispielsweise könnte ein Lehrer beabsichtigen, einen Unterricht zum Thema »Entscheiden in komplexen Situationen« durchzuführen. Bei der Suche nach einer geeigneten Software für einen solchen Unterricht wird er möglicherweise auf die CD-ROM »Ecopolicy« stoßen.

Die CD-ROM »Ecopolicy« bietet die Möglichkeit, sich in die Rolle einer Regierungskommission zu versetzen, deren Aufgabe es ist, für einen – aus drei Möglichkeiten auszuwählenden – Staat Entscheidungen vorzubereiten, welche die Lage des ausgewählten Staates verbessern sollen. Man hat die Möglichkeit zwischen dem Industrieland »Kybernetien«, dem Schwellenland »Kybinnien« und dem Entwicklungsland »Kyborien« auszuwählen. Die Länder unterscheiden sich durch verschiedene Ausgangssituationen in jeweils acht Lebensbereichen, die sich wechselseitig in ebenfalls unterschiedlicher Weise beeinflussen. Bei den acht Lebensbereichen handelt sich um die Bereiche Politik, Produktion, Umweltbelastung, Lebensqualität, Sanierung, Aufklärung, Vermehrungsrate und Bevölkerungsentwicklung als wichtige Felder eines menschlichen Lebensraumes. Darstellung 5.1.1 zeigt die acht Lebensbereiche sowie die Ausgangssituation für den Industriestaat Kybernetien.

- Der Bereich *Politik* spiegelt die Fähigkeiten und Möglichkeiten der Regierungskommission wider.
- Der Bereich *Sanierung* umfasst nachhaltiges Wirtschaften im Sinne der Verwirklichung von beispielsweise Umweltschutz oder Recycling.
- Im Bereich *Produktion* geht es neben Produktivität und Wachstum von Industrie und Handwerk auch um landwirtschaftliche Produktion und Umsatz von Handel und Dienstleistung.

- Der Bereich *Umweltbelastung* beinhaltet die belastenden Folgen der Eingriffe des Menschen in die Biosphäre.
- Im Bereich *Aufklärung* spiegeln sich Information und Wissen wider, z. B. als Erkenntnisse zur Umwelt, zu einer gesunden Lebensweise oder zu einer verantwortlichen Familienplanung.
- Der Schlüsselbereich *Lebensqualität* schließt verschiedene Aspekte mit ein, die für Gesundheit, Wohlbefinden und Sicherheit der Bevölkerung wichtig sind.
- Der Bereich *Vermehrungsrate* bezieht sich sowohl auf die Zu- und Abwanderung als auch auf die Veränderung der Geburten- und Sterberate.
- Der Bereich *Bevölkerung* umfasst die aktuelle Bevölkerungsanzahl, ihre Zusammensetzung und Ansprüche.

Die acht Lebensbereiche befinden sich in der Ausgangssituation in einem recht desolaten Zustand. Farbige Säulen unterschiedlicher Höhe kennzeichnen den jeweiligen Zustand mit unterschiedlicher

Darstellung 5.1.1: *Lebensbereiche und Ausgangssituation in Kybernetien*

Färbung von grün (in Ordnung) über gelb (Zustand bedenklich) bis rot (gefährlich).

Zu Beginn des Spieles gibt ein Sprecher eine kurze Einführung in die problematische Ausgangssituation des ausgewählten Landes. Anschließend kann sich der Spielende durch Anklicken der verschiedenen Bereiche genauer über die Situation in dem jeweiligen Lebensbereich informieren (vgl. z. B. Darstellung 5.1.2).

Der Spielende hat dann die Möglichkeit, sein Land zu »steuern«, indem pro Spielrunde eine gewisse Anzahl an Aktionspunkten, gleichbedeutend mit Kapital, Arbeitskraft, Rohstoffen oder Einfluss, zur Verfügung gestellt wird. Die Aktionspunkte können in die Bereiche investiert werden, die über solche Investitionen direkt beeinflussbar sind: Sanierung, Produktion, Lebensqualität und Aufklärung. In die anderen Bereiche kann man keine Punkte investieren, sie werden indirekt über die Investitionen in die vier genannten Bereiche beeinflusst. Der Bereich der Produktion ist der einzige, der sich durch Einsatz von Aktionspunkten auch auf einen niedri-

Darstellung 5.1.2: *Die Ausgangssituation des Bereichs Politik im Land Kybernetien*

geren Ausgangszustand zurücksetzen lässt, d.h. die Produktion lässt sich drosseln. Hat man die Aktionspunkte verteilt, lassen sich durch Anklicken des Start-Buttons die Folgen der Investitionen beobachten (vgl. Darstellung 5.1.3).

Es erscheint ein Wirkungsgefüge, das zeigt, welche Ketten von Einflüssen und Rückwirkungen die getroffenen Entscheidungen durch die vorliegende Vernetzung auf das Land haben. Anschließend erhält man einen kurzen Kommentar über die neue Situation des Landes, wie z.B.: »Die Lebensqualität ist leicht angestiegen. Ihren Leuten geht es etwas besser als im letzten Jahr.«

Des Weiteren sieht man, wie sich die neue Situation der jeweiligen Lebensbereiche auf die Handlungsfähigkeit für das nächste Haushaltsjahr auswirkt. Im Vergleich zwischen den unterschiedlichen Ländern erhält man im Industrieland »Kybernetien« beispielsweise deutlich mehr Aktionspunkte als im Entwicklungsland »Kyborien«. Es werden Aktionspunkte zur Verfügung gestellt oder abgezogen, abhängig von der bewirkten Verbesserung oder Ver-

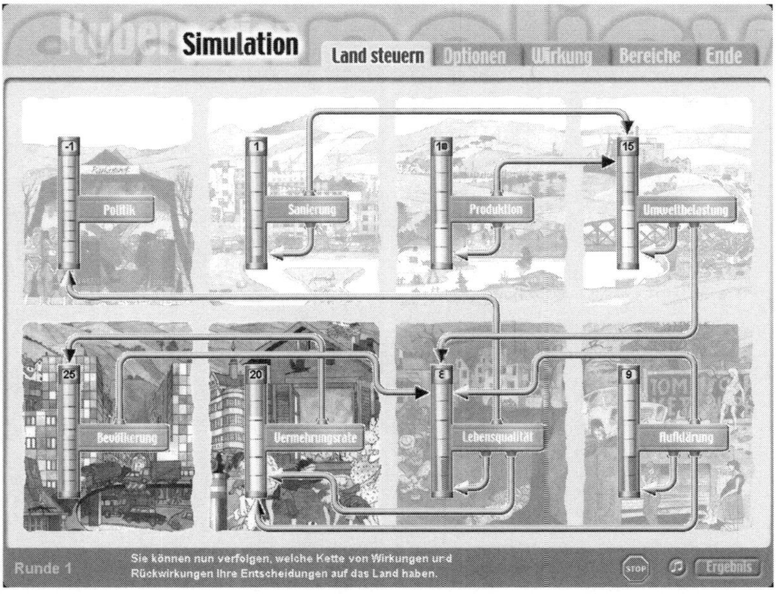

Darstellung 5.1.3: *Simulation der Rückwirkungen der getroffenen Entscheidungen auf die Lebensbereiche*

schlechterung der verschiedenen Bereiche. Durch farbige Hervorhebung wird Aufmerksamkeit auf die Bereiche gelenkt, die sich stark verändert haben, und man kann sich über den neuen Zustand des Bereiches informieren und ihn mit dem Zustand der vorherigen Spielrunde vergleichen. Nach der Spielrunde sorgt gelegentlich ein Zufallsgenerator für ein unerwartetes Ereignis – in Form von »good news« oder »bad news« –, das einen Abzug von oder eine Zugabe zu den gerade erhaltenen Aktionspunkten bewirkt. Der Spielende hat anschließend die Möglichkeit, die getroffenen Entscheidungen zu analysieren, um im nächsten Jahr (d. h. der nächsten Spielrunde) gegebenenfalls andere zu treffen oder die gewählte Strategie fortzusetzen.

Um jeweils begründete Entscheidungen bei der Vergabe von Aktionspunkten herbeizuführen, kann man im Bereich »Wirkung« Informationen über das System und die Wechselwirkungen der vernetzten Bereiche, symbolisiert durch Pfeile, bekommen (vgl. Darstellung 5.1.4).

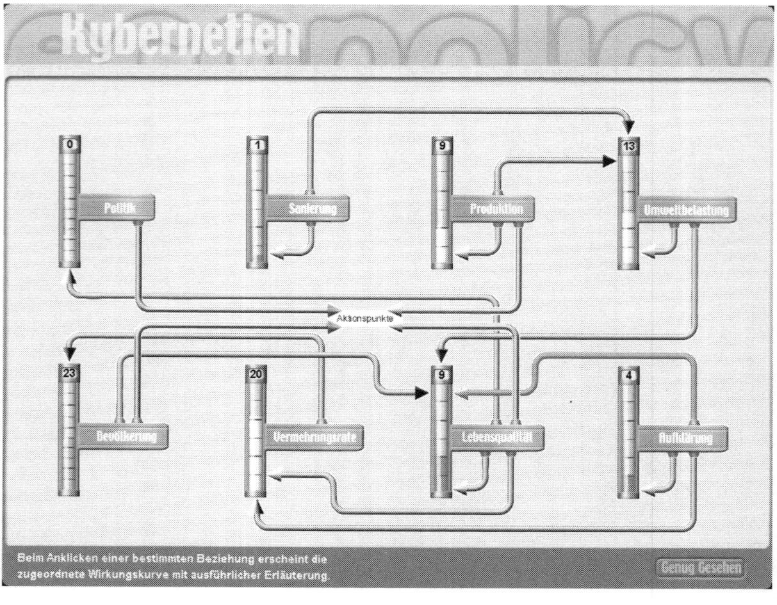

Darstellung 5.1.4: *Wirkungsgefüge und Funktionen bei »Ecopolicy«*

Durch Anklicken der Wirkungspfade lässt sich ein Graph der mathematischen Funktion aufrufen, der die Beziehung zwischen zwei Bereichen darstellt. So zeigt Darstellung 5.1.5 beispielsweise die Veränderung der Lebensqualität in Abhängigkeit von der Aufklärung.

Die Anzahl der Spielrunden kann der Spielende selbst festlegen. Das Spiel endet dann automatisch und man erhält eine Bilanz, die über die Entwicklungen der verschiedenen Lebensbereiche während der Regierungszeit genauen Aufschluss gibt.

Zum einen kann man sich durch Anwählen der verschiedenen Bereiche über den abschließenden Zustand informieren und einer Grafik entnehmen, wie sich der Bereich im Laufe der Regierungszeit entwickelt hat.

Zum anderen kann man eine Schlusssimulation ablaufen lassen, welche die Entwicklungen der acht Bereiche gemeinsam in einer Grafik veranschaulicht (s. Darstellung 5.1.6).

Zuweilen endet das Spiel mit einem Staatsstreich, der durch

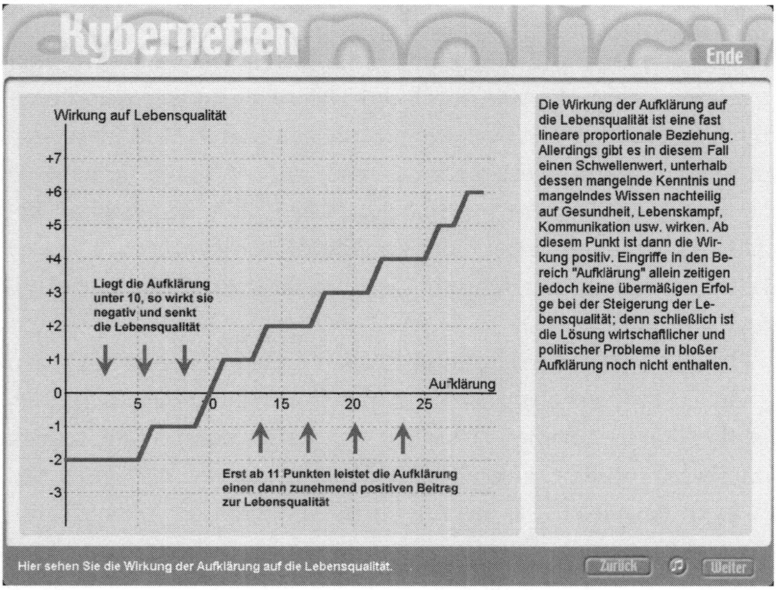

Darstellung 5.1.5: *Wirkung des Bereichs Aufklärung auf den Bereich Lebensqualität*

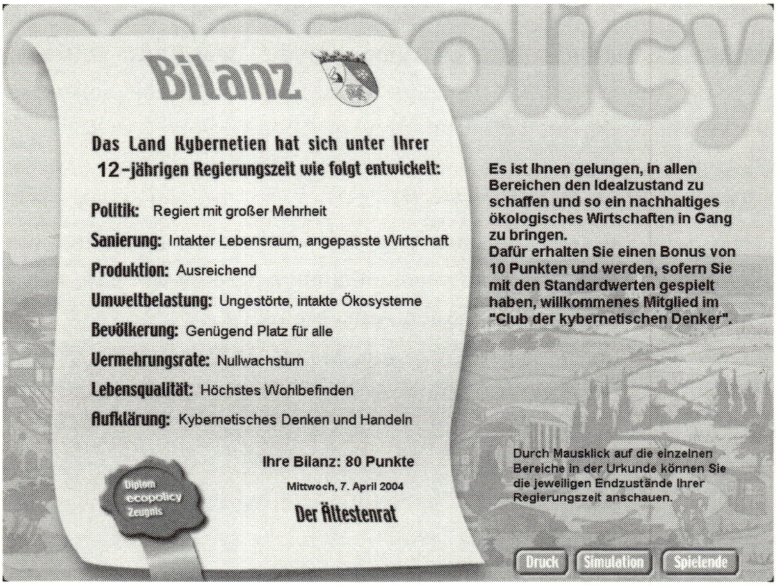

Darstellung 5.1.6: *Bilanz einer Regierungszeit bei »Ecopolicy«*

die problematische Entwicklung eines Bereiches verursacht werden kann, beispielsweise durch eine Bevölkerungsexplosion oder durch einen Sturz der Regierung, verursacht durch Veränderungen im Bereich Politik. Dieser Staatsstreich zeigt, dass die Vernetzung der einzelnen Bereiche im Spielgeschehen nicht hinreichend beachtet wurde. Ziel ist es, nicht nur Einzelentwicklungen, sondern die verschiedenen Bereiche mit ihren Wechselwirkungen zu bedenken.

Hat der Spielende sein Land in allen Lebensbereichen in einen guten Zustand geführt, so wird er in den »Klub der kybernetischen Denker« aufgenommen. Dies hat zur Folge, dass er im Bereich »Stellwerk« weitere Einstellungsmöglichkeiten zur Verfügung hat. Er kann beispielsweise die Ausgangssituationen der Lebensbereiche frei bestimmen oder die Wirkungsfunktionen zwischen zwei Lebensbereichen beeinflussen. So ergeben sich immer wieder neue Spielsituationen, auf die der Spielende mit neuen Strategien reagieren muss.

Es stellt sich die Frage, wie dieses Medienangebot in einen Unterrichtsablauf integriert werden kann, der didaktischen Anforderungen genügt. Im Einzelnen geht es um zwei Aspekte:

- *Wie könnte ein entsprechender Unterrichtsablauf zum Thema »Entscheiden in komplexen Situationen aussehen«?*
- *An welchen Stellen bieten sich welche Passagen der CD-ROM für die unterrichtliche Arbeit an?*

Eine Beantwortung dieser Fragen setzt Überlegungen zu folgenden Gesichtspunkten voraus:

1. Welche Anforderungen sind aus didaktischer bzw. handlungs- und entwicklungsorientierter Sicht an Unterricht mit Medienverwendung zu stellen?
2. Welche unterrichtlichen Abläufe und Mediennutzungen sind – im Aspekt der Anforderungen – wünschenswert?

Entsprechende Überlegungen können generelle Hilfen für Medienentscheidungen und unterrichtliche Planungen geben.

5.2.1 Anforderungen an Unterricht mit Medienverwendung aus didaktischer Sicht

Die Arbeit mit Medien muss sich in der Schule in geeignete Lern- und Arbeitsformen eingliedern. Für die heutige und zukünftige Schule sind vielfältige Lern- und Arbeitsformen notwendig und sinnvoll.

Prozesse, die auf Lernen und Entwicklung gerichtet sind, finden in der Schule in der Regel in Form des Unterrichts statt. Dieser wird üblicherweise weitgehend von einer Lehrperson gesteuert. Mit der Zeit haben sich allerdings auch andere Formen des Lernens und Arbeitens herausgebildet, z.B. Kreisgespräch, Freie Arbeit, Wochenplanarbeit, Stationenlernen und Projektarbeit.

Für die Zukunft lässt sich vermuten, dass es in der Schule vielfältige Lern- und Arbeitsformen geben wird. Dabei zeichnen sich folgende Tendenzen ab:

(1) Angesichts vielfältiger Veränderungen in der außerschulischen Lebenswelt – einschließlich der intensiven Nutzung von Medien – wird die Notwendigkeit wachsen, dass Schule die Möglichkeit bietet, außerschulische Erfahrungen einzubringen, auszutauschen, zu besprechen und aufzuarbeiten. Dazu eignen sich u. a. *freie Formen des Erfahrungsaustausches* und *des Gesprächs.* Solche Formen tragen zugleich der Entwicklung Rechnung, dass Schule ihr Informations- und Lernmonopol verloren hat und dass Lernen und Bildung auch außerhalb der Schule stattfinden.

(2) Die Heterogenität von Interessenlagen bzw. Lernvoraussetzungen sowie das Ziel, selbstständiges Lernen grundzulegen, wird dazu führen, dass mehr Raum für *selbsttätiges Arbeiten* gegeben wird. Das kann in Einzel-, Partner- und Kleingruppenarbeit geschehen. Medien – vom Buch bis zu Computer und Internet – sind als wichtige Arbeitsmittel und Lernhilfen anzusehen. Lernecken und medial ausgestattete Klassenräume können als »Lernumgebungen«, Bibliotheken und Mediotheken als »Lernlandschaften« dienen. Allerdings sollte die selbsttätige Arbeit nicht dazu führen, dass Lernen vorwiegend oder gar nur noch individuell verläuft. Das wäre aus pädagogischer Sicht nicht sinnvoll, u. a. weil

- eine auf Verantwortung zielende soziale Entwicklung der personalen Begegnung und der sozialen Interaktion bedarf,
- Lern- und Arbeitsformen die Möglichkeit bieten sollen, soziale Bedürfnisse einzubringen,
- die Schule auch eine ausgleichende Funktion im Hinblick auf Vereinzelungs- und Individualisierungstendenzen im außerschulischen Bereich hat,
- alle Kinder und Jugendlichen – unabhängig von ihrem familiären Hintergrund – das Recht auf eine Lern- und Entwicklungsförderung in einem sozialen Rahmen haben.

In diesem Sinne hat Schule eine besondere Aufgabe und Funktion als Ort sozialer Begegnung.

(3) Vor dem Hintergrund obiger Überlegungen kann man davon ausgehen, dass Lernen und Entwicklungsförderung auch in der Schule der Zukunft über weite Strecken im sozialen Rahmen von Lerngruppen unter Anregung und Unterstützung einer Lehrperson, d.h. als *Unterricht*, stattfinden werden. Diese Grundposition schließt keineswegs aus, sondern ein, dass Medien zur Anregung und Unterstützung von Lernprozessen verwendet und individuelle Lernphasen im Rahmen sozial eingebetteter Lernprozesse eingeplant werden. Dabei ist es allerdings wichtig zu überlegen, wie der Unterricht der Zukunft aussehen sollte.

(4) Neben oder im Zusammenhang mit den obigen Lern- und Arbeitsformen gibt und wird es in der Schule *vielfältige Aktivitäten des Schullebens* geben. Diese können von der Anlage und Betreuung eines Schulgartens bis zur Vorbereitung und Durchführung von Schulfesten reichen. Solche Aktivitäten lassen sich zum Teil in Form von Projekten durchführen. Allerdings kann auch die unter (3) angesprochene Form des Unterrichts in projektartiger Weise gestaltet werden. Projekte und Unterricht lassen sich dabei unter Umständen mit medienpädagogischen Intentionen verbinden.

Bezogen auf die genannten Lern- und Arbeitsformen kann die Verwendung von Medien vor allem beim selbsttätigen Lernen sowie im Rahmen von Unterricht und Projekten eine bedeutende Rolle spielen. Die Anforderungen an die Medien und ihre Verwendung in verschiedenen Lern- und Arbeitsformen können sich zwar in gewissen Grenzen unterscheiden, aber man kann einige Anforderungen formulieren, die für alle Lern- und Arbeitsformen bedeutsam sind.

Wertet man die didaktische und pädagogisch-psychologische Literatur unter der Frage aus, welche Grundsätze für Unterricht generell – und damit auch für Unterricht mit Mediennutzung – gelten sollen, so lassen sich folgende Forderungen formulieren (vgl. TULODZIECKI 1996b, S. 108ff.):

(1) Unterricht soll jeweils von einer – für die Lernenden bedeutsamen – *Aufgabe* ausgehen. Solche Aufgaben können Erkundungsaufgaben, Probleme, Entscheidungsfälle, Gestaltungs- und Beurteilungsaufgaben sein.

- Eine Erkundungsaufgabe kann z. B. darin bestehen, wichtige Thesen und Forschungsergebnisse zum Thema Gewalt in Schulen zusammenzutragen und zu dokumentieren.
- Ein Problem ist z.B. gegeben, wenn für einen Haushalt, der einen relativ hohen Strom- und Gasverbrauch aufweist, Vorschläge entwickelt werden sollen, wie dieser ohne größeren Verlust an Komfort und Behaglichkeit gesenkt werden könnte.
- Ein Entscheidungsfall kann so gestaltet sein, dass für einen Betrieb, der in der letzten Zeit viele Verluste hinnehmen musste, eine Auswahl zwischen verschiedenen Maßnahmen zur Sanierung getroffen werden muss.
- Eine Gestaltungsaufgabe liegt z. B. vor, wenn sich eine Schülergruppe entschließt, eine multimediale Homepage für ihre Schule zu produzieren. Vorliegende Homepages können dafür zunächst als Gegenstand der Analyse und als Anregung dienen, ehe eine eigene Homepage erstellt wird.
- Eine Beurteilungsaufgabe besteht z. B. darin, Formen der Telearbeit zunächst mit Netzunterstützung zu erproben und auf dieser Basis in eine Analyse und Kritik aus sozialer und gesellschaftlicher Perspektive einzutreten.

(2) Unterricht soll darauf gerichtet sein, *vorhandene Kenntnisse oder Fertigkeiten* zu einem Themengebiet zu *aktivieren* und – von dort ausgehend – eine Korrektur, Erweiterung, Ausdifferenzierung oder Integration von Kenntnissen und Vorstellungen zu erreichen.

(3) Unterricht soll eine *aktive* und *kooperative Auseinandersetzung* der Lernenden mit einer Aufgabe ermöglichen, indem – auf der Basis geeigneter Informationen – selbstständig Lösungswege entwickelt und erprobt werden.

(4) Unterricht soll den *Vergleich* unterschiedlicher Lösungen ermöglichen sowie eine *Systematisierung* und *Anwendung* angemessener Kenntnisse und Vorgehensweisen sowie deren Weiterführung und *Reflexion.*

Auf der Basis dieser Forderungen bietet sich folgende *idealtypische Strukturierung* für einen handlungs- und entwicklungsorientierten Unterricht an:

- Aufgabenstellung, Sammeln und Problematisieren spontaner Lösungsvermutungen,
- Zielvereinbarung,
- Verständigung über das Vorgehen,
- Erarbeitung von Grundlagen für die Aufgabenlösung,
- Durchführung der Aufgabenlösung,
- Vergleich von Lösungen und Zusammenfassung des Gelernten,
- Einführen von Anwendungsaufgaben und deren Bearbeitung,
- Weiterführung und Reflexion des Gelernten und der Lernwege.

Es stellt sich die Frage, an welchen Stellen in solchen Lehr-Lernprozessen mediale Angebote zur Anregung und Unterstützung des Lernens dienen können.

5.1.2 Unterrichtliche Abläufe mit Medienverwendung

Die folgenden Überlegungen beziehen wir auf computerbasierte Medienangebote. Die Überlegungen sind allerdings auf die Medienverwendung generell übertragbar.

Bei den Erläuterungen gehen wir davon aus, dass für den Unterricht hinreichend computerbasierte Arbeitsplätze zur Verfügung stehen, die in ein Netz eingebunden sind (vgl. auch BREITER/KUBICEK 1999). Unter dieser Bedingung lassen sich die einzelnen Phasen in einem unterrichtlichen Ablauf z. B. folgendermaßen gestalten (vgl. TULODZIECKI 1994):

In der Phase der *Aufgabenstellung* können durch Rückgriff auf *Filme, Bilder, Tonteile, Texte oder Simulationsprogramme,* z. B.

von einer CD-ROM, interessante Erkundungsaufgaben, Probleme, Entscheidungsfälle, Gestaltungs- oder Beurteilungsaufgaben eingeführt werden:

- Beispielsweise kann die Erkundungsaufgabe zum Thema »Gewalt in der Schule« durch einen Filmbeitrag mit einer Fallschilderung eingeführt werden.
- Das Problem des hohen Stromverbrauchs lässt sich über ein Hörspiel, in dem eine Familie über ihre hohen Energiekosten spricht, ins Bewusstsein bringen.
- Der Sanierungsfall eines Betriebs kann durch einen schriftlichen Text erläutert werden.
- Die Aufgabe, eine Homepage für die eigene Schule zu gestalten, lässt sich durch die Vorstellung verschiedener vorhandener Homepages von anderen Schulen anregen.
- Die Beurteilung der Telearbeit kann durch Erfahrungen bei einem »Nachstellen« von Telearbeitssituationen bzw. die simulierende Bearbeitung von typischen Arbeitsaufträgen für die Telearbeit motiviert werden.

Von solchen – mit medialer Unterstützung eingeführten – Aufgaben ausgehend, sollten dann im personal geführten Gespräch in der jeweiligen Lerngruppe spontane Lösungsvermutungen gesammelt und im Hinblick auf die mit ihnen verbundenen Fragen problematisiert werden.

In der Phase der *Zielvereinbarung* sollten die Ziele der Unterrichtseinheit oder des Projekts im personal geführten Gespräch festgelegt und ihre gegenwärtige oder zukünftige Bedeutung bedacht werden. Wenn es sich als sinnvoll erweist, können die Ziele in geeigneter Weise mit Hilfe von Medien festgehalten werden.

Die Phase der *Verständigung über das Vorgehen* sollte dem personal geführten Gespräch in der Lerngruppe vorbehalten bleiben. Dabei geht es darum, Fragen zusammenzutragen, die für die Bearbeitung der Aufgabe wichtig sind, und geeignete Vorgehensweisen abzustimmen. Der Vorgehensplan lässt sich dann – die Planungsphase abschließend – festhalten, sodass sich alle Beteiligten über die Arbeitsschritte und von ihnen übernommene Aktivitäten jederzeit wieder informieren können. Dies ist besonders bei projektorientiertem Lernen – wie etwa der Erstellung einer Homepage – wichtig.

In der Phase der *Erarbeitung von Grundlagen für die Aufgabenlösung* lassen sich über computerbasierte Arbeitsplätze Informationen abrufen bzw. erarbeiten. Als Informationsquellen oder Lernhilfen können z.B. Filme, Bilder, Tonteile, Texte oder Werkzeuge verwendet werden.

Beispielsweise lassen sich – bezogen auf die obigen Aufgaben – mit geeigneten Suchilfen bzw. Suchmaschinen aus dem Internet oder einschlägigen CD-ROMs Informationen zur Gewalt in der Schule, zu Energieverbrauchsstellen im Haushalt und Einsparungsmöglichkeiten, zu Sanierungsmaßnahmen in Betrieben und ihren Vorzügen und Nachteilen, zu Gestaltungsmöglichkeiten für Homepages oder zur Telearbeit zusammentragen.

Die erarbeiteten Informationen können dann – als Grundlagen für die Aufgabenlösung – festgehalten und für alle Nutzer verfügbar gehalten werden.

In der Phase der *Aufgabenlösung* geht es um das selbstständige Umdenken der erarbeiteten Informationen auf die eingangs gestellte Aufgabe. Dies kann in Einzel-, in Partner- oder in Kleingruppenarbeit geschehen. Dabei können u.U. computerbasierte Werkzeuge oder Präsentationshilfen verwendet werden.

- Wichtige Erkundungsergebnisse zur Frage der Gewalt in der Schule können mit Hilfe eines Textverarbeitungs- und Bildbearbeitungsprogramms in strukturierter Form aufbereitet werden.
- Bei der Entwicklung von Vorschlägen für die Energieeinsparung kann ein Rechen- und Kalkulationsprogramm helfen.
- Für den Entscheidungsfall, geeignete betriebliche Maßnahmen zur Sanierung auszuwählen, steht unter Umständen ein Simulationsprogramm zur Verfügung.
- Die Gestaltung einer Schulhomepage kann mit Hilfe geeigneter Werkzeuge, z.B. eines html-Editors vorgenommen werden, ehe die Präsentation im Netz erfolgt.

- Die Beurteilung der Telearbeit lässt sich unter Nutzung eines Textverarbeitungsprogramms als schriftliche Stellungnahme mit einem geeigneten Layout gestalten.

Wichtig ist in dieser Phase, dass die Computerprogramme nur *Werkzeugfunktion* übernehmen und Präsentationen nur als *Gegenstand* der Analyse dienen, sodass die eigentlichen Aufgabenlösungen selbstständig erarbeitet werden. Diese sollten dann dokumentiert und für die Präsentation aufgearbeitet werden.

In der Phase des *Vergleichs und der Zusammenfassung* sollten die dokumentierten Aufgabenlösungen den anderen Mitgliedern der Lerngruppe zunächst präsentiert und dann personal kommentiert werden. Für den Vergleich und die Zusammenfassung ist das personal geführte Gespräch in der Lerngruppe sinnvoll und wünschenswert. Zusammenfassende Aussagen lassen sich abschließend in computergestützter Form festhalten bzw. für alle dokumentieren.

In der Phase der *Anwendung* können – ähnlich wie in der Phase der Aufgabenstellung – interessante Anwendungsaufgaben mit Hilfe von Filmen, Bildern, Tonteilen, Texten oder Simulationsprogrammen, die sich über computerbasierte Arbeitsplätze abrufen lassen, eingeführt werden. Die Bearbeitung der Aufgaben muss dann allerdings *selbstständig* durch die Lernenden geleistet werden, wobei Computerprogramme und Präsentationshilfen wieder als Werkzeuge oder als Gegenstand der Analyse dienen können. Rückmeldungen zu den Aufgabenlösungen können im personal geführten Gespräch erfolgen.

In der Phase der *Weiterführung und Bewertung* sind zunächst im personal geführten Gespräch Fragen zusammenzustellen, welche die Lernenden im Zusammenhang des Themas noch interessieren. Gegebenenfalls können zu den Fragen Informationen über computerbasierte Arbeitsplätze abgerufen werden. Ansonsten ist die personal geführte Diskussion für weiterführende Fragen wünschenswert. Die abschließende Reflexion und Bewertung des Gelernten und des Lernweges sollten dem personal geführten Gespräch überlassen bleiben. Dabei sollte auch die Verwendung der

Medienangebote selbst zum Gegenstand der Reflexion gemacht werden (vgl. auch Abschnitt 6.2).

Die obigen Überlegungen bezogen sich auf die Gestaltung von Lehr- und Lernprozessen in einer bestimmten Lerngruppe. Durch die Internetverbindung mit anderen Schulen, Personengruppen oder Institutionen ergeben sich zusätzliche Möglichkeiten der Information und des Austausches. Diese können in verschiedenen Lern- und Arbeitsformen genutzt werden und unterschiedlichen Zwecken dienen, z. B.:

a) *Präsentation von Arbeitsergebnissen:* Eine Schulklasse kann z. B. das Ergebnis der Auseinandersetzung mit einem bestimmten Thema, etwa mit der Frage der angeblichen Politikverdrossenheit von Jugendlichen, ins Netz stellen.
b) *Allgemeiner Informationsaustausch:* Zwei oder mehr Lerngruppen oder Schulen können einen allgemeinen Informationsaustausch vereinbaren und pflegen, z. B. eine deutsche und eine französische Schulklasse.
c) *Gezielte Informationshilfe:* Wird bei der Bearbeitung eines Themas vermutet, dass eine Partnerklasse, andere Personengruppen oder Institutionen zu diesem Thema wichtige Informationen geben können, lässt sich über das Internet gezielt um solche Informationen bitten, z. B. könnte eine französische Schulklasse um Informationen zum französischen Schulsystem gebeten werden.
d) *Parallel-vergleichende Bearbeitung eines Themas:* Zwei oder mehr Lerngruppen können sich auf eine Aufgabe einigen, dazu parallel Informationen zusammentragen und Lösungen erarbeiten, die dann gegenseitig vorgestellt und im Vergleich diskutiert werden, z. B. die Beurteilung der Architektur in zwei verschiedenen Städten.
e) *Gemeinsame Bearbeitung eines Themas:* Zwei oder mehr Lerngruppen können mit Hilfe von Telekommunikationsnetzen eine Aufgabe gemeinsam bearbeiten, z. B. Probleme des Europäischen Arbeitsmarktes.
f) *Gemeinsame Gestaltung eines Produkts oder einer Aktion:* Zwei oder mehr Lerngruppen verständigen sich auf die gemein-

same Gestaltung eines Produkts oder einer Aktion und realisieren die Planung und/oder die Durchführung mit Hilfe des Internets, z. B. die gemeinsame Herausgabe einer Schülerzeitung.

Mit diesen Hinweisen sollten verschiedene Möglichkeiten der Anregung und Unterstützung von Unterricht durch computerbasierte Angebote aufgezeigt werden. Dabei sind zum Aufweis der Möglichkeiten besonders viele Funktionen benannt worden, die prinzipiell von computerbasierten Angeboten übernommen werden könnten.

Der Aufweis verschiedener Funktionen von Medien in Lehr-Lernprozessen soll jedoch nicht besagen, dass alle diese Funktionen im einzelnen Lernprozess auch von computerbasierten Angeboten übernommen werden müssten bzw. sollten. Im konkreten Fall sollte die Medienverwendung von den jeweiligen Zielen, Inhalten und Lernvoraussetzungen abhängig gemacht werden. Dabei wird es zum Teil große Unterschiede zwischen der Medienverwendung in der Grundschule, der Sekundarstufe I und der Sekundarstufe II geben.

Vor dem Hintergrund dieser Überlegungen lassen sich lernförderliche und lernwirksame Unterrichtseinheiten oder Projekte mit Medienverwendung entwickeln. Im Sinne einer Anwendung können Sie nun einen Vorschlag für einen handlungs- und entwicklungsorientierten Unterrichtsablauf unter Verwendung der eingangs vorgestellten CD-ROM »Ecopolicy« entwerfen.

5.2 Funktionen von Medien im handlungs- und entwicklungsorientierten Unterricht

Handlungsorientierter Unterricht sollte – gemäß Abschnitt 5.1 – verschiedene Phasen umfassen. Für einige dieser Phasen bietet sich die Verwendung von Medien an. Dabei können Medien unterschiedliche Funktionen übernehmen, z. B. Informationsquelle oder Lernhilfe. Für andere Phasen ist die personale Kommunikation wichtig und auch geeigneter. Dies sollte nicht nur bei der Verwendung von Medienangeboten, sondern schon bei ihrer Entwicklung bedacht werden.

So stellt sich bei Bereitstellung von Materialien für einen bestimmten Themenbereich – z. B. auf einer CD-ROM oder auf anderen Trägern – für die Entwickler solcher Materialien jeweils die Frage, welche Materialien zusammengestellt oder entworfen bzw. produziert werden sollen.

Stellen Sie sich in diesem Zusammenhang bitte einmal vor, dass Sie in einem Team, das eine CD-ROM zu wirtschafts- und sozialkundlichen Fragen entwickelt, ein Konzept für den Themenbereich »Kaufvertrag« entwerfen sollen. Grundsätzlich besteht die Möglichkeit, Filmsequenzen, Hörszenen, schriftliche und gesprochene Texte, Grafiken und Bilder zu produzieren bzw. auf der CD-ROM zu speichern. Die Materialien sollen so konzipiert sein, dass sie in einem handlungsorientierten Unterricht Verwendung finden können bzw. sich sinnvoll in Phasen des handlungsorientierten Unterrichts integrieren lassen. Die CD-ROM soll sich vor allem für die 8. bis 10. Klasse der Sekundarstufe I eignen.

Im Folgenden finden Sie eine mögliche inhaltliche Zusammenfassung zum Thema Kaufvertrag. Damit soll jedoch der inhaltliche Rahmen nicht festgelegt werden. Die inhaltliche Zusammenfassung soll nur markieren, was die Schülerinnen und Schüler am Ende einer handlungs- und entwicklungsorientierten Auseinandersetzung mit dem Thema als Mindestwissen in ihrem Bewusstsein haben sollen (vgl. zum Thema Kaufvertrag z. B. AUE-KLEB 1985, S. 87 ff.).

1. Unter einem Kauf versteht man den Austausch von Ware gegen Geld. Kaufgegenstand kann eine Sache, z. B. ein Moped, oder ein Recht, z. B. das Recht eine bestimmte Wegstrecke in einem ICE zu fahren, sein.
   Ein Kaufvertrag kommt durch zwei inhaltlich übereinstimmende und rechtsgültige Willenserklärungen durch mindestens zwei Partner zustande. Die Willenserklärungen können mündlich (z. B. in einem Ladenlokal), schriftlich (z. B. Bestellung aus einem Katalog), stillschweigend (z. B. Kauf an einem Automaten) oder durch schlüssiges Handeln (z. B. Einsteigen in einen Bus) erfolgen.

2. Ein Kaufvertrag sollte folgende Regelungen umfassen: Bezeichnung der Ware, Menge, Preis, Zahlungs- und Lieferbedingungen.

3. Mit dem Abschluss eines Kaufvertrages entstehen für den Käufer die Verpflichtungen, den Kaufpreis zu zahlen sowie die Ware anzunehmen, und für den Verkäufer die Verpflichtungen, die Ware mängelfrei zu übergeben sowie dem Käufer das Eigentum zu verschaffen.

4. Beim Kauf einer Ware treten manchmal Konflikte zwischen Käufer und Verkäufer auf, z.B. wenn Mängel an der Ware festgestellt werden oder Lieferungsverzug entsteht.

5. Mängel können offen sein (bei der Übergabe der Ware erkennbar), verdeckt sein (bei der Übergabe der Ware nicht erkennbar) oder arglistig verschwiegen werden (absichtlich verheimlicht). Der Käufer muss die Mängelrüge innerhalb von 6 Monaten (bei arglistig verschwiegenen Mängeln 3 Jahre) nach dem Zeitpunkt der Lieferung geltend machen.

6. Lieferungsverzug ist gegeben,

   - wenn ein fester Termin kalenderbezogen vereinbart wurde und nicht eingehalten wird oder
   - wenn der Liefertermin nicht genau kalendermäßig, sondern nur allgemein angegeben ist und die Lieferung trotz Mahnung mit Nachfrist nicht eingehalten wird.

7. Rechte des Käufers bei mangelhafter Lieferung sind:

   - Wandlung (Rückgängigmachen des Kaufvertrages),
   - Ersatzlieferung (Umtausch der Ware),
   - Minderung (Preisnachlass),
   - Schadensersatz (bei arglistig verschwiegenen Mängeln oder bei Fehlen zugesicherter Eigenschaften).

8. Rechte des Käufers bei Lieferungsverzug sind:

   - Ablehnung der Lieferung und Rücktritt vom Vertrag,
   - Ablehnung der Lieferung und Forderung von Schadensersatz,

- Bestehen auf der Lieferung und gegebenenfalls Forderung von Schadensersatz wegen verspäteter Lieferung.

Es stellt sich die Frage, wie die Konzeption einer CD-ROM für diesen Themenbereich mit Blick auf einen handlungs- und entwicklungsorientierten Lehr-Lernprozess aussehen sollte. Dafür sind drei Überlegungen wichtig:

- *In welchen Phasen eines möglichen Lehr- und Lernprozesses zum Thema »Kaufvertrag« bietet sich die Medienverwendung an?*
- *Welche Funktionen sollen mögliche Materialien in den einzelnen Phasen haben?*
- *Wie lassen sich wünschenswerte Funktionen bei der Konzepterstellung umsetzen?*

Diese Fragen hängen mit Klärungen zu drei generellen Gesichtspunkten zusammen:

(1) Welche Funktionen kommen der Medienverwendung in verschiedenen Phasen eines handlungs- und entwicklungsorientierten Unterrichts zu?
(2) Welche Vorzüge und Grenzen der Medienverwendung sind dabei zu bedenken?
(3) Wie können wünschenswerte Funktionen bei der Entwicklung von Medien umgesetzt werden?

Entsprechende Überlegungen sind sowohl für die eigene Gestaltung von Medienbeiträgen als auch für die Verwendung vorhandener Medienangebote wichtig.

5.2.1 Funktionen von Medien in verschiedenen Phasen handlungs- und entwicklungsorientierter Lehr- und Lernabläufe

Im Folgenden werden für die einzelnen Phasen eines handlungs- und entwicklungsorientierten Vorgehens mögliche Funktionen von Medien bzw. von medialen Bestandteilen erörtert (vgl. dazu auch Abschnitt 5.1).

Als Phasen nehmen wir gemäß den bisherigen Überlegungen zu einem handlungs- und entwicklungsorientierten Unterricht in den Blick:

- Aufgabenstellung,
- Vereinbarung von Zielen,
- Verständigung über das Vorgehen,
- Erarbeitung von Grundlagen,
- Aufgabenlösung,
- Vergleich von Aufgabenlösungen und Zusammenfassung,
- Anwendung,
- Weiterführung und Reflexion.

In der *Phase der Aufgabenstellung* geht es darum, Lernprozesse durch geeignete Erkundungsaufgaben, Probleme, Entscheidungsfälle, Gestaltungs- oder Beurteilungsaufgaben anzuregen. Dabei können Medien die Funktion haben, eine Aufgabe zu vermitteln, im Rahmen der Aufgabenstellung Sachverhalte für die weitere Auseinandersetzung zu präsentieren, Beispiele oder Materialien für spätere eigene Gestaltungen bereitzustellen.

- Beispielsweise kann ein interessantes physikalisches Phänomen – etwa, dass man mit Hilfe eines Flaschenzuges eine relativ schwere Last mit relativ geringem Kraftaufwand anheben kann – in einer kurzen filmischen Demonstration gezeigt werden. Die filmische Demonstration kann mit der Frage abschließen, wie man dieses Phänomen erklären und jeweils berechnen kann und welche Kraft man bei einem bestimmten Flaschenzug für eine vorgegebene Last benötigt.
- Bei dem vorgegebenen Beispiel wird der dargestellte Flaschenzug im weiteren Verlauf des Lehr-Lernprozesses selbst zum Objekt der Überlegungen bzw. der Analyse. Es sind auch Fälle denkbar, in denen man ein Objekt für die weitere Analyse und Bewertung präsentiert, ohne dass die Aufgabenstellung selbst medial vermittelt wird. Beispielsweise könnten in einem Unterricht zum Impressionismus ein Bild von Cézanne und ein Bild von Monet vorgestellt werden. Von der Lehrperson ließe sich

dann die Aufgabe einführen, die beiden Bilder hinsichtlich gemeinsamer und unterschiedlicher Gestaltungsmerkmale zu vergleichen und zu bewerten.

- Eine andere Funktion von Medien in der Phase der Aufgabenstellung kann darin bestehen, allgemeine Beispiele für nachfolgende eigene Gestaltungen vorzustellen, um situationsspezifische Lösungen anzuregen. Wenn sich zum Beispiel eine Schulklasse entschließt, eine Homepage für ihre Schule zu entwickeln, so liegt es nahe, vorab vorhandene Homepages von anderen Schulen vorzustellen, um damit Anregungen für die eigene Gestaltung zu vermitteln.
- Schließlich kann die Funktion von Medien darin bestehen, Materialien für die weitere Bearbeitung oder eigene Gestaltung bereitzustellen. Wenn Schülerinnen und Schüler beispielsweise einen eigenen Hypertext zur Architektur in der eigenen Stadt erstellen sollen, können verschiedene Fotos aus dem Stadtarchiv auf einer CD-ROM bereitgestellt werden.

Außer der Einführung einer Aufgabe gehört in die Phase der Aufgabenstellung die Sammlung erster Lösungsansätze und -vermutungen. Diese kann zunächst im Gespräch erfolgen. Unter Umständen bietet es sich an, die spontanen Lösungsvorschläge festzuhalten, z.B. an der Tafel, auf einer Folie oder in einem computerbasierten Notizenfeld. Wo immer die ersten Lösungsvorschläge festgehalten werden, den Medien kommt hier die Funktion der Speicherung zu.

In der *Phase der Vereinbarung von Zielen* geht es darum, möglichst im personal geführten Gespräch die Ziele für das anstehende Projekt oder die vorgesehene Unterrichtseinheit mit den Lernenden zu vereinbaren. Diese Ziele können als Orientierungspunkte für die folgende Auseinandersetzung mit einem Thema wieder medial festgehalten bzw. gespeichert werden.

In der *Phase der Verständigung über das Vorgehen* sollte in Absprache mit den Lernenden zunächst geklärt werden, welche Fragen zu bearbeiten sind, um die eingeführte Aufgabe lösen zu können. Danach sollten Vorgehensweisen zur Bearbeitung der Fragen bedacht werden. Schließlich sollte das Vorgehen insgesamt besprochen werden. Auch hier lassen sich – diese Phase abschließend – die zu bearbeitenden Fragen und Verfahrensweisen als Übersicht über das Vorgehen medial speichern.

In der Phase der *Erarbeitung von Grundlagen für die Aufgabenlösung* können Medien in unterschiedlicher Funktion zur Geltung kommen, und zwar als Informationsquelle, als Lernhilfe oder als Werkzeug.

- Beispielsweise können für einen Vergleich der eingangs genannten impressionistischen Bilder von Cézanne und Monet Sachbücher bzw. CD-ROMs zum Impressionismus, die Informationen zu generellen Gestaltungsmerkmalen und Stilmitteln des Impressionismus sowie zu einschätzend-bewertenden Kriterien von Kunstwerken enthalten, bereitgestellt werden.
- Mit Bezug auf das Beispiel des Rollenflaschenzugs ist es denkbar, dass ein computerbasiertes Lernprogramm genutzt wird, um physikalische Gesetze und ihre Anwendungen im Bereich der Mechanik zu erarbeiten. Unter Umständen ist dazu zunächst eine Einführung in die Nutzung des Lernprogramms erforderlich.
- Im Hinblick auf die Gestaltung eines eigenen Hypertextes, der dann ins Netz gestellt werden soll, wäre es notwendig – soweit entsprechende Kenntnisse und Handhabungsfertigkeiten noch nicht vorliegen –, sich in entsprechende Programme zur Erstellung von Hypertexten einzuarbeiten. Ein analoges Beispiel läge vor, wenn man zu der Frage des Rollenflaschenzuges ein kleines Simulationsprogramm nutzen wollte, das in Abhängigkeit von der hochzuziehenden Last für verschiedene Arten von Flaschenzügen die notwendige Kraft berechnet. Denkbar wäre auch, dass die Schülerinnen und Schüler selbst eine computerbasierte Simulation zu dieser Frage erstellen und sich zunächst in ein Programm zur Gestaltung eigener Simulationen einarbeiten.

In welcher Weise die Erarbeitung von Grundlagen auch erfolgt, stets ist es sinnvoll, wichtige Grundlagen festzuhalten, sodass in allen Fällen wieder die Speicherfunktion von Medien zum Tragen kommen kann.

In der *Phase der Aufgabenlösung* lassen sich Medien nutzen, um den Lösungsprozess zu unterstützen; sie dürfen ihn jedoch nicht vorwegnehmen. Dabei können Medien als Objekt der Analyse und Beurteilung oder als Werkzeug dienen.

- Beispielsweise bekommen – bezogen auf das Impressionismusbeispiel – die Bilder von Cézanne und Monet für die Erarbeitung einer vergleichenden und bewertenden Stellungnahme jeweils die Funktion von Analyse- und Beurteilungsobjekten.
- Mögliche Programme zur Erstellung eines Hypertextes oder für eine Simulation würden demgegenüber eine Werkzeugfunktion übernehmen.

Die erarbeitete Aufgabenlösung sollte zugleich festgehalten und als Präsentation für andere aufbereitet werden.

In der *Phase des Vergleichs und der Zusammenfassung* erhalten Medien unter Umständen die Funktion, verschiedene Arbeitsergebnisse zu präsentieren und der Diskussion zugänglich zu machen. Außerdem lassen sich zum Vergleich auch externe Lösungen einbringen, die dann die Funktion von Objekten für eine vergleichende Analyse und Bewertung haben. Die Zusammenfassung sollte letztlich im personalen Gespräch erarbeitet werden, lässt sich dann aber wieder medial speichern.

In der *Phase der Anwendung* und bei der Präsentation von Anwendungsergebnissen können verschiedene der genannten Funktionen noch einmal im Aspekt von Anwendungen auftauchen: Vermitteln von Anwendungsaufgaben, Präsentation von Sachverhalten für die anwendende Auseinandersetzung, Bereitstellen von weiteren Informationsquellen und Lernhilfen oder von Materialien für die Bearbeitung, Bereitstellen von Werkzeugen sowie von Instrumenten für Speicherung und Präsentation von Zwischen- und Arbeitsergebnissen.

In der *Phase der Weiterführung und Bewertung* liegt es nahe, zunächst Fragen zusammenzustellen, welche die Lernenden im Zusammenhang mit dem Thema noch interessieren. Dazu können dann weitere Medien als Informationsquellen genutzt werden. Eventuell werden Ereignisse entsprechender Recherchen gespeichert und in der Lerngruppe präsentiert.

Die bisherigen Überlegungen bezogen sich im Wesentlichen auf einen Prozess, in welchem die Medienverwendung im Rahmen von personal angeleiteten Lernphasen unter Präsenz der teilnehmenden Lernenden geschieht.

Die Arbeit mit Computernetzen erlaubt, dass solche Prozesse unter Einbeziehung externer Interessierter ausgeweitet werden, z. B.

- durch die Präsentation von Arbeitsergebnissen im Netz zur Verbreitung eigener Medienbeiträge,
- durch Kommunikation mit Externen, etwa durch E-Mail, Forum und Chat,
- durch Kooperationen mit Externen wie beispielsweise in computerbasierten Arbeitsbereichen.

In diesen Fällen erhalten die Medien vor allem die Funktion der Verbreitung von Informationen oder der Unterstützung von Kommunikation, Kooperation bzw. Kollaboration mit anderen.

Die Nutzung von Netzen kann auch dazu führen, dass Lehren und Lernen in virtuellen Räumen stattfindet. In diesem Fall können Medien unter Umständen Prozesse unterstützen, die beim Lernen in Präsenzphasen mündlich abgesprochen werden, z. B. Zielvereinbarung, Verständigung über das Vorgehen und Erarbeitung von Aufgabenlösungen in Kleingruppen.

Insgesamt zeigen die Überlegungen, wie vielfältig die mediale Unterstützung von Lehr- und Lernprozessen sein kann.

5.2.2 *Vorzüge und Grenzen der Medienverwendung in handlungs- und entwicklungsorientierten Lehr-Lernprozessen*

Insgesamt lässt sich der Beitrag der Medienverwendung zum Lernen und zur Entwicklungsförderung aus handlungsorientierter Perspektive folgendermaßen zusammenfassen:

(1) Medien können zur *Unterstützung eines lernwirksamen und entwicklungsanregenden Unterrichts* verwendet werden. Sie lassen sich dabei in vielfältigen Funktionen nutzen, und zwar als

- Mittel der Präsentation von Aufgaben,
- Bereitstellung von Materialien für die Bearbeitung,
- Informationsquelle und Lernhilfe,
- Werkzeug oder Instrument bei Aufgabenlösungen,
- Gegenstand von Analysen,
- Instrument der Planung, des Austauschs, der Speicherung und der Präsentation von Ergebnissen sowie der Kommunikation, Kooperation und Kollaboration.

Besondere *Vorzüge* der Verwendung *computerbasierter Medien* für obige Funktionen liegen – wenn man die Entwicklung entsprechender Software voraussetzt – in folgenden Möglichkeiten (vgl. auch KOZMA 1991):

- rascher Zugriff auf eine umfangreiche Materialauswahl in verschiedenen medialen Formen (Texte, Tondokumente, Grafiken, Bilder, Filme, Programme ...),
- Verbindung verschiedener Darstellungsformen wie Text, Bild und Grafik,
- situationsgerechter Abruf der Materialien, z.B. zur zusätzlichen Erläuterung,
- schnelle Rückmeldung auf Lernaktivitäten der Schülerinnen und Schüler, etwa in Form von Entscheidungskonsequenzen bei Simulationen,
- Bearbeitung und kreative Umgestaltung vorhandener Materialien, beispielsweise Veränderung von Bildmaterial, sowie freies Arrangement vorhandener Materialien auf einer grafischen Oberfläche,
- Entlastung von Routinearbeiten, die für den Lern- oder Denkprozess irrelevant sind, z.B. von mechanischen Rechenvorgängen,
- Vereinfachung von Dokumentationen und Archivierung,

z. B. Dokumentation der eigenen Lernbiographie über digitale Portfolios,
- Ermöglichung von Kooperationsprozessen und Kollaborationsprozessen (gemeinsame Arbeit an einem Thema/Projekt) in virtuellen Räumen.

(2) Durch die Bereitstellung von Medien können die selbstständige Informationssuche und Informationswahl sowie die Bewertung der Informationen gefördert werden.

(3) Mit Hilfe von Medien lassen sich Lernumgebungen entwickeln, die ein entdeckendes und projektorientiertes Lernen fördern. Damit kann eine stärkere Schülerorientierung des Unterrichts erreicht werden (vgl. auch VAN LÜCK 1994).

(4) Medien können eine sinnvolle Rhythmisierung von Lernprozessen durch den Wechsel von Klassenunterricht, Kleingruppen-, Partner- und Einzelarbeit bzw. von sozialen und individuellen Lernphasen unterstützen. Hinzu kommen Möglichkeiten, Lernprozesse mit Phasen des Arbeitens in virtuellen Kontexten (z. B. über Lern- und Arbeitsplattformen) zu verbinden.

(5) Medien erleichtern den Austausch mit anderen

- Lerngruppen, z. B. Partnerklassen,
- Personengruppen, z. B. Eltern oder Fachleuten in bestimmten Bereichen,
- Institutionen, z. B. Bibliotheken.

Dies kann zu einer lernwirksamen und entwicklungsfördernden Erweiterung der Perspektiven und zu einer *Öffnung der Schule* führen.

Bei allen Vorzügen der Medienverwendung ist allerdings wichtig, dass Medien direkte Erfahrungen und personale Kommunikation nicht verdrängen. Insofern sind die Grenzen der Medienverwendung erreicht, wenn andere mögliche Erfahrungsformen zu angemesseneren Vorstellungen über die Wirklichkeit führen würden (vgl. Abschnitt 1.1) und wenn affektiv-motivationale Aspekte von

Lehr-Lernprozessen vernachlässigt werden. Vor diesem Hintergrund erfordert die Konzeption von Medien und ihre Verwendung eine besondere pädagogische Verantwortung im Hinblick auf den Entwicklungsstand der Lernenden. Über diese generelle Verantwortung hinaus erfordert die Entwicklung von Medienangeboten ein sorgfältiges lernprozessorientiertes Denken (vgl. SACHER 1990; 1995). So wäre es z.B. unangemessen, nur Materialien zusammenzustellen und dann von den Lernenden – unabhängig von ihrem intellektuellen Entwicklungsstand – zu erwarten, sie würden als »Navigatoren« ihren optimalen Lernweg selbst finden.

Mit diesen Überlegungen wird zugleich deutlich, dass die Entwicklung medialer Angebote ein sehr aufwändiger Prozess ist und eine sorgfältige Reflexion voraussetzt. Erfolgt eine solche Reflexion nicht, besteht die Gefahr, dass der mediale Aufwand nur der Optimierung fragwürdiger Ansätze zum Lehren und Lernen dient und damit aus pädagogischer Sicht unfruchtbar bleibt.

5.2.3 Umsetzungen bei Entscheidungen zur Bereitstellung von Materialien

Wendet man die Überlegungen auf die praktische Frage an, welche mediale Unterstützung bei der Entwicklung von Medienangeboten für Lehr- und Lernprozesse in einem bestimmten Themenbereich bereitgestellt werden soll, so kann man – bei zunächst detaillierter phasenbezogener Betrachtung – von folgenden Fragen ausgehen (vgl. auch TULODZIECKI 1996b, S. 180ff.):

(1) Welche Aufgabenstellungen wären für den Themenbereich als mögliche einführende Aufgaben sinnvoll und wie können sie gegebenenfalls mit medialer Unterstützung eingeführt werden (Vermittlung der Aufgabenstellung, Präsentation von Sachverhalten für die weitere Auseinandersetzung, Vorstellen von Beispielen als Anregung für spätere eigene Aufgabenlösungen, Bereitstellen von Materialien für die weitere Bearbeitung)? Welche Speichermöglichkeiten sollen für erste Lösungsvorschläge bereitstehen?

(2) Sollen Zielvereinbarungen gespeichert werden? Wie soll dies gegebenenfalls geschehen?
(3) Sollen verabredete bzw. geplante Schritte des Vorgehens festgehalten werden? Wie soll die Speicherung gegebenenfalls erfolgen?
(4) Welche Informationsquellen, Lernhilfen oder Werkzeuge sollen für die Erarbeitung von Grundlagen (von Kenntnissen, Fähigkeiten und Fertigkeiten) zur Verfügung gestellt werden? In welcher medialen Form soll dies geschehen? Welche Speichermöglichkeiten sollen für erarbeitete Grundlagen vorhanden sein?
(5) Welche Werkzeuge sowie Analyse- und Beurteilungsobjekte oder Materialien sollen für den Prozess der Aufgabenlösung zur Verfügung gestellt werden? Wie soll die Speicherung der Aufgabenlösung erfolgen?
(6) Wie sollen die Aufgabenlösungen präsentiert werden? Sollen gegebenenfalls externe Lösungen in medialer Form in den Vergleich bzw. die Diskussion eingebracht werden? Welche medialen Hilfen und Speichermöglichkeiten sollen für Zusammenfassungen vorgesehen werden?
(7) Welche Anwendungsaufgaben sind für den Themenbereich sinnvoll und wie können sie gegebenenfalls in medial gestützter Form eingeführt werden? Welche ergänzenden Informationsquellen, Lernhilfen, Materialien oder Werkzeuge und welche Speicherungs- und Präsentationsmöglichkeiten bieten sich für die Bearbeitung der Anwendungsaufgaben an?
(8) Welche erweiternden Informationsquellen sollen bereitgestellt werden?
(9) Welche medialen Verbreitungsmöglichkeiten von Ergebnissen und welche Kommunikations- und Kooperationsmöglichkeiten sollen gegebenenfalls nutzbar sein?

Möchte man die Überlegungen zusammenfassen, kann man die Fragen auch folgendermaßen bündeln:

a) Welche einführenden und anwendenden Aufgabenstellungen sollen mit Hilfe von Medien vermittelt werden?

b) Welche Sachverhalte, Beispiele, Analyse- und Beurteilungsaspekte sowie Materialien sollen präsentiert bzw. bereitgestellt werden?
c) Welche Informationsquellen und Lernhilfen soll das Medienangebot enthalten?
d) Welche Werkzeuge sind zur Speicherung, Bearbeitung und Präsentation wünschenswert?
e) Welche Werkzeuge werden für Kommunikation und Kooperation benötigt?

Vor dem Hintergrund dieser Überlegungen können Sie nun für das eingangs eingeführte Thema »Kaufvertrag« ein differenziertes Konzept für eine CD-ROM entwerfen.

5.3 Vorbereitung eines handlungs- und entwicklungsorientierten Unterrichts mit Mediennutzung

Unterricht mit Medienverwendung bedarf wie jeder andere Unterricht der Vorbereitung. Die Vorbereitung von Unterricht kann dabei eher komponentenbezogen oder eher prozessbezogen erfolgen (vgl. TULODZIECKI 1996b, S. 183ff.). Bei einer komponentenbezogenen Vorbereitung werden die Überlegungen nach wichtigen Aspekten von Unterricht gegliedert, z.B. nach Zielen, Lernvoraussetzungen, Inhalten, Vorgehensweisen, Medien. Bei einer prozessbezogenen Unterrichtsvorbereitung werden die vorbereitenden Überlegungen direkt auf die möglichen Phasen eines Unterrichtsablaufs bezogen, z.B. Aufgabenstellung, Zielvereinbarung usw. (vgl. Abschnitt 5.1).

Richtet man den Blick vor allem auf die Medienverwendung, so stellt sich die Frage, welche unterrichtsvorbereitenden Überlegungen für die Nutzung vorhandener Medienangebote und für die Erstellung eigener Medienbeiträge bedeutsam sind.

So stehen Lehrpersonen zunächst vor der Frage, welche vorhandenen Medienangebote sich für ihren Unterricht eignen und wie sie diese gegebenenfalls in ihren Unterricht integrieren können. Um diese Fragen zu entscheiden, müssen entsprechende unterrichtsvorbereitende Überlegungen durchgeführt werden.

Versetzen Sie sich bitte in die Situation einer Lehrperson, die Konfliktpotenziale zwischen Ökonomie und Ökologie bearbeiten möchte und dabei auf die CD-ROM »Die Alpen« aufmerksam wird.

Die CD-ROM »Die Alpen« (FWU 1999) wurde vom FWU hauptsächlich für den Geografieunterricht entwickelt, ist jedoch auch fächerübergreifend einsetzbar. Die CD-ROM erlaubt im Zusammenhang mit dem Inhaltsbereich »Alpen« unterschiedliche Zugänge zur Bearbeitung verschiedener Frage- oder Aufgabenstellungen. Dies wird bereits durch die Startseite symbolisiert:

Darstellung 5.3.1: *Alpen - Startseite*

Ausgehend von dieser Startseite ist zunächst ein *inhaltsorientierter Zugang* möglich. So bietet das Inhaltsmenü eine Übersicht über die verschiedenen Themen, zu denen Informationen zu finden sind:

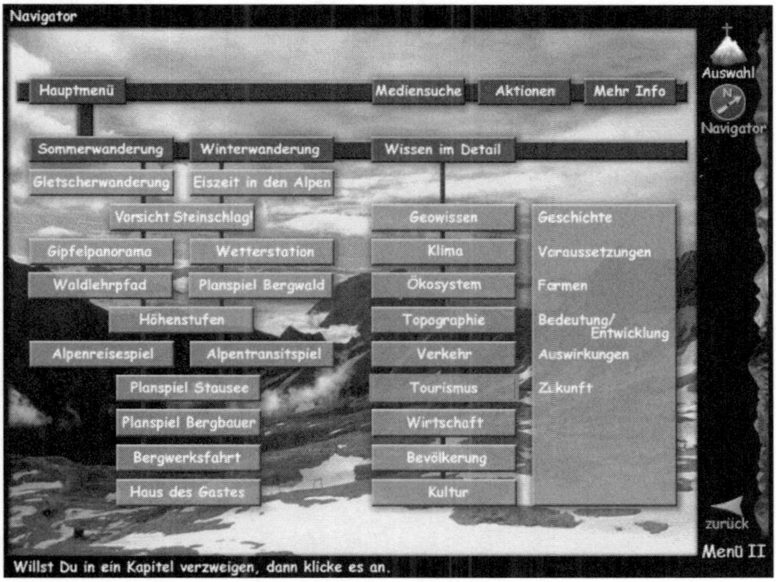

Darstellung 5.3.2: *Alpen - Inhaltsübersicht*

Wie die Inhaltsübersicht zeigt, bietet die CD-ROM Informationen zur Geologie, zum Klima, zum Ökosystem und zur Topografie der Alpen, zur Bevölkerung und deren Kultur sowie zu Besonderheiten des Wirtschaftsraums Alpen. Durch Anklicken des Feldes »Tourismus« beispielsweise erhält man einen Überblick über die Feingliederung des Themenbereichs (»Geschichte«, »Voraussetzungen«, »Formen«, »Bedeutung/Entwicklung«, »Auswirkungen«, »Zukunft«).

Neben dem inhaltsorientierten Zugang ermöglicht die CD-ROM einen *erkundungsorientierten Zugang* zum Thema »Alpen«. Klickt man beispielsweise auf »Ausflug im Sommer«, erscheint folgendes Panorama:

Darstellung 5.3.3: *Alpen - Erkundung im Sommer*

Bei einer Erkundung kann man verschiedene Wege einschlagen, etwa – wie in Darstellung 5.3.3 – den »Waldweg« und den »Gletscherweg«. Nachdem man eine Richtung ausgewählt hat, setzt sich die Figur im linken Bildvordergrund in Bewegung und bleibt an bestimmten Stellen des Weges stehen, z. B. am Rand der Siedlung, am Bergwald, am Gletscher, am Stausee oder am Parkplatz. Über die dort befindlichen sensitiven Felder kommt man per Mausklick zu den entsprechenden Ausschnitten des Bereiches »Wissen im Detail«. Unterwegs werden aber auch mehrere Quizfragen, etwa zur geografischen Lage markanter Alpenberge, zu alpentypischen Tier- und Pflanzenarten etc., gestellt.

Als dritten Zugang – neben dem inhalts- und erkundungsorientierten – erlaubt die CD-ROM ein *entscheidungsorientiertes Vorgehen*. So führt der Zugang »Aktionen« u.a. zu drei Entscheidungsfällen.

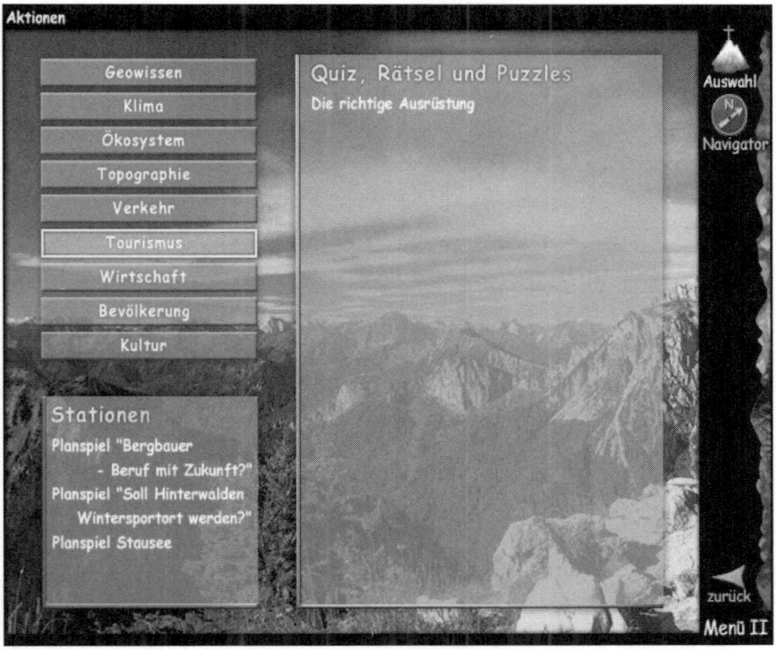

Darstellung 5.3.4: *Alpen - Aktionen*

Nach Anklicken des Menüs »Aktionen« auf der Startseite der CD-ROM erscheint zunächst eine Liste der Inhaltsbereiche des Programms. Aktiviert man einen der Buttons, werden die in dem entsprechenden Bereich möglichen »Aktionen« (Rätsel, Puzzles, Simulationen usw.) in einer Übersicht angezeigt. Wird beispielsweise der Bereich »Tourismus« ausgewählt, erhält man in diesem Zusammenhang Hinweise auf drei entscheidungsorientierte »Planspiele«. Im ersten Fall geht es um die Frage, ob die Familie Steinmüller ihren unrentabel gewordenen Almwirtschaftsbetrieb aufgeben soll oder ob zusätzliche Erwerbsquellen dies verhindern können. In einem weiteren Fall planen die Verantwortlichen der Gemeinde Alpkirchen angesichts des zunehmenden Tourismus und des dadurch bedingten vermehrten Energiebedarfs den Bau eines Stausees. Im Planspiel soll nun entschieden werden, welches der drei angrenzenden Täler für eine Flutung in Frage kommt. Im dritten Fall ist abzuwägen, ob die Gemeinde Hinterwalden ihre wirtschaftliche Situation durch den Bau einer Skipiste auf Dauer verbessern oder wegen des dazu notwendigen Eingriffs in das Ökosystem letztlich lieber auf den Status als Wintersportort verzichten sollte. Die Eingangsseite dieses Planspiels ist wie folgt gestaltet:

Darstellung 5.3.5: *Alpen - Planspiel Skipiste*

Im Bild sind bereits einige Argumente für bzw. gegen den Bau der Skipiste angedeutet. Die verschiedenen Felder lassen sich anklicken und führen dann beispielsweise zu einer Übersicht über die Entwicklung der Arbeitslosenzahlen in Hinterwalden, zu Abhandlungen über kulturelle, bauliche und wirtschaftliche Konsequenzen des Massentourismus, über die möglichen Folgen des Abholzens von Bergwald sowie über die Auswirkung des Bauvorhabens auf die Wildtiere. Im »Planungsbüro« des Projekts wird inzwischen über mögliche Verläufe der Skipisten verhandelt:

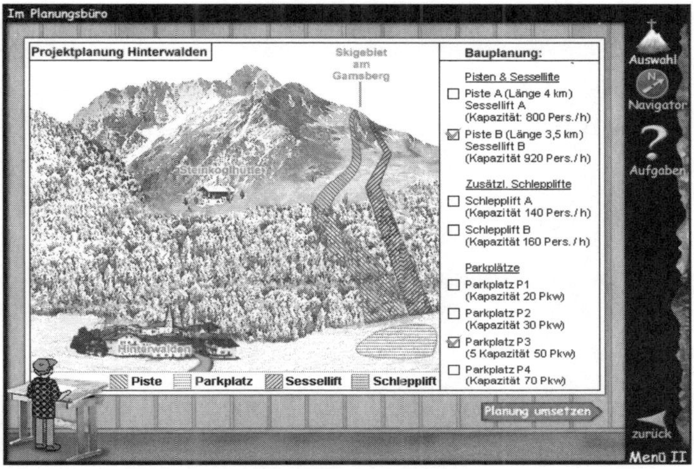

Darstellung 5.3.6: *Alpen - Planungsbüro Skipiste*

In der Simulation kann nun erprobt werden, welche Auswirkungen die Baumaßnahmen auf das Landschaftsbild haben werden. Das folgende Bild zeigt, dass im Zusammenhang mit der Skipiste ein großes Restaurant, ein Parkplatz, eine Straße und mehrere Pensionen oder Hotels entstehen würden:

Darstellung 5.3.7: *Alpen - Simulation Baufolgen*

Mit den quadratischen Kästchen wird noch einmal auf besonders problematische Punkte der Planung verwiesen: auf die Bedrohung der Wälder durch Abgase, die Folgen des Skitourismus für Vegetation und Wildtiere und die stärkere Gefährdung durch Lawinen.

Es stellt sich die Frage, wie die Vorbereitung für einen Unterricht zum Thema »Konfliktpotenziale im Spannungsfeld von Ökonomie und Ökologie« mit der CD-ROM »Die Alpen« aussehen könnte. Dafür sind zwei Überlegungen wichtig:

- *Welche gedanklichen Schritte sollte man in diesem Fall vollziehen?*
- *Wie sieht die Umsetzung – bezogen auf das Beispiel – aus?*

Diese Fragen werfen zwei generelle Überlegungen auf:

1. Welche Gesichtspunkte sollten bei der Vorbereitung von Unterricht mit Medienverwendung beachtet werden?
2. Wie sollte man bei der Unterrichtsvorbereitung mit Medienverwendung vorgehen?

Entsprechende Überlegungen sind sowohl für die Analyse von Medien als auch für die eigene Entwicklung von Medien und ihre jeweilige Integration in unterrichtliche Abläufe wichtig.

5.3.1 Gesichtspunkte für die Unterrichtsvorbereitung mit Medienverwendung

Medienverwendung steht im Feld verschiedener Komponenten von Lehr-Lernprozessen. Wird Unterricht grundsätzlich als lernfördernde Interaktion zwischen Lernenden und Lehrenden verstanden, dann lassen sich wichtige Komponenten von Unterricht modellartig wie folgt beschreiben:

Die Lernenden kommen mit bestimmten Lernvoraussetzungen in den Unterricht und führen dort bestimmte Lernaktivitäten durch, die gewisse Lerneffekte haben. Die Lehrperson hat bestimmte Zielvorstellungen, führt entsprechende Lehrhandlungen aus und bildet aufgrund der Lernaktivitäten der Lernenden Annahmen zum Lernerfolg, die zu einer Modifizierung der Lehrhandlungen führen können. Lernaktivitäten und Lehrhandlungen sind dabei immer mit bestimmten Inhalten, Erfahrungsformen bzw. Medien und Sozialformen verbunden und stehen im Kontext von Lerngruppe, institutionellen und gesellschaftlichen Bedingungen. Diese Modellvorstellung lässt sich grafisch gemäß Darstellung 5.3.8 verdeutlichen.

Die Erfahrungsformen bzw. Medien stellen wie Lernvoraussetzungen, Lernaktivitäten, Zielvorstellungen, Lehrhandlungen, Inhalte und Sozialformen eine konstitutive Komponente von Unterricht dar. Grundsätzlich können die Erfahrungsformen real, modellhaft, abbildhaft oder symbolisch sein. Im Falle abbildhafter oder symbolischer und technisch gestützter Erfahrungsformen tre-

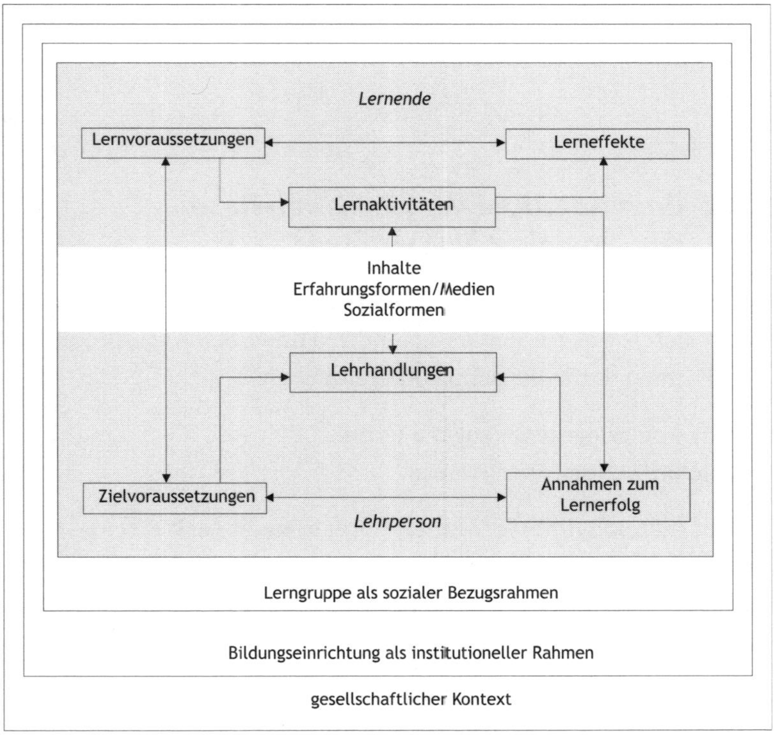

Darstellung 5.3.8: *Modellvorstellung zu Lehr-Lernveranstaltungen*

ten die Medien in die Funktion dieser konstitutiven Komponente ein. Das bedeutet zugleich, dass die Erfahrungsformen bzw. Medien in einer Wechselbeziehung zu den anderen Komponenten von Unterricht stehen. So wird etwa ein bestimmtes Medienangebot ausgewählt, z.B. eine CD-ROM zu Naturkatastrophen (vgl. FWU 1996), um dieses Thema zu behandeln; die Art der Darstellung auf der CD-ROM wirkt aber zugleich darauf zurück, welche inhaltlichen Aspekte im Unterricht zur Sprache kommen. Beispielsweise kann die CD-ROM »Naturkatastrophen« im Unterricht mit dem Ziel verwendet werden, dass die Lernenden in Kleingruppen eine Übersicht über verschiedene Typen von Naturkatastrophen erarbeiten; diese Intention muss aufgrund des ausgewählten Mediums unter Umständen um das Ziel erweitert werden, in die Handhabung eines entsprechenden Mediums einzuführen und den Umgang mit komplexen Informationen zu erlernen. Das Beispiel mag genügen, um auf Wechselbeziehungen zwischen der medialen Komponente von Unterricht und anderen Komponenten hinzuweisen.

5.3.2 Grundsätzliche Vorgehensweisen bei der Unterrichtsvorbereitung

Geht man von der obigen Modellvorstellung von Unterricht aus, so bieten sich – wie bei den einleitenden Hinweisen angesprochen – zwei Formen der Unterrichtsvorbereitung an:

a) eine komponentenbezogene Form,
b) eine prozessorientierte Form.

Bei der *komponentenbezogenen* Form können nach einer generellen Einordnung des Themas unter Beachtung vorhandener Rahmenbedingungen folgende Fragen bearbeitet werden (Näheres dazu vgl. TULODZIECKI 1996b, S. 164ff.):

a) Welche *Lernvoraussetzungen* bringen die Lernenden für das Thema und seine Bearbeitung mit?
b) Wie stellt sich eine lernwirksame Aufbereitung des *Inhalts* dar?

c) Welche *Zielvorstellungen* sind vor dem Hintergrund vorhandener Lernvoraussetzungen und inhaltlicher Erfordernisse sowie übergreifender Leitideen angemessen?
d) Welche *Lernaktivitäten* sind notwendig und wünschenswert, um den Zielvorstellungen gerecht zu werden?
e) Welche *Lehrhandlungen* sind erforderlich, um notwendige und wünschenswerte Lernaktivitäten anzuregen und zu unterstützen?
f) In welchen *Sozialformen* sollen Lernaktivitäten und Lehrhandlungen stattfinden?
g) Welche *Erfahrungsformen bzw. Medien* sind geeignet, die Schülerinnen und Schüler zu einer bildenden Begegnung mit dem Lerninhalt zu bringen und entsprechende Lernaktivitäten anzuregen sowie geeignete Lehrhandlungen und Lernaktivitäten zu unterstützen?
h) Wie könnte eine *Lernerfolgskontrolle* zu dem Thema gestaltet werden?

Solche Überlegungen sollten schließlich in eine Handlungslinie – vergleichbar der Ablaufskizze im Abschnitt 4.2 – einmünden. Dazu müssten die organisatorischen und medialen Voraussetzungen für die Durchführung gesichert werden.

Bei einer *prozessorientierten* Unterrichtsvorbereitung werden die einzelnen Komponenten des Unterrichts nicht getrennt betrachtet, sondern jeweils integrativ auf den Ablauf bzw. die einzelnen Phasen im Sinne einer Handlungslinie bezogen (vgl. dazu im Einzelnen TULODZIECKI 1996b, S. 183ff.).

Im Falle einer prozessbezogenen Unterrichtsvorbereitung könnten nach einer allgemeinen Einordnung des Themas unter Beachtung der jeweiligen Rahmenbedingungen folgende Fragen bearbeitet werden:

a) Welche Aufgabenstellung ist geeignet, den Lerninhalt zu erschließen? Welche spontanen Lösungsversuche sind von Seiten der Lernenden zu erwarten? Welche Sozialformen sind für die Eingangsphase geeignet und welche medialen Unterstützungen sind angemessen?

b) Welche Ziele sollen vereinbart werden? Wie lässt sich die Bedeutsamkeit des zu Lernenden bewusst machen? Welche Sozialform eignet sich dafür und wie sollen die Ziele festgehalten werden?
c) Welche Fragen sollen die Erarbeitung von Grundlagen leiten und welche Vorgehensweisen bieten sich für deren Bearbeitung an? Welche Sozialform eignet sich für die Verständigung über das Vorgehen und wie sollen die vereinbarten methodischen Vorgehensschritte festgehalten werden?
d) Welche Kenntnisse, Fähigkeiten oder Fertigkeiten müssen für die Lösung der Aufgabenstellung angeeignet werden? Welche Sozialform eignet sich dafür? Welche Informationsquellen, Lernhilfen oder Werkzeuge sollen bereitgestellt werden? Wie sollen die zu erarbeitenden Grundlagen festgehalten und gegebenenfalls präsentiert werden?
e) Wie können mögliche Aufgabenlösungen aussehen? Welche Materialien, Objekte oder Werkzeuge sollen für den Lösungsvorgang bereitgestellt werden? Wie sollen die Lösungen festgehalten und für die Präsentation aufbereitet werden? Welche Sozialform eignet sich für die Phase der Aufgabenlösung?
f) In welcher Sozialform sollen die Ergebnisse wie präsentiert werden? Welche Gesichtspunkte sollen zum Vergleich und zur Bewertung verschiedener Lösungen bedacht werden? Sollen externe Lösungen (gegebenenfalls: wie?) in die Diskussion einbezogen werden? Wie könnte die Zusammenfassung aussehen? Wie soll sie festgehalten werden?
g) Welche Aufgaben eignen sich für eine Anwendung? Wie sollen sie präsentiert und bearbeitet werden? Welche weiteren Materialien oder Hilfen benötigen die Lernenden? Wie sollen Lösungen festgehalten und präsentiert werden? Welche Sozialformen sollen in der Anwendungsphase zur Geltung kommen?
h) Welche weiterführenden Fragen werden unter Umständen von den Lernenden genannt oder sollten auf jeden Fall noch angesprochen werden? Welche Informationsquellen sollten dafür zur Verfügung stehen? Wie sollten die weiterführenden Fragen

bearbeitet werden? Welche Gesichtspunkte bieten sich für eine abschließende Reflexion an? In welchen Sozialformen sollen sich Weiterführung und Reflexion vollziehen?

Unterrichtsvorbereitende Überlegungen dieser Art müssten – wie bei der komponentenbezogenen Vorbereitung – in die notwendigen organisatorischen Maßnahmen und die Bereitstellung der Medien einmünden.

Die obigen Überlegungen beziehen sich auf die Unterrichtsvorbereitung generell und machen noch einmal deutlich, in welcher Weise Medienfragen mit anderen Unterrichtskomponenten verbunden sind und die Unterrichtsvorbereitung mitbestimmen. Dabei kann man den Zugang zur Unterrichtsvorbereitung auch direkt über die Frage der Medienverwendung suchen. Wie das aussehen könnte, sollen die nachstehenden Überlegungen zeigen. Allerdings sei angemerkt, dass mit den Überlegungen nicht ausgesagt werden soll, dass jede Medienentscheidung und jede Vorbereitung eines Unterrichts mit Medienverwendung in der dargestellten differenzierten Weise stattfinden müssen. In der täglichen Praxis werden entsprechende Entscheidungen und Überlegungen eher intuitiv vor dem Hintergrund vorhandener Erfahrungen von der jeweiligen Lehrperson durchgeführt. Dennoch ist es sinnvoll, z. B. im Rahmen von Ausbildungs- oder Fortbildungsveranstaltungen, sich einmal die Komplexität der jeweiligen Entscheidungen im Sinne einzelner Schritte bewusst zu machen.

Insgesamt stellt die Medienverwendung im Unterricht – als Modell für die Medienverwendung generell – wichtige Anforderungen an Lehrpersonen. Dabei sind zwei Fälle zu unterscheiden:

a) die Verwendung vorhandener Medienangebote,
b) die Entwicklung eigener medialer Beiträge.

Die beiden Fälle werden im Folgenden behandelt.

5.3.3 Medienanalyse im Rahmen der Unterrichtsvorbereitung

Für die Vorbereitung eines Unterrichts mit der Verwendung vorhandener Medienangebote ist zunächst eine geeignete Vorauswahl zu treffen.

Dazu können zwei Fragen eine erste Orientierung geben:

(1) Welche Eigenschaften, insbesondere welche Darstellungsformen, Ablaufstrukturen und Gestaltungsformen, sollte das zu verwendende Medienangebot im Aspekt der unterrichtlichen Ziele und Inhalte sowie der anzunehmenden Lernvoraussetzungen haben?
(2) Welche Medienarten kommen demnach für die unterrichtliche Verwendung in Betracht?

Wenn es beispielsweise das Ziel des Unterrichts ist, Wachstumsvorgänge in der Natur am inhaltlichen Beispiel einer Pflanze zu vermitteln, und die Schülerinnen und Schüler diese Pflanze aus der Natur kennen, dann sollte das zu wählende Medienangebot folgende Eigenschaften haben:

- Darstellungsformen: Bild, Grafik, Film oder Animation
- Ablaufstruktur: linear oder responsiv
- Gestaltungsformen: dokumentarische Aufnahmen oder grafische Darstellungen von verschiedenen Zeitpunkten des Wachstums, Zeitrafferstudie oder Trickfilm.

Auf der Basis dieser Überlegung kommen als Medienarten ein Unterrichtsfilm (16 mm, Video oder DVD), eine Bildreihe (Diapositive) oder ein Software-Angebot (Diskette oder CD-ROM) in Betracht. Je nach den technischen Wiedergabemöglichkeiten in der Schule kann man nun in Katalogen, z. B. im Katalog des FWU, nach möglicherweise geeigneten Medienangeboten Ausschau halten.

Wenn ein geeignet erscheinendes Medienangebot vorher ausgewählt wurde, ist eine genauere Prüfung zu empfehlen. Diese kann an folgenden Analyse-, Entscheidungs- und Beurteilungsfragen orientiert sein:

Analysefragen:

- Welche *Inhalte* werden durch das mediale Angebot im Detail präsentiert?
- Welche *Gestaltungsmöglichkeiten* werden im Einzelnen verwendet (Codierungsarten / Sinnesmodalitäten / Darstellungsformen / Gestaltungstechniken / Ablaufstruktur / Gestaltungsformen)?
- Welche *Lernvoraussetzungen* müssen für ein angemessenes Verständnis gegeben sein?
- Welche *Zielvorstellungen* sind mit dem medialen Angebot verbunden?

Entscheidungsfragen:

- Für welche *Phase* des Unterrichts gemäß Abschnitt 5.1 eignet sich das mediale Angebot bzw. Teile davon – unter Berücksichtigung der Überlegungen zu (1) bis (4)?
- In welcher *Sozialform* soll das mediale Angebot verwendet werden?
- Wie sollte der *Unterricht insgesamt* gestaltet werden?

Beurteilungsfragen:

- Welche *Einflüsse* (und Nebenwirkungen) sind von der Medienverwendung in Bezug auf den Lernprozess und das Lernergebnis zu erwarten?
- Wie sind die Einflüsse (und mögliche Nebenwirkungen) zu *bewerten?*
- Welche Möglichkeiten gibt es, die Medienverwendung mit weitergehenden medienpädagogischen Überlegungen zu verbinden (vgl. dazu Abschnitt 6.1)?

Auf der Basis von Überlegungen zu solchen Analyse-, Entscheidungs- und Beurteilungsfragen kann die Lehrperson eine sinnvolle Integration von vorhandenen Medienangeboten in den Unterricht vornehmen. Unter Umständen erweist es sich auch als sinnvoll, einzelne der obigen Fragen auszudifferenzieren oder umfangreichere Analyse- und Beurteilungsraster zu Hilfe zu nehmen (vgl. dazu LEUFEN 1996; LSW 1999).

Wählen Schülerinnen und Schüler für eigene Beiträge, z. B. Referate, vorhandene Medienangebote aus, sollten sie ebenfalls zu den vorherigen Analysen – vor allem im Sinne der Fragen (1) bis (4) – angeregt werden, um auf dieser Grundlage sinnvolle Entscheidungen zur Einbettung der ausgewählten Medienangebote in ihre Beiträge treffen zu können.

5.3.4 Eigene Erstellung von Medienbeiträgen im Rahmen der Unterrichtsvorbereitung

Neben der *Verwendung* vorhandener Medienangebote ist auch die *eigene Erstellung* von medialen Beiträgen durch Lehrpersonen und Lernende denkbar, z. B. von Arbeitstransparenten, Arbeitsblättern, Diapositiven, Hör- oder Videobeiträgen, Computer-Präsentationen.

Für eine Lehrperson sind dazu ähnliche Fragen, wie sie oben dargestellt wurden, zu bedenken; allerdings empfiehlt sich in der Regel eine andere Reihenfolge. Diese könnte folgendermaßen aussehen:

Lehr-lernprozessbezogene Fragen:

- Welche *Zielvorstellungen* sollen für den geplanten Lehr-Lernprozess leitend sein?
- Welche *Lernvoraussetzungen* sind vermutlich vorhanden?
- Welche *Aufgaben und Inhalte* sind im Kontext der Zielvorstellungen geeignet?
- In welchen *Phasen bzw. Schritten* soll der Lehr-Lernprozess insgesamt ablaufen (in Anlehnung an Abschnitt 5.1)?

Medienbezogene Überlegungen:

- Für welche Phase soll ein medialer Beitrag gestaltet werden?
- Welche *Gestaltungsmerkmale* sind wünschenswert bzw. noch vertretbar (unter Gesichtspunkten des Aufwandes), und zwar im Hinblick auf die
  - Codierungsarten?
  - Sinnesmodalitäten?
  - Darstellungsformen?

  - Gestaltungstechniken?
  - Ablaufstrukturen?
  - Gestaltungsformen?

- Welche *Medienart* eignet sich vor dem Hintergrund der Anforderungen und gegebenen Möglichkeiten?

Auf der Basis solcher Überlegungen könnte dann der jeweilige mediale Beitrag gestaltet und nach der Gestaltung unter folgenden Fragen einer abschließenden Prüfung unterzogen werden:

- Ist es gelungen, den Inhalt *korrekt* und in *ansprechender Form* darzustellen?
- Welche *Einflüsse* auf Lernprozess und Lernergebnis sind zu erwarten?
- Wie sind die erwarteten Einflüsse *zu bewerten*?

Im Hinblick auf die geforderte Entscheidung zur Medienart kann es sinnvoll sein, für die Gestaltung des geplanten medialen Beitrags ein Medienprofil (mit den Spalten »wünschenswert« und »noch vertretbar«) zu entwickeln.

Beispielsweise stellt sich für eine Lehrperson, die das Thema »Verhalten von Haustieren« behandeln möchte, die Frage, wie verschiedene – im Unterricht zu analysierende und zu erklärende – Verhaltensweisen in den Lehr-Lernprozess eingebracht werden können. Ein entsprechendes Medienprofil könnte so aussehen, wie es Darstellung 5.3.9 zeigt.

Auf der Basis eines solchen Medienprofils liegt es bezüglich der Medienart nahe, das Verhalten des ausgewählten Haustieres entweder durch eine Videodokumentation, vielleicht sogar mit computerbasierter Steuerung, oder – wenn dies zu aufwändig ist – durch geeignete Fotos, die in einen geschriebenen Text eingebunden sind, oder durch Diapositive, die mündlich erläutert werden, einzubringen. Unter Berücksichtigung der technischen Gegebenheiten und des Aufwandes lässt sich so eine begründete Entscheidung für eine der genannten Medienarten treffen.

Die obigen Empfehlungen gelten zunächst wieder für Lehrpersonen. Sie sind in gleicher Weise für professionelle Medienentwickler

Medien merkmale	wünschenswert	noch vertretbar
Codierungsarten	abbildhaft-realgetreu	verbal mit abbildhaft-realgetreuer Unterstützung
Sinnesmodalitäten	visuell-dynamisch und auditiv	visuell-statisch und auditiv
Darstellungsformen	Film mit Originaltönen	Bilder mit gesprochenen oder geschriebenen Texten
Gestaltungstechniken	Wechsel zwischen verschiedenen Einstellungsgrößen und -perspektiven mit Halbnah-, Nah- und Großaufnahmen, bewegungsangemessene Schwenks und Schnittfolgen, angemessene Aussteuerung der Tonaufnahmen	verschiedene Einstellungsgrößen und -perspektiven mit Halbnah-, Nah- und Großaufnahmen, Texte unter Umständen mit Hervorhebungen
Ablaufstrukturen	responsiv oder linear	linear
Gestaltungsform	filmische und akustische Dokumentation	fotografische Dokumentation mit erläuternden Texten

Darstellung 5.3.9: *Medienprofil für Entscheidungen zur Erstellung von eigenen Medienbeiträgen*

bedeutsam (vgl. auch Abschnitt 5.1). Entsprechende Überlegungen können aber auch hilfreich sein, wenn Schülerinnen und Schüler eigene Beiträge, z. B. Referate, durch eigene Medienentwicklungen unterstützen wollen. In der Regel werden sie dazu eher intuitive Entscheidungen treffen – wie es übrigens auch Lehrpersonen häufig tun. Allerdings hat ein an Medienmerkmalen orientiertes Vorgehen die Vorteile, auf vertretbare Alternativen aufmerksam zu werden, mit größerer Sicherheit zu lerngerechten Medienentscheidungen zu kommen sowie weitergehende Reflexionen über die Medien selbst und ihre Möglichkeiten und Grenzen im medienerzieherischen Sinne anzuregen. Selbst wenn die Medienentscheidungen nicht in jedem Alltagsfall in solcher Weise reflektiert werden (können), bietet sich mindestens in exemplarischen Fällen ein entsprechend strukturiertes Vorgehen an.

Insgesamt verspricht ein solcherart vorbereiteter Unterricht einerseits gute themenbezogene Lernerfolge, andererseits kann er aus medienpädagogischer Sicht jeweils als Muster für eine reflektierte Medienverwendung dienen.

Vor dem Hintergrund dieser Überlegungen können Sie nun in exemplarischer Weise – unter Orientierung an den obigen Analyse-, Entscheidungs- und Beurteilungsfragen für die Verwendung vorhandener Medienangebote – eine Unterrichtsvorbereitung zu dem eingangs eingeführten Thema »Konfliktpotenziale im Spannungsfeld zwischen Ökonomie und Ökologie« unter Verwendung der CD-ROM »Die Alpen« durchführen.

6 Mediennutzung und Mediendidaktik im Rahmen der Medienpädagogik

Mit den Entwicklungen im Bereich von Medien und Informationstechnologien ergeben sich nicht nur neue Chancen für die Anregung und Unterstützung von Lehr-Lernprozessen. Es stellen sich angesichts der Möglichkeiten, aber auch der Risiken der Entwicklung neue Erziehungs- und Bildungsaufgaben. Solche Erziehungs- und Bildungsaufgaben sollten sowohl im Zusammenhang mit der Mediennutzung für Lehren und Lernen als auch in eigenständigen Projekten zur Medienerziehung oder zur informationstechnischen Grundbildung wahrgenommen werden. Wünschenswert ist ein medienpädagogisches Konzept der Schule, in das verschiedene medienbezogene Aktivitäten von der Medienverwendung und Leseförderung bis zu besonderen Aktivitäten der Schulkommunikation, z. B. Produktion einer Schülerzeitung oder Entwicklung und Pflege einer Schul-Homepage, integriert sind (vgl. TULODZIECKI/HERZIG 2002, S. 160 ff.).

Mit diesen Hinweisen wird deutlich, dass die Medienverwendung im Zusammenhang mit Erziehungs- und Bildungsaufgaben im Bereich von Medien und Informationstechnologien zu sehen ist. Dieser Zusammenhang wird im Abschnitt 6.1 thematisiert. Auf der Ebene der wissenschaftlichen Reflexion entspricht der Zusammenhang von Medienverwendung und medienbezogenen Erziehungs- und Bildungsaufgaben dem Verhältnis von Mediendidaktik und Medienerziehungstheorie, die beide im Kontext der Medienpädagogik stehen. Dieser Kontext soll im Abschnitt 6.2 beschrieben werden. Damit ergeben sich für das sechste Kapitel insgesamt zwei Fragen:

(1) Welche Erziehungs- und Bildungsaufgaben ergeben sich für die Schule im Bereich von Medien und Informationstechnologien und wie können sie mit der Medienverwendung verbunden werden?
(2) Wie stellt sich die Mediendidaktik in ihrem Verhältnis zur Medienerziehungstheorie im Kontext der Medienpädagogik dar?

Die Bearbeitung dieser Fragen erlaubt die Einbettung der bisherigen Überlegungen zur Mediennutzung für Lehr- und Lernprozesse in den größeren Zusammenhang der Medienpädagogik.

6.1 Verbindung der Mediennutzung mit medienbezogenen Erziehungs- und Bildungsaufgaben

Erziehungs- und Bildungsaufgaben im Bereich von Medien und Informationstechnologien lassen sich – wie eingangs angedeutet – entweder im Rahmen eigener Projekte und Unterrichtseinheiten zur Medienerziehung und informationstechnischen Grundbildung oder im Zusammenhang mit der Verwendung in Lehr-Lernprozessen umsetzen. Im Kontext dieses Bandes ist vor allem die Verbindung der Medienverwendung mit der Wahrnehmung von Erziehungs- und Bildungsaufgaben relevant.

Eine entsprechende Verbindung kann im Rahmen der Bearbeitung verschiedener Themen in unterschiedlichen Lernsituationen mit Medienverwendung angestrebt werden. Solche Themen und Lernsituationen können beispielsweise sein:

Bremswege: Die Schülerinnen und Schüler gehen von einem naturwissenschaftlichen Problem aus, z. B. der Frage, wie lang der Bremsweg eines Autos bei unterschiedlicher Geschwindigkeit, unterschiedlichen Reaktionszeiten des Fahrers und unterschiedlicher Masse des Fahrzeugs ist. Mit Hilfe einer Simulation variieren sie die verschiedenen Faktoren, vergleichen die Ergebnisse und stellen die Bremswege in Abhängigkeit von der Masse des Autos sowie von der Geschwindigkeit dar.

Lebensbedingungen in Südamerika: Schülerinnen und Schüler verwenden verschiedene Quellen, um die Lebensbedingungen in Südamerika zu erkunden, z. B. Sachbücher, Zeitungsberichte, Videofilme und Internetseiten. Sie stellen die Ergebnisse ihrer Recherchen dar und präsentieren sie zunächst in der Klasse. Daraufhin entschließt sich die Klasse, die bisherigen Arbeitsergebnisse zu ergänzen und – zusammen mit den Ergänzungen – für eine Ausstellung zum nächsten Schulfest aufzuarbeiten.

Fragebogenaktion: Die Schülerinnen und Schüler entwickeln einen Fragebogen, mit dem sie politische Einstellungen von Kindern und Jugendlichen und ihre Einflussgrößen erkunden. Sie werten die Daten mit Hilfe eines geeigneten Computerprogramms aus, führen statistische Berechnungen zu möglichen Zusammenhängen durch und stellen die Ergebnisse grafisch dar. Die Ergebnisse der eigenen Untersuchungen werden anschließend in den Kontext weiterer Studien gestellt. Unterschiede und Gemeinsamkeiten zu vorliegenden sozialwissenschaftlichen Untersuchungen zu politischen Einstellungen von Kindern und Jugendlichen werden herausgearbeitet.

»Hello Spring«: Die Schülerinnen und Schüler beteiligen sich an einem internationalen Projekt, in dem die Entwicklung des Frühlings in verschiedenen Ländern unterschiedlicher Breitengrade in den Blick genommen wird. Im Verlaufe von drei Monaten beobachten sie in ihren Ländern bestimmte Tierarten, z. B. das Erscheinen des Weißstorchs oder des Mauerseglers, sowie die ersten Blüten bestimmter Pflanzenarten, z. B. des Schneeglöckchens oder des Löwenzahns. Die Schülerinnen und Schüler beschreiben ihre Beobachtungen, teilen sie per E-Mail den beteiligten Klassen mit und werten schließlich die unterschiedlichen Beobachtungen in verschiedenen Ländern aus und erkennen so, wie sich der Frühling unter verschiedenen klimatischen Bedingungen ausbreitet (vgl. MEYER/MUULI 1997).

Es stellen sich u. a. zwei Fragen:

- *Welche Erziehungs- und Bildungsaufgaben im Bereich von Medien und Informationstechnologien lassen sich im Kontext solcher Unterrichtseinheiten oder Projekte wahrnehmen?*
- *Wie könnte dies im Einzelnen im Rahmen der Unterrichtseinheiten und Projekte geschehen?*

Zur Bearbeitung dieser Fragen bieten sich zunächst generelle Überlegungen zu folgenden Punkten an:

(1) Über welche Kompetenzen sollten Schülerinnen und Schüler im Bereich von Medien und Informationstechnologien verfügen?
(2) Welche Erziehungs- und Bildungsaufgaben ergeben sich daraus für die Schule?

Entsprechende Überlegungen ermöglichen die Verbindung der Medienverwendung mit übergreifenden Erziehungs- und Bildungsaufgaben.

6.1.1 Erziehungs- und Bildungsaufgaben im Bereich von Medien und Informationstechnologien

Wertet man zusammenfassend das bisherige Erziehungs- und Bildungsdenken zu Medienfragen aus und bezieht heutige und zukünftige Problemlagen mit ein, so lässt sich für die Medienpädagogik – unter Berücksichtigung des im Abschnitt 4.1 angesprochenen generellen Erziehungs- und Bildungsauftrags der Schule – das folgende allgemeine Ziel formulieren: Kinder und Jugendliche sollen Kenntnisse und Einsichten, Fähigkeiten und Fertigkeiten erwerben, die ihnen ein *sachgerechtes und selbstbestimmtes, kreatives und sozialverantwortliches Handeln in einer von Medien beeinflussten Welt ermöglichen.*

Dies bedeutet, dass die Erziehungs- und Bildungsaufgaben im Medienbereich zunächst auf Handlungskompetenzen in zwei Zusammenhängen zielen sollten (vgl. TULODZIECKI 1997, S. 142f.; TULODZIECKI/HERZIG 2002, S. 154):

- im Zusammenhang der Nutzung vorhandener Medienangebote, z. B. der Auswertung von Informationen zu ökologischen, ökonomischen, naturwissenschaftlichen oder politischen Fragen im Internet,
- im Zusammenhang der eigenen Gestaltung medialer Aussagen, z. B. der eigenen Erstellung einer Homepage oder der Gestaltung einer Schülerzeitung im Internet.

Solche Handlungskompetenzen erfordern im Sinne eines sachgerechten, selbstbestimmten, kreativen und sozialverantwortlichen Handelns Kenntnisse und Verstehen sowie Analyse- und Urteilsfähigkeit in drei inhaltlichen Bereichen:

- im Bereich der Gestaltungsmöglichkeiten, die in Medien Verwendung finden: vom realitätsnahen Bild eines berühmten Bauwerks bis zur abstrakten Darstellung der Bevölkerungsentwicklung auf unserem Planeten, von der sprachlichen Darstellung von Problemen der Steuerreform bis zum Smiley, der bei der schriftlichen Kommunikation im Netz verwendet wird, um Freude auszudrücken,
- im Bereich der Nutzungsvoraussetzungen und -wirkungen von Medien: von individuellen Einflüssen auf Gefühle, Vorstellungen und Verhaltensorientierungen bis zur Bedeutung der Massen- und Individualkommunikation für die öffentliche Meinungs- und die politische Willensbildung und
- im Bereich der Bedingungen von Medienproduktion und -verbreitung: von technischen Voraussetzungen für die eigene Nutzung von E-Mail über Datenschutzbestimmungen bis zu wirtschaftlichen Interessen der Computerindustrie und der Netzprovider bzw. der dahinter stehenden Konzerne.

Vor dem Hintergrund dieser Handlungs- und Inhaltsfelder lassen sich fünf Aufgabenbereiche für medienbezogene Erziehungs- und Bildungsaufgaben beschreiben:

- Auswählen und Nutzen von Medienangeboten,
- Gestalten und Verbreiten eigener Medienbeiträge,
- Verstehen und Bewerten von Mediengestaltungen,

- Erkennen und Aufarbeiten von Medieneinflüssen,
- Durchschauen und Beurteilen von Bedingungen der Medienproduktion und -verbreitung.

Dabei gehen wir von der Position aus, dass Erziehungs- und Bildungsaufgaben im Medienbereich sich auf das gesamte Medienspektrum beziehen sollen – von den Printmedien über Hörmedien sowie Film, Video und Fernsehen bis zu Computer und Internet. Diese Forderung liegt nicht zuletzt auch deshalb nahe, weil die Häufigkeit der Nutzung von Fernsehen und Musikangeboten bei Kindern und Jugendlichen nach wie vor deutlich höher liegt als etwa die Häufigkeit des Surfens im Internet bzw. der Computernutzung. Insofern soll im Folgenden die Medienlandschaft insgesamt im Blick bleiben. In diesem Sinne werden die oben genannten fünf Aufgabenbereiche im Folgenden beschrieben.

Auswählen und Nutzen von Medienangeboten

In diesem Aufgabenbereich sollen Kinder und Jugendliche lernen, Medienangebote, d.h. mediale Produkte, Werkzeuge und Kommunikationsdienste, bewusst im Sinne verschiedener Funktionen zu nutzen. Ein mediales Produkt kann z.B. ein im Netz angebotener Zeitungsartikel aus der Times sein, ein Werkzeug, z.B. eine Suchmaschine, und ein Kommunikationsdienst, z.B. ein angebotener Online-Chat mit einem Politiker oder einer Ministerin. Als Voraussetzung für eine reflektierte Auswahl und Nutzung sollen Kinder und Jugendliche unterschiedliche Medienangebote funktionsbezogen vergleichen und gegebenenfalls auch nicht-mediale Handlungsmöglichkeiten, z.B. Erkundungen in der Realität, in Betracht ziehen bzw. abwägen. Als Funktionen für die Medienauswahl und -nutzung kann man z.B. nennen: Unterhaltung, Information, Lernen, Spielen, Simulation, Telekommunikation und Telekooperation.

Man kann etwa ein unterrichtlich relevantes und für Kinder und Jugendliche interessantes Thema – vielleicht auch aus einem Projektzusammenhang oder einem Situationsbezug heraus – absprechen und dazu Informationen aus verschiedenen medialen Angeboten nutzen. Setzt sich eine Klasse z.B. mit dem Thema »Sekten« auseinander, können verschiedene Informationsquellen – von Broschüren über den Hörfunk und das Fernsehen bis zur CD-ROM und zu Netzinformationen – herangezogen werden, um das Thema zu bearbeiten. Suchmaschinen und Suchstrategien können erprobt und die Glaubwürdigkeit der Quellen diskutiert werden. Die Vorzüge und Grenzen der einzelnen Medienarten als Informationsquellen lassen sich anschließend ins Bewusstsein heben und reflektieren.

Gestalten und Verbreiten eigener Medienbeiträge

Kinder und Jugendliche sollen im Rahmen dieses Aufgabenbereiches die Fähigkeit erwerben, eigene Aussagen medial zu vermitteln, d.h. eigene Medienbeiträge herzustellen und zu verbreiten. Die Beiträge können dabei eher dokumentarischer, fiktionaler, experimenteller oder instrumenteller Art sein. Als Voraussetzung dafür sollen sie in die Handhabung der entsprechenden Geräte eingeführt werden und ihre Gestaltungstechniken handelnd erfahren. Als Medienarten kommen generell Bilder/Fotos, Hörbeiträge, Druck-Erzeugnisse bzw. Schrift-Bild-Kombinationen (z.B. Zeitungen, Zeitschriften, Broschüren, Plakate), Videobeiträge und Computeranwendungen in Betracht.

Kinder können beispielsweise ein Tierbuch mit ihren Lieblingstieren gestalten, dazu Bilder einscannen oder selbst fotografieren und schriftliche Texte verfassen sowie mit Hilfe eines Textverarbeitungsprogramms ihr Layout entwerfen. Die Tierbücher können an einem Elternabend oder bei einem Schulfest präsentiert werden.

Verstehen und Bewerten von Mediengestaltungen

Kinder und Jugendliche sollen in diesem Aufgabenbereich in die Lage versetzt werden, Mediengestaltungen angemessen zu verstehen und zu bewerten. Als Voraussetzung dafür sollen sie mediale Gestaltungsmittel von Schrift, Bild und Ton (die »Sprache der Medien«) kennen lernen, Mediendarstellungen als vermittelte oder inszenierte Botschaften erfahren und Unterscheidungsfähigkeit bezogen auf verschiedene mediale Gestaltungsabsichten erlangen.

Als mediale Gestaltungsmittel sind vor allem Darstellungsformen (z. B. Bild, Grafik, Film, Zeichentrick, schriftlicher oder gesprochener Text, Tonaufzeichnungen), Gestaltungstechniken (z. B. Überschriften beim Text, Tonmischung bei Tonaufzeichnungen oder Kameratechniken und Montage beim Film) sowie Gestaltungsformen (z. B. Hörszene, Zeitungsartikel, Videoclip) zu nennen. Als Gestaltungsabsichten können z. B. Information, Aufklärung, Unterhaltung, Werbung oder Manipulation bedeutsam sein (vgl. auch Abschnitt 1.2.2).

Kinder oder Jugendliche könnten beispielsweise ihr Stadtviertel unter verschiedenen Perspektiven bzw. mit verschiedenen Absichten in Bildern oder Filmsequenzen mit auditiv oder visuell präsentierten verbalen Texten darstellen. Ziele können sein, auf besonders interessante und schöne Stellen im Sinne der Anregung eines Besuchs des Stadtviertels aufmerksam zu machen. Bewusst auf Umweltprobleme hinzuweisen oder die Situation möglichst neutral zu dokumentieren sind weitere Ziele für die Arbeit mit den Kindern und Jugendlichen. Die jeweils gewählten Gestaltungsmittel können dann vergleichend reflektiert werden.

Erkennen und Aufarbeiten von Medieneinflüssen

Die Kinder und Jugendlichen sollen sich im Rahmen dieses Aufgabenbereichs bewusst machen, dass von Medien Einflüsse auf sie selbst und auf andere ausgehen. Sie sollen in der Lage sein, solche Einflüsse zu erkennen, auszudrücken und angemessen einzuordnen bzw. aufzuarbeiten. In diesem Zusammenhang sollen sie mediale Gestaltungsmerkmale, die mit bestimmten Wirkungen verbunden sind, durchschauen und zwischen medialer Darstellung und Realität unterscheiden. Die Medieneinflüsse können sich auf Gefühle, z. B. Vergnügen, Schadenfreude oder Angst, auf Vorstellungen, z. B. angemessene oder irreführende Annahmen, auf Verhaltensorientierungen, z.B. prosoziale oder aggressive Konfliktlösemuster, auf Wertorientierungen, z.B. Konsum- oder Leistungsorientierung, sowie auf soziale Zusammenhänge, z.B. Einflüsse auf Familie und Gesellschaft, beziehen.

Beispielsweise ist es wichtig, Muster des Umgangs mit Konflikten, wie sie in vielen Medienangeboten – vom Fortsetzungsroman in der Zeitung über Fernsehserien und -filme bis zum Computerspiel – präsentiert werden, zu thematisieren, hinsichtlich der damit verbundenen Verhaltensorientierungen bewusst zu machen und über alternative Konfliktlösemuster nachzudenken (vgl. TULODZIECKI u. a. 1995).

Durchschauen und Beurteilen von Bedingungen der Medienproduktion und Medienverbreitung

In diesem Aufgabenbereich sollen Kinder und Jugendliche die Möglichkeit erhalten, ökonomische, rechtliche, organisationsbezogene sowie weitere institutionelle und politische bzw. gesellschaftliche Bedingungen der Medienproduktion und Medienverbreitung zu durchschauen und zu beurteilen. Entsprechende Bedingungen können am Beispiel von Printmedien, Rundfunkangeboten, Musikangeboten, Computeranwendungen und politischen Informationen behandelt werden.

Als Beispiel lässt sich etwa der Musikmarkt thematisieren. Die Zusammenhänge von Musikpräsentation im Fernsehen, im Radio und im Internet sowie Verkaufszahlen von CDs lassen sich herausarbeiten. Des Weiteren können ausgehend von einem möglichen Konfliktfall – z.B. beliebiges Kopieren von CDs für Freundinnen oder Freunde – Fragen des Urheberrechts behandelt werden. Urheberrechtsfragen ließen sich auch im Zusammenhang der Verwendung von Musikbeiträgen für eigene Mediengestaltungen ins Bewusstsein heben und diskutieren.

Die Darstellungen zu den fünf Aufgabenbereichen verweisen darauf, dass medienpädagogische Aufgaben im Rahmen ausdrücklich dafür konzipierter Unterrichtseinheiten oder Projekte wahrgenommen werden können. Im Abschnitt 5.1 haben wir allerdings schon darauf hingewiesen, dass sich auch Unterrichtseinheiten, in denen Medien verwendet werden, mit medienerzieherisch relevanten Aktivitäten oder Reflexionen verbinden lassen. Es können im Zusammenhang jeder Unterrichtseinheit mit Medienverwendung in einer Reflexionsphase etwa folgende Fragen bedacht werden (vgl. auch SPANHEL/KLEBER 1996):

a) Wie wurden die Inhalte im Rahmen der Unterrichtseinheit erfahren bzw. präsentiert?
b) Welche Möglichkeiten und Grenzen waren mit den Erfahrungsformen bzw. der Nutzung der medialen Angebote verbunden?
c) In welcher Form wurden Beiträge der Lernenden dargestellt bzw. ausgedrückt? Welche Möglichkeiten und Begrenzungen waren dafür bedeutsam?
d) Welche Einflüsse gingen von den benutzten Medien auf die Lernprozesse oder Lernergebnisse aus? Wodurch waren sie bedingt? Wie sind die Einflüsse zu beurteilen?

Mit solchen Fragen wird auf jeden Fall schon einmal der Aufgabenbereich des Verstehens und Bewertens von Mediengestaltungen angesprochen. Darüber hinaus kommt die Aufgabe des Erkennens von Medieneinflüssen in den Blick. Von entsprechenden Überlegungen sind darüber hinaus positive Rückwirkungen auf das Auswählen und Nutzen von Medienangeboten zu erwarten.

Des Weiteren können die obigen Fragen um die Überlegung erweitert werden, wer die Produzenten der unterschiedlich verwendeten Medien waren, unter welchen Bedingungen sie arbeiten, welche ökonomischen Interessen mit der Herstellung von Medien und ihrer Verbreitung im Bildungsbereich verbunden sein können. Mit solchen Fragen wird der Aufgabenbereich des Durchschauens und Beurteilens von Bedingungen der Medienproduktion und Medienverbreitung thematisiert.

Schließlich ergeben sich – wenn Schülerinnen und Schüler ihre Arbeitsergebnisse medial darstellen und präsentieren – Bezüge zum Aufgabenbereich des eigenen Gestaltens und Verbreitens von Medienbeiträgen.

Die obigen Hinweise zeigen, dass sich im Zusammenhang mit

der Verwendung von Medien wichtige Erziehungs- und Bildungsaufgaben der Schule in der Informations- und Wissensgesellschaft wahrnehmen lassen.

Auf der Grundlage dieser Überlegungen können Sie nun die eingangs unter 6.1 skizzierten Beispiele in den Blick nehmen und bedenken, zu welchen medienpädagogischen Aufgabenbereichen Bezüge bestehen oder hergestellt werden können und wie damit verbundene Ziele im Kontext der Beispiele konkret angestrebt werden können.

6.2 Mediendidaktik als Teilgebiet der Medienpädagogik

Die Medienpädagogik umfasst eine ganze Reihe von Teilgebieten. Da ist z. B. die Rede von Medienkunde, Mediendidaktik, Medientheorie oder Medienerziehung. Allerdings ist die Verwendung dieser Begriffe weder in der Umgangssprache noch in der medienpädagogischen Literatur einheitlich. Insofern sind Begriffsklärungen wünschenswert. Entsprechende Klärungen können zugleich helfen, das komplexe Gebiet der Medienpädagogik besser zu verstehen. Zudem ermöglicht eine Auseinandersetzung mit den Teilgebieten der Medienpädagogik, den Zusammenhang praktischer Fragestellungen und theoretischer Ansätze in der Medienpädagogik besser zu durchschauen.

Die mit entsprechenden Begriffsklärungen verbundenen Fragen lassen sich unter Rückgriff auf verschiedene Arten von Aussagen in der medienpädagogischen Literatur verdeutlichen. Dort findet man u. a. Aussagen bzw. Sätze folgender Art:

(1) Man sollte die Arbeit mit einem Computer nicht einfach dadurch beenden, dass man ihn ausschaltet, sondern vorher alle Programme schließen und das System »herunterfahren«.
(2) Die Tatsache, dass in Medien häufig gewaltsame Konfliktlösungen gezeigt werden, trägt vermutlich dazu bei, dass Gewalt in

der Gesellschaft als übliches und akzeptiertes Verfahren der Konfliktlösung erscheint.

(3) Kinder und Jugendliche sollen eine Polizeidienststelle besuchen und mit Polizisten über ihren Berufsalltag sprechen, um Vorstellungen zum Polizeiberuf, die sie auf der Grundlage von Krimiserien entwickelt haben, zu korrigieren und Medieneinflüsse zu reflektieren.

(4) Das Internet wird in immer mehr Schulen als Informationsquelle genutzt.

(5) Bei einer Reihe von Untersuchungen hat sich gezeigt, dass geeignete Bild-Text-Kombinationen den Lernerfolg günstig beeinflussen.

(6) Damit Kinder und Jugendliche eine Vorstellung vom Ausmaß der Schäden durch den Zweiten Weltkrieg erhalten, sollen sie einen Dokumentarfilm über die Zeit unmittelbar nach Ende des Zweiten Weltkriegs anschauen.

Bezogen auf diese Beispiele stellen sich u. a. drei Fragen:

- *Wie lassen sich die einzelnen Sätze charakterisieren?*
- *Worin liegen Unterschiede?*
- *Welche unterschiedlichen Fragestellungen bzw. Teilgebiete der Medienpädagogik sind mit den Sätzen angesprochen?*

Für die Beantwortung der Fragen sind folgende Klärungen sinnvoll:

1. Welche Satzarten kann man generell in der Medienpädagogik unterscheiden und für welche Teilgebiete sind sie typisch?
2. Welche Begriffsbestimmungen ergeben sich daraus für die verschiedenen Teilgebiete der Medienpädagogik?

Mit der Bearbeitung dieser Fragen wird eine Übersicht über die Medienpädagogik geschaffen und die Möglichkeit eröffnet, die Mediendidaktik, die den Schwerpunkt dieses Buches bildet, im Kontext der Medienpädagogik in angemessener Weise zu verorten.

6.2.1 Satzarten in der Medienpädagogik

Um eine Übersicht über verschiedene Teilgebiete der Medienpädagogik zu gewinnen ist es sinnvoll, sich verschiedene Aussagen und Sätze aus dem Medienbereich näher anzuschauen. Eine Analyse solcher Aussagen und Sätze wird zugleich die Möglichkeit bieten, Teilgebiete der Medienpädagogik präzise zu beschreiben. Als Ausgangspunkt dafür sollen folgende Sätze dienen:

(1) Damit Kinder sich dem pädagogisch wünschenswerten Ziel der »Hilfsbereitschaft« nähern, sollen ihnen in verschiedenen Filmszenen Situationen vorgestellt werden, in denen Personen, mit denen sie sich identifizieren können, für hilfsbereites Verhalten belohnt werden.

(2) Damit Jugendliche kritikfähig gegenüber Medien werden, sollen sie sich sowohl mit Manipulationstechniken von Medien als auch mit ökonomischen Bedingungen ihrer Produktion auseinandersetzen.

(3) Ein Computer sollte ausgeschaltet sein, bevor ein Peripheriegerät angeschlossen wird, weil sonst Defekte auftreten können.

(4) In medialen Angeboten gehören die Hauptakteure meistens der Mittelschicht an, verkörpern bürgerliche Werte und tragen damit zur Bildung entsprechender gesellschaftlicher Normen bei.

Eine erste Analyse dieser Sätze zeigt Folgendes:

- Im Satz (1) wird eine pädagogisch relevante Zielvorstellung (Hilfsbereitschaft) angesprochen und eine Aussage darüber gemacht, wie man sich mit Hilfe eines Medienangebots diesem Ziel nähern kann. Es geht um Fragen der Gestaltung und Verwendung von Medienangeboten in pädagogisch bedeutsamen Lehr- und Lernprozessen. Dieser Satz ist typisch für ein Teilgebiet der Medienpädagogik, das üblicherweise *Mediendidaktik* genannt wird.
- Im Satz (2) wird ebenfalls eine pädagogisch relevante Zielvorstellung angesprochen (Kritikfähigkeit gegenüber Medien). Der Unterschied zum Satz (1) liegt jedoch darin, dass die Zielvorstel-

lung auf den Bereich der Medien selbst gerichtet ist. Des Weiteren enthält Satz (2) – wie Satz (1) – eine Aussage dazu, wie das Ziel angestrebt werden kann. Damit geht es um Zielvorstellungen im Medienzusammenhang und um ihre Umsetzung: die Medien werden nicht schwerpunktmäßig als Mittel, sondern als Gegenstand bzw. Inhalt von Erziehung und Bildung betrachtet. Ein Satz dieser Art ist typisch für ein medienpädagogisches Teilgebiet, das man – in Unterscheidung zur Mediendidaktik – als »Wissenschaft und Lehre von den Erziehungs- und Bildungsaufgaben im Medienzusammenhang und ihrer Umsetzung« oder kürzer als *Medienerziehungstheorie* bezeichnen kann. Dabei werden Erziehungs- und Bildungsaufgaben zu Medienfragen und ihre Umsetzung unter dem Begriff der Medienerziehung zusammengefasst.

- Im Satz (3) geht es um eine technische Information. Eine Beachtung solcher Informationen ist eine wichtige Voraussetzung für medienpädagogisches Handeln in der Praxis. Sätze dieser Art sind typisch für *medientechnisches* Wissen.
- Im Satz (4) wird eine Aussage über Medieninhalte und ihre gesellschaftliche Bedeutung formuliert. Werden solche Aussagen in systematische Zusammenhänge eingeordnet, so spricht man von *Medientheorie*. Die medientheoretischen Annahmen können u. a. soziologischer, psychologischer, rechtlicher oder politischer Art sein.

Verallgemeinert man die Beispiele, so kann man zunächst sagen:

- Mediendidaktische Sätze zeichnen sich dadurch aus, dass in ihnen eine Aussage enthalten ist, wie pädagogisch wünschenswerte Zielvorstellungen mit Hilfe von Medien erreicht werden können.
- Medienerziehungstheoretische Sätze sind dadurch gekennzeichnet, dass sie erziehungs- und bildungsrelevante Zielvorstellungen mit Medienbezug enthalten sowie Aussagen, wie die Ziele angestrebt werden können.
- Medientechnische Sätze beschreiben technische Voraussetzungen und Bedingungen für medienpädagogisches Handeln.

- Medientheoretische Sätze liefern u.a. Deutungszusammenhänge soziologischer, psychologischer, rechtlicher oder politischer Art im Medienbereich.

Damit sind vorläufig vier Bereiche, die für die Medienpädagogik wichtig sind, angesprochen: die Mediendidaktik, die Medienerziehungstheorie, die Medientechnik und die Medientheorie. Um weitere Bereiche in den Blick zu bekommen, sollen die obigen Sätze (1) und (2) weiter analysiert werden.

Beide Sätze enthalten zunächst eine Zielvorstellung, d.h. eine normative Komponente: Kinder bzw. Jugendliche sollen hilfsbereit sein bzw. kritikfähig gegenüber Medien. Von solchen Zielvorstellungen ist – wie für unterrichtliche und erzieherische Ziele überhaupt – zu fordern, dass sie in angemessener Weise reflektiert werden und sich aus pädagogischer Sicht – das heißt: auch im Interesse der Betroffenen – rechtfertigen lassen.

Neben einer Zielvorstellung enthalten die obigen Sätze eine Aussage über mögliche »Mittel«, um dieses Ziel zu erreichen. Man kann sie deshalb auch als Ziel-Mittel-Sätze bezeichnen (vgl. KÖNIG 1975, S. 73ff.).

Die Ziel-Mittel-Relationen basieren jeweils auf empirischen Annahmen. Die empirischen Annahmen lauten im obigen Fall:

(1) Wenn Kinder im Film beobachten, wie Modellpersonen für hilfsbereites Verhalten belohnt werden, dann verstärkt sich ihre Neigung zu eigenem hilfsbereiten Verhalten.
(2) Wenn Jugendliche sich mit Manipulationstechniken von Medien und ökonomischen Bedingungen ihrer Produktion auseinandersetzen, dann werden sie kritikfähig gegenüber Medien.

Diese beiden Sätze stellen Beispiele für Hypothesen dar. Hypothesen sind dadurch gekennzeichnet, dass sie einen Zusammenhang zwischen mindestens zwei Phänomenen herstellen, z.B. zwischen der Beobachtung von belohntem hilfsbereiten Verhalten und eigener Hilfsbereitschaft oder zwischen der Auseinandersetzung mit Manipulationstechniken und eigener Kritikfähigkeit. Die Phänomene selbst können zunächst in Form deskriptiver Aussagen beschrieben werden. In unserem Beispiel würden solche deskriptiven Aussagen lauten:

(1) Einige Kinder zeigen ein hilfsbereites Verhalten. Sie haben im Film beobachtet, wie Modellpersonen für hilfsbereites Verhalten belohnt wurden.
(2) Einige Jugendliche zeigen Kritikfähigkeit gegenüber Medien. Sie haben sich mit Manipulationstechniken und ökonomischen Bedingungen von Medien auseinandergesetzt.

Die Aufgabe, solche deskriptiven Aussagen und Hypothesen im Bereich der Medien zu finden und/oder zu prüfen, kommt der *Medienforschung* zu. Medienforschung soll sowohl der Medientheorie als auch der Medienpraxis dienen. Für die Medienpraxis soll sie angemessenes Handeln in einer von Medien mitgeprägten Welt unterstützen. *Medienpraxis* umfasst dabei sowohl die Mediengestaltung und die Medienverwendung als auch die Medienerziehung.

6.2.2 Teilgebiete der Medienpädagogik und ihr Zusammenhang

Die obigen Überlegungen lassen sich zu folgenden Begriffsbeschreibungen zusammenfassen:

(1) Medienpädagogik meint die Gesamtheit aller pädagogisch relevanten handlungsanleitenden Überlegungen mit Medienbezug einschließlich ihrer medientechnischen und medientheoretischen bzw. empirischen und normativen Grundlagen.
(2) Der Begriff der Mediendidaktik beschreibt den Bereich der Didaktik, in dem alle Überlegungen zusammengefasst sind, bei denen es im Wesentlichen um die Frage geht, wie Medien bzw. Medienangebote oder Medienbeiträge zur Erreichung pädagogisch gerechtfertigter Ziele gestaltet und verwendet werden können bzw. sollen.
(3) Als Medienerziehungstheorie kann man das Feld aller Überlegungen zu dem Problemkreis bezeichnen, welche erziehungs- und bildungsrelevanten Ziele im Zusammenhang mit Medien-

fragen angestrebt werden sollen und wie diese in pädagogisch angemessener Form erreicht werden können.

(4) In der Medientechnik werden technische Bedingungen und Voraussetzungen für medienpädagogisches Handeln dargestellt.

(5) Die Medientheorie stellt ein System von Aussagen zu soziologischen, psychologischen, rechtlichen, politischen o. ä. Zusammenhängen im Medienbereich dar.

(6) Medienforschung umfasst alle wissenschaftlichen Aktivitäten mit dem Ziel, deskriptive Aussagen, Hypothesen und/oder Ziel-Mittel-Aussagen mit Medienbezug zu finden und/oder zu überprüfen sowie die Aussagen in einen systematischen Zusammenhang zu bringen.

(7) Medienpraxis ist das Feld, in dem sich Handeln mit Medienbezug – als Mediengestaltung, als Medienverwendung oder als Medienerziehung – vollzieht.

In der Darstellung 6.2.1 wird der Zusammenhang der verschiedenen Teilgebiete bzw. Bereiche, die für die Medienpädagogik wichtig sind, in grafischer Form aufgezeigt (vgl. TULODZIECKI 1982b, S. 4; ISSING 1987, S. 24; TULODZIECKI 1997, S. 46).

Einzelne der genannten Teilgebiete sind nicht nur für die Medienpädagogik, sondern auch für die Medienwissenschaft konstitutiv. Dies gilt insbesondere für die Medientheorie und Medienforschung. Medientheorie und Medienforschung weisen u. a. vielfältige Bezüge zu Medienpsychologie, Mediensoziologie, Medienethik, Medieninformatik, Medienästhetik und zu weiteren Bezugsdisziplinen der Medienwissenschaft auf, wobei die Medienpädagogik ihrerseits in einer Wechselbeziehung zu solchen Teilgebieten steht. Insgesamt kann das Verhältnis von Medienpädagogik und Medienwissenschaft damit als ein wechselseitiges beschrieben werden. Einerseits benötigt die Medienpädagogik medienwissenschaftliche Grundlagen und andererseits können von ihr interessante Fragestellungen für die Medienwissenschaft ausgehen. Dabei ist allerdings zu beachten, dass auch für die Medienpädagogik gilt, was LUDES (1998) für die Medienwissenschaft feststellt: »Sie ist kein Einheitsfach mit festem Ausbildungsprogramm, bestehendem Fächerkanon und Kon-

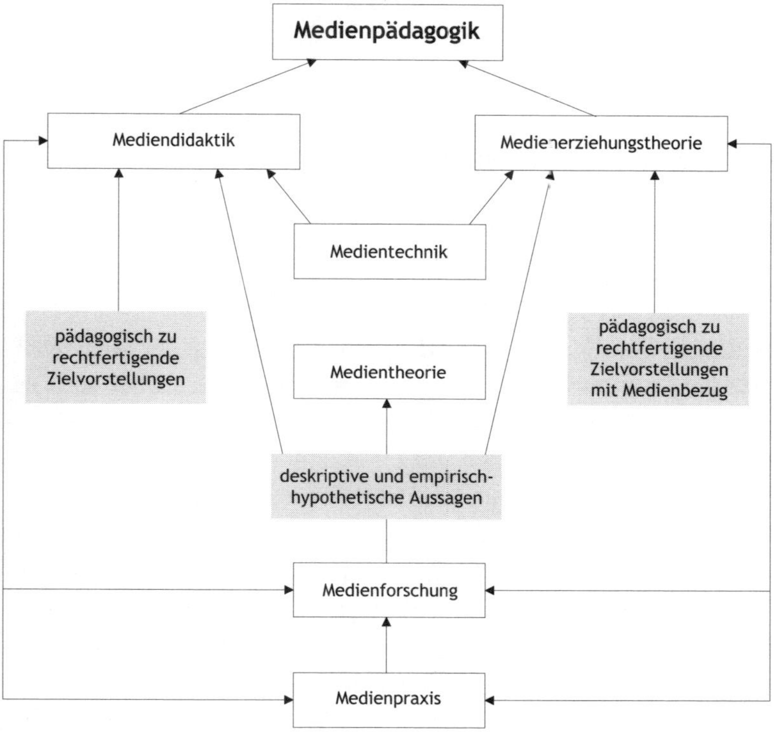

Darstellung 6.2.1: *Teilgebiete der Medienpädagogik und ihr Zusammenhang*

sens über die methodischen Standards und den Rahmen der theoretischen Ansätze.« (S. 46) Als eine besondere Eigenschaft der Medienwissenschaft wird verschiedentlich gerade ihre integrative Funktion zwischen Kommunikations-, Kultur- und Publizistikwissenschaft betont (vgl. z.B. FAULSTICH 1995, zit. n. LUDES 1998, S. 46). In diesem Sinne liegen auch in der angesprochenen Wechselbeziehung zwischen Medienwissenschaft und Medienpädagogik wichtige Chancen der Weiterentwicklung.

Vor dem Hintergrund dieser Überlegungen und Zusammenstellung können Sie eine Zuordnung der eingangs zusammengestellten Aussagen bzw. Sätze zu den verschiedenen Teilgebieten der Medienpädagogik vornehmen.

Schlussbemerkung

In diesem Band haben wir vielfältige Möglichkeiten der Medienverwendung für Lern- und Lehrprozesse aufgezeigt. Dabei sind zugleich die Grenzen der Medienverwendung zur Sprache gekommen.

Im Abschnitt 6.1 haben wir darüber hinaus auf die Notwendigkeit aufmerksam gemacht, die Medienverwendung mit spezifischen Erziehungs- und Bildungsaufgaben im Bereich von Medien und Informationstechnologien zu verbinden. Es ist allerdings unerlässlich, dass die medienbezogenen Erziehungs- und Bildungsaufgaben der Schule auch durch besondere medienerzieherische Unterrichtseinheiten und Projekte realisiert werden. In solchen Unterrichtseinheiten und Projekten können medienerzieherische Intentionen ganz in den Mittelpunkt rücken – wie es im Abschnitt 6.1 bei der Beschreibung der Aufgabenbereiche skizziert wurde.

Wünschenswert ist darüber hinaus eine Verankerung von Mediennutzung und Medienerziehung im schulischen Alltag im Rahmen von Schulprofil- oder Schulprogrammentwicklung. Dies kann durch die Entwicklung medienpädagogischer Konzepte in der jeweiligen Schule geleistet werden. Dafür sollten folgende Grundsätze gelten:

- Die medienpädagogischen Aktivitäten einer Schule sollen als kontinuierlicher Prozess über verschiedene Jahrgangsstufen unter Beteiligung verschiedener Fächer oder Lernbereiche konzipiert werden.
- Die fünf Aufgabenbereiche sollen in aufbauender Form – u.U. gegliedert nach einzelnen Teilaufgaben – bearbeitet werden.

- Bei den medienpädagogischen Aktivitäten soll das gesamte Medienspektrum – vom Buch bis zu den neuen Medien – beachtet und die altersspezifische Mediennutzung sowie der jeweilige Entwicklungsstand der Kinder berücksichtigt werden.
- Die Nutzung von und die Auseinandersetzung mit bestimmten Medienangeboten soll zu exemplarischen Einsichten führen, die auch für andere Medien bedeutsam sind. Zugleich sollen kategoriale Einsichten erworben werden, die auch für zukünftige Entwicklungen der Medienlandschaft grundlegend sind.

Die Medienverwendung sowie die Wahrnehmung von Erziehungs- und Bildungsaufgaben setzen allerdings eine entsprechende Infrastruktur in der Schule voraus. Diese sollte sowohl eine geeignete technische Ausstattung als auch räumliche und organisatorische Maßnahmen umfassen (vgl. z. B. BREITER/KUBICEK 1999 und TULODZIECKI/HERZIG 2002, S. 160 ff.).

Besonders entscheidend für die Entwicklung und Umsetzung medienpädagogischer Konzepte in der Schule sind medienpädagogische Kompetenzen der Lehrpersonen. Solche Kompetenzen sollten in der ersten Phase der Lehrerausbildung an den Hochschulen grundgelegt, in der zweiten Phase der Lehrerausbildung in den Studienseminaren weiterentwickelt und in der Lehrerfortbildung auf einem aktuellen Stand gehalten und im Zusammenhang mit der schulischen Arbeit spezifisch ausgeprägt werden.

Medienpädagogische Kompetenzen sollten dabei folgende Zielbereiche umfassen:

- Stärkung der eigenen Medienkompetenz einschließlich einer angemessenen technischen Handhabung von Medien und Informationstechnologien,
- Erwerb von Kenntnissen zur und Sensibilität für die Bedeutung von Medien für Kinder und Jugendliche,
- Befähigung zur reflektierten Nutzung von Medien und Informationstechnologien für Lehren und Lernen,
- Befähigung zur Wahrnehmung von Erziehungs- und Bildungsaufgaben im Bereich von Medien und Informationstechnologien,

- Befähigung zur Mitwirkung an der Entwicklung und Realisierung medienpädagogischer Konzepte in der Schule.

Eine Schule, die über solchermaßen ausgebildete Lehrerinnen und Lehrer verfügt, kann sowohl einen wesentlichen Beitrag zur Medienkompetenz ihrer Schülerinnen und Schüler leisten als auch die Medienkultur in Kommune und Gesellschaft mitgestalten.

Literatur

AEBLI, H. (1983): Zwölf Grundformen des Lehrens. Eine allgemeine Didaktik auf psychologischer Grundlage. Stuttgart: Klett-Cotta

ANDERSON, J. R. (2001): Kognitive Psychologie. Heidelberg u. a.: Spektrum, Akad. Verlag

ASTLEITNER, H. (2001): Webbasiertes Lernen an der Universität: Forschung und Praxis. In: Handbuch Hochschullehre. Berlin: Raabe, S. 1–27. [hier: Draft-Version unter http://video.uni-erfurt.de/telelernen/raabe.doc, 06/2004]

AUE-KLEB, C. (1985): Arbeitnehmer + Verbraucher. Wirtschaftkunde. Hamburg: Handwerk und Technik

AUSUBEL, D. P. (1963): The psychology of meaningful verbal learning. New York: Grune and Stratton

BALLSTAEDT, S.-P. (1997): Wissensvermittlung. Die Gestaltung von Lernmaterial. Weinheim: Beltz PVU

BANDURA, A./ROSS, D./ROSS, S. A. (1963): Stellvertretende Bekräftigung und Imitationslernen. In: HOFER, M./WEINERT, F. E. (Hrsg.), Pädagogische Psychologie. Grundlagentexte 2, Lernen und Instruktion. Frankfurt a. M.: Fischer Taschenbuch Verlag S. 61–74

BAUMGARTNER, P./PAYR, S. (1999): Lernen mit Software. Innsbruck u. a.: Studien Verlag

BECK, K. (1996): Literaturstudie »Interaktive Medien und Kommunikationskultur«. Comenius-Projekt. Grünwald: FWU

BREITER, A./KUBICEK, H. (1999): Informationstechnologie-Planer: Leitfaden für allgemeinbildende Schulen zur Planung, Kostenabschätzung und Finanzierung der Medienintegration. Gütersloh: Verlag Bertelsmann Stiftung

BRENNECKE, A./KEIL-SLAWIK, R./ROTH, W. (1999): Designorientierung und Designpraxis – Entwicklung und Einsatz von konstruktiven Gestaltungskriterien. In: AREND, U./EBERLEH, E./PITSCHKE, K. (Hrsg.): Software-Ergonomie '99 – Design von Informationswelten. Stuttgart, Leipzig: Teubner, S. 43–52

BREUER, K./TENNYSON, R. D. (1995): Psychological foundations for instructional design theory: Cognitive complexity theory. Journal of Structural Learning 12 (1995) 3, S. 165–173

BRUNER, J. S./OLSON, D. R. (1975): Lernen durch Erfahrung und Lernen durch Medien. In: DICHANZ, H./KOLB, G. (Hrsg.): Quellentexte zur Unterrichtstechnologie 1. Stuttgart: Klett, S. 184–208

BRÜNKEN, R./LEUTNER, D. (2001): Aufmerksamkeitsverteilung oder Aufmerksamkeitsfokussierung? Empirische Ergebnisse zur »Split-Attention-Hypothese« beim Lernen mit Multimedia. Unterrichtswissenschaft 29 (2001), S. 357–366

BRÜNKEN, R./STEINBACHER, S./LEUTNER, D. (2000): Räumliches Vorstellungsvermögen und Lernen mit Multimedia. In: LEUTNER, D./BRÜNKEN, R. (Hrsg.): Neue Medien in Unterricht, Aus- und Weiterbildung. Münster: Waxmann, S. 7–16

BUCK, S. (1993): Entwicklung von Grundlagen für kognitionspsychologisch orientierte Richtlinien zur Gestaltung von Multimedia-Produkten. Dissertation. Paderborn: Universität-GH, FB 2

BÜRGERKONFERENZ [Streitfall Gentechnik] (2000): Ein Projekt der Stiftung Deutsches Hygienemuseum, Forum Wissenschaft.
URL: http://www.buergerkonferenz.de, 03/2003

CHEN, C./RADA, R. (1996): Interacting with hypertext: A meta-analysis of experimental studies. Human-Computer Interaction 11 (1996), S. 125–156

CHU, G. C./SCHRAMM, W. (1968): Learning from television. What the research says. Washington: NAEB

CLARK, R. E. (1994): Media will never influence learning. Educational Technology: Research & Development 42 (1994) 2, S. 21–29

COHEN, J. (1977): Statistical power analysis for the behavioural sciences. New York: Academic Press

COHEN, P. A./EBELING, B. J./KULIK, J. A. (1981): A meta-analysis of outcome studies of visual-based instruction. Educational Communication and Technology Journal 29 (1981), S. 29–36

COLLINS, A./BROWN, J. S./NEWMAN, S. E. (1989): Cognitive apprenticeship: Teaching the crafts of reading, wirting, and mathematics. In: RESNICK, L. B. (Eds.): Knowing, learning, and instruction. Hillsdale, N. J.: Erlbaum, S. 453–494

COLLINS, A./GENTNER, D. (1987): How people construct mental models. In: HOLLAND, D./QUINN, N. (Eds.): Cultural models in language and thought. Cambridge: Cambridge University Press, S. 243–265

COMENIUS, J. A. (1657): Große Didaktik. Übers. und hrsg. von Andreas Flitner. 7. Aufl., Stuttgart: Klett-Cotta 1992

COMENIUS, J. A. (1658): Orbis sensualium pictus. Nachdruck der Erstausgabe von 1658. 2. Aufl., Dortmund: Harenberg 1979

CORNELSEN VERLAG (1999): Galaxie Deutsch 5. Klasse, Berlin: Cornelsen (CD-ROM)

CTGV [Cognition and Technology Group of Vanderbilt] (1990): Anchored Instruction and its relationship to situated cognition. In: Educational Researcher 19 (1990), S. 2–10

CTGV [Cognition and Technology Group of Vanderbilt] (1991): Technology and the design of generative learning environments. In: Educational Technology 31 (1991) 5, S. 34–40

CTGV [Cognition and Technology Group of Vanderbilt] (1992): The Jasper series as an example of anchored instruction: Theory, program, description, and assessment data. In: Educational Psychologist 27 (1992), S. 291–315

CTGV [Cognition and Technology Group of Vanderbilt] (1994): Multimedia environments for enhancing student learning in mathematics. In: VOSNIADOU, S./E. DE CORTE/H. MANDL (Hrsg.): Technology based learning environments. Psychological and educational foundations. Berlin: Springer. S. 167–173

DALE, E. (1954): Audio-visual methods in teaching. New York: Dryden Press

DIETRICH, G. (1984): Pädagogische Psychologie. Bad Heilbrunn: Klinkhardt

DOELKER, CH. (1998): Einschätzungen zum expliziten Sachbereich »Medienpraxis«. In: TULODZIECKI, G./MÖLLER, D./DOELKER, CH.: Bericht zum Modellversuch »Differenzierte Medienerziehung als Element allgemeiner Bildung«. Paderborn: Universität, S. 44–48

DÖRING, K. W. (1969): Lehr- und Lernmittel. Weinheim: Beltz

Dörr, G. (1997): Fernsehen und Lernen – Attraktiv und wirksam!? München: Oldenbourg Verlag

DÖRR, G./SEEL, N./STRITTMATTER, P. (1986): Mentale Modelle: Alter Wein in neuen Schläuchen? Mediendidaktische Anmerkungen. Unterrichtswissenschaft 14 (1986) 2, S. 168–189

DOHMEN, G. (1973): Medienwahl und Medienforschung im didaktischen Problemzusammenhang. Unterrichtswissenschaft 2 (1973) 2/3, S. 2–26

DUDEN (1996): Deutsches Universalwörterbuch, neu bearb. und erw. Auflage bearb. von Günther Drosdowski und der Dudenredaktion, Mannheim u. a.: Dudenverlag

ECCLES, J. (1979): Das Gehirn des Menschen. 4. Aufl., München: Piper

FAULSTICH, W. (1995): Grundwissen Medien. München: Fink

FLECHSIG, K. H. (1976): Die technologische Wende in der Didaktik. In: ISSING, L. J./KNIGGE-ILLNER, H. (Hrsg.): Unterrichtstechnologie und Mediendidaktik. Weinheim: Beltz, S. 15–38

FREIES HISTORIKER BÜRO (1995): Die Stadt im Mittelalter, Bergisch Gladbach/Köln: Sauerländer Aarau Verlag (CD-ROM)

FREINET; C. (1946): Die moderne französische Schule. Übersetzt und besorgt von Hans Joerg. 2. Aufl. Paderborn: Schöningh 1979

FWU [INSTITUT FÜR FILM UND BILD IN WISSENSCHAFT UND UNTERRICHT] (2001): Erlebnis Erde. Erdgeschichte Grünwald: FWU (CD-ROM).

FWU [INSTITUT FÜR FILM UND BILD IN WISSENSCHAFT UND UNTERRICHT] (Hrsg.) (1996): Naturkatastrophen. Phänomene der Erde. Grünwald: FWU CD-ROM und Handbuch

FWU [INSTITUT FÜR FILM UND BILD IN WISSENSCHAFT UND UNTERRICHT] (Hrsg.) (1999): Die Alpen. CD-ROM und Handbuch. Grünwald: FWU

GAGE, N. L/BERLINER, D. (1979): Pädagogische Psychologie, Band 1. Grundlagen, Konzepte, Ergebnisse. 2. Aufl., München: Urban & Schwarzenberg

GAGNÉ, R. M. (1969): Die Bedingungen des menschlichen Lernens. Übersetzung der amerikanischen Ausgabe von 1965. Hannover: Schroedel

GENTNER, D. (1983): Structure-mapping: A theoretical framework for analogy. Cognitive Science 7 (1983), S. 155–170

GENTNER, D./HOLYOAK, K. J. (1997): Reasoning and Learning by Analogy. American Psychologist 52 (1997) 1, S. 32–34

GERDES, H. (1997): Lernen mit Text und Hypertext. Lengerich: Pabst

GLASERSFELD, E. V. (1996): Radikaler Konstruktivismus. Frankfurt a. M.: Suhrkamp

GLASERSFELD, E. V. (1998): Die Radikal-Konstruktivistische Theorie. Ethik und Sozialwissenschaften EuS 9 (1998) 4, S. 503–511

GLOWALLA, U./GLOWALLA, G./KOHNERT, A. (2002): Studierverhalten in

Online-Angeboten. In: ISSING, L. J./KLIMSA, P. (Hrsg.): Information und Lernen mit Multimedia und Internet. Weinheim: Beltz Psychologie Verlags Union, S. 359–373

GORNY, P. (1998): Didaktisches Design telematik-gestützter Lernsoftware. In: KOERBER, B./PETERS, I.-R. (Hrsg.): Informatische Bildung in Deutschland – Perspektiven für das 21. Jahrhundert. Berlin: LOG IN Verlag, S. 127–155

GUDJONS, H. (1986): Handlungsorientiert Lehren und Lernen. Projektunterricht und Schüleraktivität. Bad Heilbrunn: Klinkhardt

HAGEMANN, W./TULODZIECKI, G. (1978): Einführung in die Mediendidaktik. Studientexte. Köln: Verlagsgesellschaft Schulfernsehen

HAGEMANN, W./TULODZIECKI, G. (1979): Unterrichtsplanung und Medienentwicklung. Studientexte. Köln: Verlagsgesellschaft Schulfernsehen

HECKHAUSEN, H. (1974): Motive und ihre Entstehung. In: WEINERT, F. E., u. a.: Pädagogische Psychologie. Band 1. Funk-Kolleg. Frankfurt a. M.: Fischer, S. 133–171

HEIDT, E. U. (1976): Medien und Lernprozesse. Zum Problem einer Medienklassifikation im Zusammenhang didaktischer Modelle und lernpsychologischer Forschung. Weinheim: Beltz

HEIMANN, P. (1962): Didaktik als Theorie und Lehre. Die Deutsche Schule, 54 (1962) 9, S. 407–427

HERZIG, B. (1998): Förderung ethischer Urteils- und Orientierungsfähigkeit. Grundlagen und schulische Anwendungen. Münster: Waxmann

HERZIG, B. (2001 a): Die mit den Zeichen tanzen. Ein Beitrag zum Verhältnis von Informationstechnischer Bildung und Medienerziehung. Online-Zeitschrift für Medienpädagogik 3/2001.
http://www. medienpaed.com

HERZIG, B. (2001 b): Medienerziehung und informatische Bildung – ein semiotischer Beitrag zu einer integrierten Medienbildungstheorie. In: HERZIG, B. (Hrsg.), a. a. O., S. 129–164

HERZIG, B. (2002): Analoge und digitale Medien im Bildungsprozess. Theoriebasierte Entwicklung einer integrativen Sichtweise für die Medienbildung. Habilitationsschrift, Paderborn: Universität, FB 2

HERZIG, B. (Hrsg.) (2001): Medien machen Schule. Grundlagen, Konzepte und Erfahrungen zur Medienbildung. Bad Heilbrunn: Klinkhardt

HERZIG, B./MÜTZE, CH./GREIFF, S. (1995): Drehbuch für eine Hypermedia-Arbeitsumgebung zum sozialen Lernen. Entwurf. Paderborn: Universität-GH, FB 2

HEUREKA-KLETT (1998): Blitzrechnen 3./4. Schuljahr, Stuttgart: Klett (CD-ROM)

ISSING, L. J. (1987): Medienpädagogik und ihre Aspekte. In: ISSING, L. J. (Hrsg.): Medienpädagogik im Informationszeitalter. Weinheim: Deutscher Studien Verlag, S. 19–32

ISSING, L. J. (1994): Wissenserwerb mit bildlichen Analogien. In: WEIDENMANN, B. (Hrsg.): Wissenserwerb mit Bildern, a. a. O., S. 149–176

ISSING, L. J./KLIMSA, P. (2002): Information und Lernen mit Multimedia und Internet. Weinheim: Psychologie Verlags Union

ISSING, L. J./SCHELLENBERG, C. (1973): Anwendung von PU-Prinzipien auf die Gestaltung von Schulfernsehsendungen. In: HOFER, M./WEINERT, F. E. (Hrsg.): Pädagogische Psychologie, Grundlagentexte 2. Lernen und Instruktion. Frankfurt a. M.: Fischer, S. 247–260

ISSING, L. J/SCHAUMBURG, H. (2002): Lernen mit Laptops. Ergebnisse einer Evaluationsstudie. Gütersloh: Verlag Bertelsmann Stiftung

JAMISON, D./SUPPES, P./WELLS, S. (1974): The effectiveness of alternative instructional media: A survey. Review of Educational Research, 44 (1974), S. 1 – 68

JENSEN, L. (1998): Video Instruction as a Constructivist Tool. http://seamonkey.ed.asu.edu/mcisaac/disted/week1/5focuslj.html, 06/2004

KAMLAH, W./LORENZEN, P. (1996): Logische Propädeutik. 3. Aufl., Stuttgart: Metzler

KLAFKI, W. (1985): Neue Studien zur Bildungstheorie und Didaktik. Weinheim: Beltz

KMK [Kultusministerkonferenz] (1977): Empfehlungen zur Arbeit in der gymnasialen Oberstufe gemäß Vereinbarung zur Neugestaltung der gymnasialen Oberstufe in der Sekundarstufe II. Bonn: KMK

KOHLBERG, L. (1974): Zur kognitiven Entwicklung des Kindes. Frankfurt a. M.: Suhrkamp

KOHLBERG, L. (1977): Kognitive Entwicklung und moralische Erziehung. Politische Didaktik 3 (1977), S. 5 – 21

KOHLBERG, L. (1981): Kognitive Entwicklung und moralische Erziehung. In: MAUERMANN, L./WEBER, E. (Hrsg.): Der Erziehungsauftrag der Schule. Donauwörth: Auer, S. 107–117

KOHLBERG, L./TURIEL, E. (1978): Moralische Entwicklung und Moralerziehung. In: PORTELE, G. (Hrsg.): Sozialisation und Moral. Weinheim: Beltz, S. 13–80

KÖNIG, E. (1975): Theorie der Erziehungswissenschaft. Band 1. Wissenschaftstheoretische Richtungen der Pädagogik. München: Fink

KÖNIG, E./ZEDLER, P. (1998): Theorien der Erziehungswissenschaft. Einführung in Grundlagen, Methoden und praktische Konsequenzen. Weinheim: Beltz

KOZMA, R.B. (1991): Learning with media. Review of Educational Research 61 (1991), S. 179–211

KRÄMER, W. (1994): So überzeugt man mit Statistik. Frankfurt a.M.: Campus

KRÄMER, W. (2001): Verborgene Botschaften in Infografiken. In: GERHARD, U./LINK, J./SCHULTE-HOLTEY, E. (Hrsg.): Infografiken, Medien, Normalisierung. Zur Kartografie politisch-sozialer Landschaften. Heidelberg: Synchron, S. 55–62

KULIK, C.-L./KULIK, J. (1991): Effectiveness of computer-based instruction: An update analysis. Computers in Human Behavior 7 (1991), S. 75–94

KULIK, C.-L./KULIK, J./COHEN, P. (1980): Instructional technology and college teaching. Teaching of Psychology 7 (1980), S. 199–205

KUMMER, R. (1991): Computersimulation in der Berufsschule : Entwicklung und Evaluation eines Konzepts zur Förderung kognitiver Komplexität im Politik- und Wirtschaftslehre-Unterricht. Frankfurt a.M. u.a.: Peter Lang

LEUFEN, S. (1996): Ansätze zur Bewertung von Unterrichtssoftware. In: BERTELSMANN STIFTUNG/HEINZ NIXDORF STIFTUNG (Hrsg.): Neue Medien in den Schulen. Projekte – Konzepte – Kompetenzen. Gütersloh: Verlag Bertelsmann Stiftung, S. 55–71

LEUTNER, D. (2002): Adaptivität und Adaptierbarkeit multimedialer Lehr- und Informationssysteme. In: ISSING, L.J./ KLIMSA, P. (Hrsg.): a.a.O., S. 115–125

LEVIN, J. R./ANGLIN, G. J./CARNEY, R. N. (1987): On empirically validating functions of pictures in prose. In: WILLOWS, D. M./HOUGHTON, H. A. (Eds.): The Psychology of Illustration. Volume 1. Basic research. New York: Springer, S. 51–85

LEWALTER, D. (1997): Kognitive Informationsverarbeitung beim Lernen mit computerbasierten statischen und dynamischen Illustrationen. Unterrichtswissenschaft 25 (1997) 3, S. 207–222

LIEBIG, M. (1999): Die Infografik. Konstanz: UVK Medien

LSW [LANDESINSTITUT FÜR SCHULE UND WEITERBILDUNG] (Hrsg.)

(1993): Das grüne Klassenzimmer. Neue interaktive Medien im Unterricht. Soest: LSW

LSW [LANDESINSTITUT FÜR SCHULE UND WEITERBILDUNG] (Hrsg.) (1999): Lernen mit Neuen Medien. Grundlagen und Verfahren der Prüfung Neuer Medien. Beratungsstelle für Neue Technologien NRW. 4. Aufl., Bönen: Verlag für Schule und Weiterbildung

LÜCK, VAN, W. (1994): Qualitätssteigerung von Schule und interaktiven Medien. Pädagogische Führung 5 (1994) 1, S. 24–28

LUDES, P. (1998): Einführung in die Medienwissenschaft. Entwicklungen und Theorien. Berlin: Erich Schmidt Verlag

MANDL, H./GRUBER, H./RENKL, A. (1997): Situiertes Lernen in multimedialen Lernumgebungen. In: ISSING, L. J./KLIMSA, P. (Hrsg.): Information und Lernen mit Multimedia. Weinheim: Beltz Psychologie Verlags Union, S. 167–178

MATURANA, H./VARELA, F. (1987): Der Baum der Erkenntnis. Bern/München/Wien: Scherz

MAYER, R. E. (1997): Multimedia Learning: Are we asking the Right Questions? Educational Psychologist 32 (1997) 1, S. 1–19

MAYER, R. E. (2001): Multimedia Learning. New York: Cambridge University Press

MAYER, R. E./ANDERSON, R. B. (1991): Animation need narrations: An experimental test of dual-coding hypothesis. Journal of Educational Psychology 83 (1991), S. 484–490

MAYER, R. E./ANDERSON, R. B. (1992): The instructive animation: Helping students build connections between words and pictures in multimedia learning. Journal of Educational Psychology 84 (1992), S. 444–452

MAYER, R. E./GALLINI, J. K. (1990): When is an illustration worth ten thousand words? Journal of Educational Psychology 82 (1990), S. 715–726

MAYER, R. E./MORENO, R. (1998): A split-attention effect in multimedia learning: evidence for dual processing system in working memory. Journal of Educational psychology 90 (1998) 2, S. 312–320

MCCLOSKEY, M. (1983 a): Irrwege der Intuition in der Physik. Spektrum der Wissenschaft 6 (1983), S. 88–99

MCCLOSKEY, M. (1983 b): Naive Theories of Motion. In: GENTNER, D./ STEVENS, A. L. (Eds.): Mental Models. New York: Erlbaum, S. 299–323

MCNEIL, B. J./NELSON, K. P. (1991): Meta-analysis of interactive video instruction: A 10 year review of achievement effects. Journal of computer based instruction 18 (1991) 1, S. 1–6

MEHLENBACHER, B./MILLER, C. R./COVINGTON, D./LARSEN, J. S. (2000). Active and Interactive Learning Online: A Comparison of Web-based and Conventional Writing Classes. IEEE Transactions on Professional Communication 43 (2000) 2, S. 166–184
Online-Dokument: http://www4.ncsu.edu/~brad_m/Research/active-Learning00.pdf, 04/2003

MEINEFELD, W. (1998): Gegen eine Halbierung des Piagetschen Konstruktivismus. Ethik und Sozialwissenschaften EuS 9 (1998) 4, S. 550–552

MERRILL, M. D. (1991): Constructivism and instructional design. Educational Technology 31 (1991) May, S. 45–53

MEYER, H. U./MUULI, V. (1997): Hello Spring. Unterrichtsanregung auf der Basis von E-Mail für die Sekundarstufe I/II. Unterrichtsbeispiele 21 (1997) 221, S. 44–46

MIETZEL, G. (1998): Pädagogische Psychologie des Lernens und Lehrens. 5. Aufl., Göttingen: Hogrefe

MÖLLER, J./MÜLLER-KALTHOFF, T. (2000): Lernen mit Hypertext: Effekte von Navigationshilfen und Vorwissen. Zeitschrift für Pädagogische Psychologie 14 (2003) 2/3, S. 116–123

MONTESSORI, M. (1922): Mein Handbuch. Grundsätze und Anwendung meiner neuen Methode der Selbsterziehung der Kinder. Stuttgart

MORENO, R./MAYER, R. E. (1999a): Cognitive Principles of Multimedia Learning: The Role of Modality and Contiguity. Journal of Educational Psychology 91 (1999) 2, S. 358–368

MORENO, R./MAYER, R. E. (1999b): Designing multimedia presentation with animation: What does the research say? In: Proceedings of the IEEE Multimedia Systems 1999. Florence: IEEE Press, S. 720–725
http://www.unm.edu/~moreno/PDFS/06/2004

MOUSAVI, S. Y./LOW, R./SWELLER, J. (1995): Reducing cognitive load by mixing auditory and visual presentation modes. Journal of Educational Psychology 87 (1995) 2, S. 319–334

MÜLLER, K. (1996): Wege konstruktivistischer Lernkultur. In: MÜLLER, K. (Hrsg.): Konstruktivismus. Lehren, Lernen, ästhetische Prozesse. Neuwied: Luchterhand, S. 71–115

NAUMANN, A./WANIEK, J./KREMS, J. F. (2001): Vergleich von Wissenserwerb und Navigationsstrategien bei linearen Texten und Hypertexten. In: FRINDTE, W./KÖHLER, T./MARQUET, P./NISSEN, E. (Hrsg.): IN-TELE 99 – Internet-based teaching and learning 99. Frankfurt a. M.: Peter Lang Publishers, S. 305–310

NEGROPONTE, N. (1995): Being digital. London: Hodder & Stoughton

NEISSER, U. (1976): Cognition and reality. San Francisco: W. H. Freeman

NEUMANN U. A. (1982): Analyse von Spielfilmen. Informationen für Lehrer. Praxis Schulfernsehen 73/74 (1982), S. 91–96

NEW WORLD VISION (1995): Goethe in Weimar. Eine virtuelle Reise in die Welt des großen Dichters, München: Navigo/New World Vision /CD-ROM)

OESER, E./SEITELBERGER, F. (1988): Gehirn, Bewußtsein und Erkenntnis. Darmstadt: Wissenschaftliche Buchgesellschaft

OVERING, R. L./TRAVERS, R. M. (1973): Die Wirkung verschiedener Übungsbedingungen auf die Übertragung des Gelernten (Transfer). In: HOFER, M./WEINERT, F. E. (Hrsg.): Pädagogische Psychologie, Grundlagentexte 2: Lernen und Instruktion. Frankfurt a. M.: Fischer, S. 89–105

PAECHTER, M. (1997): Auditive und visuelle Texte in Lernsoftware. Unterrichtswissenschaft 25 (1997) 3, S. 223–240

PAIVIO, A. (1971): Imagery and verbal processes. New York: Holt, Rinehart & Winston

PAIVIO, A. (1986): Mental representations. A dual coding approach. New York: Oxford University Press

PAIVIO, A. (1991): Images in mind: The evolution of a theory. New York: Harvester Wheatsheaf

PARKHURST, H. (1927): Education on the Dalton-Plan. London: Bell

PEIRCE, C. S. (1966): Collected Papers of Charles S. Peirce. Hrsg. v. HARTSHORNE, CH./WEISS, P., Vol. 1–6. Cambridge: Harvard Univ. Press

PEIRCE, C. S. (1967): Schriften zum Pragmatismus und Pragmatizismus. Hrsg. von K.-O. APEL. Frankfurt a. M.: Suhrkamp

PEIRCE, C. S. (1982): Writings of Charles Sanders Peirce. A Chronological Edition. Hrsg. v. FISCH, M. H./KLOESL, W. et al. Bloomington: Indiana University Press

PESTALOZZI, J. H. (1820): Wie Gertrud ihre Kinder lehrt: Ein Versuch, den Müllern Anleitung zu geben, ihre Kinder selbst zu unterrichten. Stuttgart/Tübingen: Cotta

PHIPPS, R./MERISOTIS, J. (1999): What's the Difference? A Review of Contemporary Research on the Effectiveness of Distance Learning in Higher Education. Washington: The Institute for Higher Education Policy.

Online-Dokument, http://www.ihep.com/Publications.php?parm=Pubs/Abstract?9, 03/2003

SACHER, W. (1990): Computer und die Krise des Lernens. Eine pädagogisch-anthropologische Untersuchung zur Zukunft des Lernens in der Informationsgesellschaft. Bad Heilbrunn: Klinkhardt

SACHER, W. (1995): Interaktive Multimedia-Systeme und ihr Einsatz in Lehr-Lernprozessen. Augsburg: Universität, Philosophische Fakultät I

SALOMON, G. (1976): Können wir kognitive Fertigkeiten durch visuelle Medien beinflussen? Eine Hypothese und erste Befunde. In: DICHANZ, H./KOLB, G. (Hrsg.): Quellentexte zur Unterrichtstechnologie II. Stuttgart: Klett, S. 44–67

SALZIGER, B. (1977): Zur Gestaltung von Schulfernsehsendungen. In: TULODZIECKI, G. (Hrsg.), a. a. O., S. 87–131

SCHAUMBURG, H. (2001): Neues Lernen mit Laptops? Ein Überblick über Forschungsergebnisse zur Nutzung mobiler Computer in der Schule. Zeitschrift für Medienpsychologie 13 (2001) 1, S. 11–21

SCHAUMBURG, H./ISSING, L. J. (2002): Lernen mit Laptops. Ergebnisse einer Evaluationsstudie. Gütersloh: Verlag Bertelsmann Stiftung Executive Summary: http://www.cmr.fu-berlin.de/projects/notebook-classes/laptops›executive›summary.pdf, 03/2003

SCHICKTANZ, S./WEINING, K./UNTERBERGER, W. (2001): »Was ist Gendiagnostik? Ein Überblick zu den wichtigsten Fragen«
URL: http://www.buergerkonferenz.de/pages/gendiagnostik/gendiagnostik2.php, 03/2003

SCHNOTZ, W. (1994): Wissenserwerb mit logischen Bildern. In: WEIDENMANN, B. (Hrsg.), a. a. O., S. 95–147

SCHNOTZ, W. (2002): Wissenserwerb mit Texten, Bildern und Diagrammen. In: ISSING, L. J./KLIMSA, P. (Hrsg.): a. a. O., S. 65–81

SCHRODER, H. M./DRIVER, M. J./STREUFERT, S. (1975): Menschliche Informationsverarbeitung. Die Strukturen der Informationsverarbeitung bei Einzelpersonen und Gruppen in komplexen sozialen Situationen. Weinheim: Beltz

SCHULMEISTER, R. (2002): Grundlagen hypermedialer Lernsysteme. München u. a.: Oldenbourg

SCHULZ, W. (1981): Unterrichtsplanung. 3. Aufl., München: Urban und Schwarzenberg

SCHWEDES, H. (1996): Analogie-orientierte Elektrizitätslehre als Aufbau mentaler Modelle.

Online-Dokument: http://www.physik.uni-bremen.de/physics.education/schwedes/, 03/2003

SCHWITTMANN, D. (1973): Ansätze zur Medientaxonomierung. Unterrichtswissenschaft 1 (1973) 2/3, S. 37–52

SEEL, N. (1986): Wissenserwerb durch Medien und »mentale Modelle«. Unterrichtswissenschaft 14 (1986) 4, S. 384–402

SKINNER, B. (1953): Science and human behavior. New York: MacMillan

SÖLTENFUSS, G. (1983): Grundlagen handlungsorientierten Lernens. Dargestellt an einer didaktischen Konzeption des Lernens im Simulationsbüro. Bad Heilbrunn: Klinkhardt

SPANHEL, D./KLEBER, H. (1996): Integrative Medienerziehung in der Hauptschule. Pädagogische Welt 50 (1996), S. 359–364

SPIRO, R. J./JEHNG, J. (1990): Cognitive flexibility and hypertext: Theory and technology for the non-linear and multidimensional traversal of complex subject matter. In: NIX, D. /SPIRO, R. J. (Hrsg.): Cognition, Education and Multimedia. Hillsdale, NJ: Erlbaum, S. 163–205

SPIRO, R. J. u. a. (1988): Cognitive flexibility theory: Advanced knowledge acquisition in ill-structured domains. In: PATEL, V. (Hrsg.): Proceedings of the 10th Annual Conference of the Cognitive Science Society. Hillsdale, NJ: Erlbaum

SPIRO, R./FELTOVITCH,P./COULSON, R. (1992): Cognitive flexibility, constructivism and hypertext: Random access instruction for advanced knowledge acquisition in ill structured domains. In: DUFFY, T. M./JONASSON, D. H. (Eds.): Constructivism and the technology of instruction: A conversation. Hillsdale, N. J.: Erlbaum, S. 57–75

SPIRO, R. J./FELTOVICH, P. J./JACOBSON, M./COULSON, R. L. (2003): Cognitive Flexibility, Constructivism, and Hypertext. Random Access Instruction for Advanced Knowledge Acquisition in Ill-Structured Domains. Online-Dokument:
http://phoenix.sce.fct.unl.pt/simposio/Rand›Spiro.htm, 03/2003

FRATER, H. (Hrsg.) (2000): Wasser und Eis. Heidelberg: Springer Verlag Electronic Media (CD-ROM)

STORK, H. (1995): Was bedeuten die aktuellen Forderungen »Schülervorstellungen berücksichtigen, ›konstruktivistisch‹ lehren!« für den Chemieunterricht in der Sekundarstufe I? Zeitschrift für Didaktik der Naturwissenschaften 1 (1995), S. 15–28

STRITTMATTER, P./NIEGEMANN, H. (2000): Lehren und Lernen mit

Medien. Eine Einführung. Darmstadt: Wissenschaftliche Buchgesellschaft

STRITTMATTER, P./SEEL, N. M. (1984): Externe und interne Medien: Konzepte der Medienforschung. Unterrichtswissenschaft 12 (1984) 1, S. 2 – 17

TAJW [The Adventures of Jasper Woodbury] (2003): The Jasper Series. Online-Dokument: http://peabody.vanderbilt.edu/projects/funded/jasper/preview/AdvJW.html, 03/2003

TULODZIECKI, G. (1974): Probleme der Unterrichtsplanung und Lehrobjektivierung. Die Deutsche Schule 66 (1974) 10, S. 654–669

TULODZIECKI, G. (1977): Zusammenfassung und Ausblick. In: TULODZIECKI, G. (Hrsg.), a. a. O., S. 161–182

TULODZIECKI, G. (1979): Unterrichtliche Konzepte und Medienentwicklung. In: HAGEMANN, W./TULODZIECKI, G., a. a. O., S. 14–56

TULODZIECKI, G. (1982a): Zur Bedeutung von Erhebung, Experiment und Evaluation für die Unterrichtswissenschaft. Unterrichtswissenschaft 10 (1982) 4, S. 364–377

TULODZIECKI, G. (1982b): Zur Begriffsbildung im Bereich der Medienpädagogik. Protokoll der Sitzung des Kuratoriums vom 4.–6. Mai 1982 im Institut für Film und Bild in Wissenschaft und Unterricht. Grünwald: FWU, S. 1–4

TULODZIECKI, G. (1983a): Theoriegeleitete Entwicklung und Evaluation von Lehrmaterialien als eine Aufgabe der Unterrichtswissenschaft. Unterrichtswissenschaft 11 (1983) 1, S. 27–45

TULODZIECKI, G. (1983b): Unterricht und Medienverwendung im Einfluß der Massenkommunikation. In: THEURING, W. (Hrsg.): Lehren und Lernen mit Medien. Beiträge aus Medienforschung und Medienpraxis. Grünwald: FWU, S. 41–56

TULODZIECKI, G. (1994): Beiträge von Medienverwendung und Medienerziehung zu schulischen Innovationen. Vortrag zur dritten Konferenz der Bertelsmann Stiftung zum deutsch-amerikanischen Dialog über Medienkompetenz als Herausforderung an Schule und Bildung, 24.–27. April 1994, Athens, Georgia. Gütersloh: Bertelsmann Stiftung

TULODZIECKI, G. (1996a): Lehr-/lerntheoretische Konzepte der Softwareentwicklung. In: Bertelsmann Stiftung/Heinz Nixdorf Stiftung (Hrsg.): Neue Medien in den Schulen. Projekte – Konzepte – Kompetenzen. Gütersloh: Verlag Bertelsmann Stiftung, S. 41–54

TULODZIECKI, G. (1996b): Unterricht mit Jugendlichen. Eine handlungsorientierte Didaktik mit Unterrichtsbeispielen. 3. Aufl., Bad Heilbrunn/ Hamburg: Klinkhardt/ Handwerk und Technik

TULODZIECKI, G. (1997): Medien in Erziehung und Bildung. Grundlagen und Beispiele einer handlungs- und entwicklungsorientierten Medienpädagogik. 3. Auflage, Bad Heilbrunn: Klinkhardt

TULODZIECKI, G. (Hrsg.) (1977): Schulfernsehen in der Bundesrepublik Deutschland. Eine Zusammenstellung von Ergebnissen aus Begleituntersuchungen zu Projekten öffentlichen Schulfernsehens. Köln: Verlagsgesellschaft Schulfernsehen

TULODZIECKI, G. u. a. (1995): Handlungsorientierte Medienpädagogik in Unterrichtsbeispielen. Projekte und Unterrichtseinheiten für Grundschulen und weiterführende Schulen. Bad Heilbrunn: Klinkhardt

TULODZIECKI, G./HERZIG, B. (2002): Computer & Internet in Schule und Unterricht. Medienpädagogische Grundlagen und Beispiele. Berlin: Cornelsen Scriptor

WALLACE, D. R./MUTOONI, P. (1997): A comparative evaluation of world wide web-based and classroom teaching. Journal of Engineering Education 86 (1997), S. 211–219

WEIDENMANN, B. (1986): Psychologie des Lernens mit Medien. In: WEIDENMANN, B. u. a. (Hrsg.): Pädagogische Psychologie. Ein Lehrbuch. München: Psychologie Verlags Union, S. 493–554

WEIDENMANN, B. (1988): Psychische Prozesse beim Verstehen von Bildern. Bern: Huber

WEIDENMANN, B. (1993): Instruktionsmedien. München: Universität der Bundeswehr, Inst. f. Erziehungswiss. u. Pädag. Psychologie

WEIDENMANN, B. (1994) (Hrsg.): Wissenserwerb mit Bildern. Instruktionale Bilder in Printmedien, Film/Video und Computerprogrammen. Bern u. a.: Verlag Hans Huber

WEIDENMANN, B. (1994a): Informierende Bilder. In: WEIDENMANN, B. (Hrsg.), a. a. O., S. 9–58

WEIDENMANN, B. (1994b): Lernen mit Bildmedien. Weinheim: Beltz

WEIDENMANN, B. (2002): Multicodierung und Multimodalität im Lernprozess. In: ISSING, L. J./KLIMSA, P. (Hrsg.), a. a. O., S. 45–62

WEIDENMANN, B./PAECHTER, M./HARTMANNSGRUBER, K. (1998): Strukturierung und Sequenzierung von komplexen Text-Bild-Kombinationen. Zeitschrift für Pädagogische Psychologie 12 (1998) 2/3, S. 112–124

WEMBER, B. (1976): Wie informiert das Fernsehen? Ein Indizienbeweis. München: List

WINKEL, R. (1983): Die kritisch-kommunikative Didaktik. In: GUDJONS, H./TESKE, R./WINKEL, R. (Hrsg.): Didaktische Theorien. 2. Aufl., Braunschweig: Agentur Pedersen, S. 79–93

WITTROCK, M. C. (1989): Generative processes of comprehension. Educational Psychology 24 (1989), S. 345–376

ZOGLAUER, T. (2002): Konstruiertes Leben. Ethische Probleme der Humangentechnik, Darmstadt: Wissenschaftliche Buchgesellschaft

Bildnachweis

Die Autoren und der Verlag Klett-Cotta danken allen unten genannten Bildarchiven und Institutionen für die großzügige Unterstützung und freundliche Genehmigung zum Abdruck von Grafiken.

Da es mittlerweile unmöglich ist, weitere bzw. alle Rechteinhaber von Bildern oder Grafiken ausfindig zu machen, bitten wir diese sich im Verlag Klett-Cotta, Rotebühlstraße 77, 70178 Stuttgart, zu melden und dieses Versehen zu entschuldigen.

Darstellung 1.3.1:	http://www.medixtra.de
Darstellung 1.3.2:	http://www.medixtra.de
Darstellung 1.3.4:	http://www.bernafon.ch/eprise/main/Bernafon/com_de/SEC_AboutHearing/HowTheEarWorks/CNT02_InnerEar
Darstellung 1.3.8:	http://www.globus-infografik.de/produkte_dpa.htm#
Darstellung 1.3.9:	http://www.globus-infografik.de/produkte_dpa.htm#
Darstellung 6.2.6:	http://www.paderborn.de/lspb/lspb-start.htm

Personenregister

Sachwortregister